Dalyan Oğuz

Die Verfahrenseinstellung gem. § 154 Abs. 1 StPO

Schriften zum Straf-,
Strafprozess- und Strafvollzugsrecht

Band 16

LIT

Dalyan Oğuz

Die Verfahrenseinstellung gem. § 154 Abs. 1 StPO

LIT

∞

Gedruckt auf alterungsbeständigem Werkdruckpapier entsprechend
ANSI Z3948 DIN ISO 9706

D 6

Bibliografische Information der Deutschen Nationalbibliothek
Die Deutsche Nationalbibliothek verzeichnet diese Publikation in der Deutschen Nationalbibliografie; detaillierte bibliografische Daten sind im Internet über https://dnb.dnb.de abrufbar.

ISBN 978-3-643-15499-6 (br.)
ISBN 978-3-643-35499-0 (PDF)
Zugl.: Münster (Westf.), Univ., Diss. der Rechtswissenschaftlichen Fakultät, 2023

Verlagskontakt:
Fresnostr. 2 D-48159 Münster
Tel. +49 (0) 2 51-62 03 20
E-Mail: lit@lit-verlag.de https://www.lit-verlag.de

Auslieferung:
Deutschland: LIT Verlag, Fresnostr. 2, D-48159 Münster
Tel. +49 (0) 2 51-620 32 22, E-Mail: vertrieb@lit-verlag.de

Vorwort und Danksagung

Die Rechtswissenschaftliche Fakultät der Universität Münster (bis September 2023 Westfälische Wilhelms-Universität Münster) hat diese Arbeit im Wintersemester 2023/2024 als Dissertation angenommen.

Anlass für das Dissertationsthema war, dass zu § 154 StPO kaum Literatur existiert, wenngleich die Norm eine hohe praktische Bedeutung hat. Folge hiervon ist nicht nur, dass zahlreiche Fragestellungen unbeantwortet sind, sondern dass auch die Normanwendung erschwert ist. Diese Untersuchung soll daher nicht nur einen Beitrag zur Forschung leisten, sondern ist auch für die Praxis ein Vorschlag zur Anwendung der Norm. Die zu § 154 StPO vorhandene Literatur ist in dieser Arbeit umfangreich zusammengetragen. Es werden aber auch zahlreiche offene Fragen beantwortet. Literatur, Gesetzestexte und Rechtsprechung habe ich bis zum 01.01.2024 berücksichtigt.

An dieser Stelle möchte ich mich bei meinem Doktorvater, *Prof. Dr. Michael Heghmanns*, bedanken, der mich nicht nur bei der Arbeit betreut, sondern auch sonst gut unterstützt hat. Nachdem ich mich zunächst zwei Jahre lang als externer Doktorand bei Großkanzleien in Düsseldorf finanziert habe, hat er mir eine Stelle an seinem Lehrstuhl angeboten, was auch meinem Wunsch entsprach. Zudem war er stets für Fragen offen, hat sich meine Entwürfe durchgelesen und für die Arbeit wertvolle Anregungen geliefert. Ich bin ebenfalls dankbar, dass er stets zügig auf Korrespondenz reagiert und auch das Erstgutachten sehr zügig erstellt hat. Hinzu kommt die sehr gute und kollegiale Atmosphäre an seinem Lehrstuhl. Das war gerade nach der Zeit der Corona-Maßnahmen sehr erfrischend. Von daher gilt mein Dank auch allen Mitarbeitern, insbesondere der Sekretärin *Astrid Pohlmann* und dem Richter im Hochschuldienst *Konrad Ulbrich*. Beide haben sich manche Formulierung auf Rechtschreibfehler hin durchgelesen. Zudem danke ich Herrn *Prof. Dr. Mark Deiters* für die Erstellung des Zweitgutachtens.

Zu erwähnen sind auch noch meine beiden früheren Arbeitgeber, die *Hogan Lovells Int. LLP* und die *Hengeler Müller Partnerschaft mbH*, bei denen ich während meiner Zeit als externer Doktorand als wissenschaftlicher Mitarbeiter arbeiten durfte.

Sodann gebührt mein Dank meinen beiden Freunden *Stefan Butschkowski* und *Sarah Ohmscheiper*, mit denen ich über die Inhalte dieser Arbeit diskutieren konnte und die mir ihre Meinung, insbesondere was die Formulierung einzelner Passagen angeht, mitgeteilt haben. Auch meinem ehemaligem Klassen- und Deutschlehrer *Stefan Niesporek* bin ich zu Dank verpflichtet, weil er die gesamte Arbeit auf Orthographie hin kontrolliert hat.

Schließlich bin ich auch meinen Eltern *Claudia Maria Becker* und *Birol Oğuz* dafür dankbar, dass sie immer an mich geglaubt haben, stolz auf mich sind und waren und stets die Wege befürwortet haben, die ich einschlagen wollte. Zuletzt erwähnen möchte ich auch noch meinen Großvater *Hans-Wilhelm Becker*, der selbst als Psychologe mit Straftätern gearbeitet und Gerichtsgutachten erstellt hat und mit dem ich deshalb auch ein wenig über die Inhalte dieser Arbeit sprechen konnte. Auch zur Finanzierung der Veröffentlichung dieser Arbeit hat er einen Teil beigetragen.

Inhaltsverzeichnis

Abkürzungsverzeichnis

Hinsichtlich der verwendeten Abkürzungen wird auf Kirchner, Hildebert (Begr.): Abkürzungsverzeichnis der Rechtssprache, 10. Aufl. hrsg. von Böttcher, Eike, Berlin/Boston 2012, verwiesen. Neben diesem Verzeichnis wird auch auf die speziell abgekürzte Literatur im Literaturverzeichnis verwiesen. Abgesehen davon wurden die folgenden Abkürzungen verwendet:

CDU/CSU	Christlich Demokratische Union/Christlich-Soziale Union
EGMR	Europäischer Gerichtshof für Menschenrechte
GS	Der Gerichtssaal (Zeitschrift)
i. H. v.	in Höhe von
i. S. d.	im Sinne der
Lfg.	Ergänzungslieferung Nr.
RStPO	Reichsstrafprozessordnung
sog.	sogenannte/n
u. a.	unter anderem
u. U.	unter Umständen
v.	vom
Vor.	Vorbemerkung
zit.	zitiert

A. Einführung und Gegenstand der Untersuchung

Für die Praxis hat § 154 StPO eine hohe Bedeutung.[1] Die Norm befugt Staatsanwaltschaft und Gericht, ganze prozessuale Taten[2] unverfolgt zu lassen, wenn eine Person wegen mindestens zwei solcher Taten verdächtigt wird. Dabei regelt 154 Abs. 1 StPO die Einstellungskompetenz der Staatsanwaltschaft im Ermittlungsverfahren, während § 154 Abs. 2 StPO diese nach Anklageerhebung auf das Gericht überträgt. Im äußersten Fall kann die Einstellung dazu führen, dass sich die Ermittlungen auf eine einzige prozessuale Tat reduzieren, wodurch mitunter ein erheblicher Sanktionsverzicht möglich ist. Dies wird noch dadurch verstärkt, dass § 154 StPO nicht auf Vergehen beschränkt ist[3]. Trotz dieses Sanktionsverzichts wenden Staatsanwaltschaft und Gericht die Norm häufig an. Denn die Einstellung bietet nicht nur ein erhebliches Ressourceneinsparpotenzial, sondern sichert auch den zügigen und effektiven Abschluss des Strafverfahrens.[4]

Die Tatbestandsvoraussetzungen sind in § 154 Abs. 1 StPO geregelt. Sie gelten nach § 154 Abs. 2 StPO für das Gericht entsprechend. In § 154 Abs. 1 StPO benennt das Gesetz zwei alternative Szenarien, die die Anwendung der Norm ermöglichen (§ 154 Abs. 1 Nr. 1 und § 154 Abs. 1 Nr. 2 StPO). Für die erste Alternative (§ 154 Abs. 1 Nr. 1 StPO) muss der Normanwender (Staatsanwalt/Gericht) prognostizieren, welche Rechtsfolgen wegen der einzustellenden prozessualen Tat(en) zu erwarten wären. Diese durch Einstellung entfallenden

---

1 Vgl. SK-StPO/*Weßlau/Deiters*, 5. Auflage 2016, § 154 StPO Rn. 2; Heghmanns/Scheffler/*Heghmanns*, Kapitel V Rn. 89. Die Norm gelangte im Jahre 2020 in 7% aller Ermittlungsverfahren und 4,5% aller amtsgerichtlichen Strafverfahren zum Einsatz, HKV-Band 8/*Stuckenberg*, § 38 Rn. 57 Fn. 207.

2 Der Begriff „Tat“ gemäß § 154 StPO meint eine prozessuale Tat i. S. d. § 264 StPO, MüKo-StPO/*Teßmer*, § 154 StPO Rn. 4 mit Verweis auf die BGH Rechtsprechung zu § 154 StPO a. F.

3 LR/*Mavany*, 27. Aufl. 2020, § 154 StPO Rn. 6.

4 Siehe zum Zweck der Norm Kapitel C., (beginnt bei S. 35).

Rechtsfolgen (wegfallende Rechtsfolgen oder wegfallende Sanktion) muss der Normanwender nun mit den (zu erwartenden) Rechtsfolgen der anderen prozessualen Tat(en) vergleichen, wegen derer der Verdächtige bereits verfolgt wird bzw. die gegen ihn bereits verhängt wurden (Bezugsrechtsfolgen oder Bezugssanktion). Dieser Vergleich muss sodann ergeben, dass die wegfallenden Rechtsfolgen in Relation zu den Bezugsrechtsfolgen „nicht beträchtlich ins Gewicht fallen". Ist dies der Fall, ist eine Einstellung gemäß § 154 Abs. 1 Nr. 1 StPO möglich. Darüber hinaus können der Staatsanwalt bzw. das Gericht auch nach § 154 Abs. 1 Nr. 2 StPO verfahren. Dies setzt voraus, dass wegen der einzustellenden Tat(en) ein Urteil in „angemessener Frist" nicht zu erwarten ist. Weiter muss die Bezugssanktion zur Einwirkung auf den Täter und zur Verteidigung der Rechtsordnung ausreichend erscheinen. Dabei ist für beide Alternativen unerheblich, in welchem Verfahren die Taten jeweils verfolgt werden.[5] Da § 154 Abs. 1 StPO damit von einem Vergleich der wegfallenden Rechtsfolgen mit der Bezugssanktion lebt,[6] bezeichnen viele Autoren die Vorschrift auch als Ausdruck „relativer Geringfügigkeit".[7]

Die genaue Bedeutung der Begrifflichkeiten konnte die Rechtswissenschaft bis heute nicht abschließend klären. Dies gilt insbesondere für die Formulierungen „nicht beträchtlich ins Gewicht fallen" und „angemessene Frist". Eindeutig dürfte zwar noch sein, dass etwa

---

5 MüKo-StPO/*Teßmer*, § 154 StPO Rn. 4 m. w. N.

6 LR/*Mavany*, 27. Aufl. 2020, § 154 StPO Rn. 18.

7 Vgl. zur Verwendung des Begriffs LR/*Mavany*, 27. Aufl. 2020, § 154 StPO Rn. 3 m. w. N. 154 Abs. 1 Nr. 1 StPO lässt sich noch als Ausdruck relativer Geringfügigkeit begreifen, weil die Norm eine Erweiterung des § 154 StPO a. F. darstellt, der eben Ausdruck dieser relativen „Geringfügigkeit" war. Aber jedenfalls bei § 154 Abs. 1 Nr. 2 StPO kann nicht mehr von einer relativen Geringfügigkeit gesprochen werden. Die einzustellende Tat kann hier nämlich auch *relativ* von beträchtlichem Gewicht sein, vgl. hierzu Kapitel E., (beginnt bei S. 151), erster Absatz. Zum Teil wird auch gefordert, den Begriff „relative Geringfügigkeit" vollständig zu streichen, vgl. *Pott*, §§ 154, 154a StPO S. 126; *Peters*, Strafprozeß S. 173.

eine kurze Freiheitsstrafe im Vergleich zu einer lebenslangen Freiheitsstrafe nicht beträchtlich ins Gewicht fällt und umgekehrt die lebenslange Freiheitsstrafe gegenüber einer kurzen Freiheitsstrafe in jedem Fall als beträchtlich einzustufen ist. Wie aber ist ein Fall zu beurteilen, in dem etwa die wegfallenden Rechtsfolgen nur leicht hinter den Bezugsrechtsfolgen zurückbleiben, z. B. zehn Monate Freiheitsstrafe im Vergleich zu zwölf Monaten? Diese Frage lässt sich auf Basis der aktuell geltenden h. M. nicht zufriedenstellend beantworten. Denn unterhalb einer erkennbar zu weit gefassten zahlenmäßigen Grenze, die im obigen Fall nicht erreicht ist, stellt die h. M. auf den Einzelfall und die Beachtung der Strafzwecke ab.[8] Eine genaue Erklärung, was hier konkret gelten soll, liefert sie hingegen nicht. Darüber hinaus bleibt sie auch eine hinreichende Begründung schuldig, weshalb ihre Einzelfallbetrachtung überhaupt zutrifft. Aber auch jene Autoren, die nicht der h. M. folgen, liefern keine zufriedenstellende und ausreichend begründete Antwort.[9] Diese Unklarheit setzt sich bei der Frage fort, wie mit der Situation umzugehen ist, wenn Sanktionen unterschiedlicher Art aufeinandertreffen. Es stellt sich die Frage, nach welchen Maßstäben etwa eine Geldstrafe gegenüber einer Freiheitsstrafe beträchtlich ins Gewicht fällt. Hier bieten viele Autoren zwar grobe Leitlinien für artverschiedene Sanktionen an.[10] Diese sind jedoch sehr allgemein und werden zudem größtenteils nicht begründet – und das, obwohl sich die Autoren oftmals gegenseitig widersprechen.[11] Beim Begriff der „angemessenen Frist“ i. S. d. § 154 Abs. 1 Nr. 2 StPO zeigt sich ein ähnliches

8 Siehe Kapitel D., (beginnt bei S. 59), zweiter Absatz des Kapitels; siehe auch Kapitel D., II, 1., a), (beginnt bei S. 73).

9 Siehe Kapitel D., (beginnt bei S. 59), zweiter Absatz des Kapitels; siehe auch Kapitel D., II., 1., a), (beginnt bei S. 73).

10 Siehe Kapitel D., (beginnt bei S. 59), zweiter Absatz des Kapitels; siehe auch Kapitel D., IV., 2., (beginnt bei S. 108).

11 Vgl. etwa die Frage, ob eine Freiheitsstrafe grundsätzlich oder stets gegenüber einer Geldstrafe beträchtlich ins Gewicht fällt und auch die Frage, ob eine Freiheitsstrafe gegenüber einer Bewährungsstrafe grundsätzlich oder

Bild. Zwar existieren hier einige Ausführungen verschiedener Autoren.[12] Diese sind jedoch häufig unkonkret, lassen ebenfalls eine Begründung vermissen und sind, soweit ersichtlich, bisher auch noch nicht systematisiert worden. Doch schon der genaue Zweck des § 154 StPO scheint bisher ungeklärt. Während man sich im Wesentlichen noch einig ist, dass die Einstellung der Prozessökonomie und Verfahrensbeschleunigung dient,[13] ist das genaue kriminalpolitische Konzept hinter der Norm unklar[14]. Auch das Verhältnis zwischen § 154 Abs. 1 Nr. 2 und Nr. 1 StPO ist bisher kaum beleuchtet. Manche Autoren stellen etwa die Frage, welchen Anwendungsbereich Ziffer 2 neben Ziffer 1 überhaupt habe.[15] Wenn die wegfallenden Rechtsfolgen nicht beträchtlich ins Gewicht fallen, könne nach § 154 Abs. 1 Nr. 1 StPO eingestellt werden. § 154 Abs. 1 Nr. 2 StPO komme daher nur zum Einsatz, wenn die wegfallenden Rechtsfolgen beträchtlich ins Gewicht fallen. Dann aber sei kaum denkbar, dass die Bezugssanktion zur Einwirkung auf den Täter und zur Verteidigung der Rechtsordnung ausreicht.

Diese Unklarheit im Rahmen des Tatbestandes ist vor allem dem Umstand geschuldet, dass es an praktischen Beispielen, insbesondere aber an Rechtsprechung, mangelt. Dies ist dadurch begründet, dass eine gerichtliche Überprüfung der Einstellung, jedenfalls nach

---

stets beträchtlich ins Gewicht fällt Kapitel D., IV., 2., a), aa), (beginnt bei S. 109); siehe auch zu der Frage, inwiefern Maßregeln und Strafen sich gegenüberstellen lassen Kapitel D., IV., 2., c), (beginnt bei S. 141).

12 Siehe Kapitel E., I., (beginnt bei S. 151), insbesondere Kapitel E., I., 3. (beginnt bei S. 154).

13 Siehe Kapitel C., I. und II., (beginnt einmal bei S. 35 und einmal bei S. 37).

14 Siehe Kapitel C., III., (beginnt bei S. 46).

15 Vgl. hierzu und zur folgenden Argumentation etwa Radtke/Hohmann/*Radtke*, § 154 StPO Rn. 26.

herkömmlichem Verständnis, nur in seltenen Ausnahmefällen stattfindet.[16] In der Regel ist „nur“ die Dienstaufsichtsbeschwerde möglich.[17] Zuletzt hatte indes das BVerfG entschieden, dass das Opfer die Einstellungsentscheidung in bestimmten Fällen anfechten könne, wenn ausnahmsweise der verfassungsrechtliche Strafverfolgungsanspruch greift.[18] Hier bleibt abzuwarten, ob entsprechende gerichtliche Entscheidungen in Zukunft erfolgen werden. Auch vor diesem Hintergrund erscheint es sinnvoll, die Vorschrift des § 154 Abs. 1 StPO inhaltlich zu konkretisieren.

Unabhängig davon ist die oben skizzierte Lage sowohl rechtlich als auch praktisch als Missstand zu betrachten. In rechtlicher Hinsicht ist zu bemerken, dass § 154 StPO eine Opportunitätsvorschrift ist,[19] welche sich in Tatbestand und Rechtsfolge unterteilt.[20] Nur bei Vorliegen der Tatbestandsvoraussetzungen soll eine Einstellung mög-

---

[16] Der Verdächtige ist durch eine Einstellung nicht beschwert, BGH NStZ-RR 2007, 21. Daher kann er (auch) gegen den gerichtlichen Einstellungsbeschluss grundsätzlich nicht vorgehen, BGH NStZ-RR 2007, 21. Eine Anfechtung der Einstellung durch den Verdächtigen ist nur ausnahmsweise möglich, wenn die Einstellung willkürlich ist bzw. die Unschuld des Verdächtigen offensichtlich ist, BVerfG NJW 1997, 46; BGH NStZ-RR 2007, 21; KG Beschl. v. 31. Mai 2010 - 1 VAs 40/09.
Für Einstellungen im Ermittlungsverfahren kommt zudem kein Klageerzwingungsverfahren in Betracht, § 172 Abs. 2 Satz 3 StPO; auch § 23 EGGVG ist gesperrt, KG Beschl. v. 31. Mai 2010 - 1 VAs 40/09.
Gegen Einstellungen kann aber ausnahmsweise dann vorgegangen werden, wenn die Voraussetzungen des § 154 StPO nicht vorlagen. Dies gilt dann, wenn die Beurteilungs- und Ermessensgrenzen, d. h. die Grenzen der Opportunitätsentscheidung klar überschritten sind, MüKo-StPO/*Kölbel/Neßeler*, § 172 StPO Rn. 30 m. w. N.; so auch KK-StPO/Diemer, § 154 StPO Rn. 26.

[17] Heghmanns/Scheffler/*Heghmanns*, Kapitel V Rn. 91.

[18] BVerfG NJW 2020, 675

[19] KMR/*Kulhanek*, § 154 StPO Rn. 1 (Lfg. 90 März/2019).

[20] Vgl. zu dieser Unterscheidung auch Kapitel D., (beginnt bei S. 59), erster Absatz des Kapitels.

lich sein. Da der Tatbestand insoweit eine Begrenzungsfunktion aufweist,[21] besteht ein rechtliches Bedürfnis nach Klarheit. Denn nur, wenn hinreichend bestimmt ist, wann eine Einstellung möglich ist und wann nicht, kann der Tatbestand diese Funktion korrekt erfüllen. Daneben besteht aber auch ein rein praktisches Bedürfnis. Mangels eindeutiger Konturen ist die Vorschrift komplex und es besteht, jedenfalls bei unerfahrenen Staatsanwälten, ein Risiko, sie falsch anzuwenden. Dies steht in doppelter Hinsicht im Widerspruch zum Zweck der Norm, die Verfahrenskosten zu verringern und das Verfahren zu beschleunigen. Zum einen müssen erfahrenere Staatsanwälte und Richter ihre jüngeren Kollegen über einen längeren Zeitraum anleiten, was Justizressourcen bindet. Zum anderen kann eine schwierige Norm auch dazu beitragen, dass die Anwendungshäufigkeit sinkt, insbesondere, weil unerfahrenere Staatsanwälte eine Rüge durch den Dienstvorgesetzten vermeiden wollen. Darüber hinaus wirkt eine inhaltliche Konkretisierung einer vollkommen unterschiedlichen regionalen Anwendung[22] entgegen.

Diese Untersuchung soll die zu § 154 Abs. 1 StPO bereits existierende Dogmatik zusammentragen und diskutieren. Anknüpfend daran soll sie versuchen, diese weiterzuentwickeln. Ziel ist es, den genauen Zweck der Norm zu erarbeiten und für den Tatbestand klarere Kriterien zu entwickeln, die dem Normanwender einen höheren Grad an Orientierung bieten, als es derzeit der Fall ist. Dabei soll sich auch der genaue Unterschied bzw. das Verhältnis zwischen § 154 Abs. 1 Nr. 1 und Nr. 2 StPO herauskristallisieren. Da für § 154 Abs. 2 StPO die Voraussetzungen des § 154 Abs. 1 StPO entsprechend gelten, beschränkt sich die vorliegende Untersuchung auf die Einstellung durch die Staatsanwaltschaft im Ermittlungsverfahren. Wenngleich im Folgenden also vom Staatsanwalt die Rede ist, sind

---

21 Siehe zu dieser Begrenzungsfunktion auch Kapitel D., I., 3., (beginnt bei S. 65), siebter Absatz des Kapitels.

22 Eine ungleichmäßige Anwendung als bedenklich eingestuft haben AK/*Schöch*, § 154 StPO Rn. 4; Radtke/Hohmann/*Radtke*, § 154 StPO Rn. 4.

die getroffenen Aussagen wegen § 154 Abs. 2 StPO auch auf das Gericht übertragbar.

B. Historische Entwicklung

Um die Vorschrift richtig einordnen und verstehen zu können, hilft zunächst ein Blick auf ihre Entwicklung und die Motive des historischen Gesetzgebers. § 154 StPO ist mit § 24 der Emminger-VO vom 4. Januar 1924[23] erlassen worden und besteht in der heutigen Form nach einigen Veränderungen seit dem Strafverfahrensänderungsgesetz 1979 (StVÄG 1979)[24].[25] Allerdings reichen die Ursprünge und damit der Kerngedanke des § 154 StPO bis weit ins 19. Jahrhundert zurück. Schon in der RStPO vom 1. Februar 1877[26] existierte eine Vorläufervorschrift (§ 208 RStPO), welche mit der Einführung des § 154 StPO durch die Emminger-VO abgeschafft wurde.[27] Doch auch § 208 RStPO hatte entsprechende Vorläufer in den einzelnen Strafprozessgesetzen der deutschen Staaten (z. B. Art. XXIII des

---

[23] Verordnung über Gerichtsverfassung und Strafrechtspflege, RGBl. 1924 I S. 15, teilweise auch als Lex Emminger bezeichnet; siehe zum Namen und zur Person Emmingers *Vormbaum*, Lex Emminger S. 17 ff. In Kraft getreten ist die Verordnung nach § 40 derselben am 15. Januar 1924.

[24] BGBl. 1978 I S. 1645 (1646), in Kraft getreten nach dessen Art. 11 am 01. Januar 1979.

[25] LR/*Mavany*, 27. Aufl. 2020, § 154 StPO Entstehungsgeschichte.

[26] RGBl. 1877 I S. 253, in Kraft getreten am 1. Oktober 1879, vgl. § 1 EGStPO (RGBl. 1877 Nr. 8 S. 346) und § 1 EGGVG (RGBl. 1877 Nr. 4 S. 77). Die kaiserliche Verordnung, wie sie § 1 EGGVG a. F. vorsieht, ist nicht erlassen worden, weswegen das GVG und auch die RStPO am 1. Oktober 1879 in Kraft getreten sind, vgl. Löwe/*Hellweg*, 12. Aufl. 1907, § 1 EGGVG Anm. 1.

[27] LR/*Rosenberg*, 18. Aufl. 1929 § 154 StPO Anm. Nr. 1; Nach § 43 Emminger-VO war der Reichsjustizminister dazu ermächtigt, die Emminger-VO mit den geltenden Vorschriften des GVG und der StPO „in Einklang zu bringen" und auch durch die Emminger-VO bedingte Änderungen und Ergänzungen vorzunehmen. Am 22. März 1924 gab der Reichsjustizminister *Emminger* das entsprechend neugefasste GVG und die neugefasste StPO bekannt, RGBl. 1924 I S. 299. Hier findet sich § 24 Emminger-VO als § 154 StPO wieder, RGBl. 1924 I S. 338. § 208 StPO ist abgeschafft worden, RGBl. 1924 I S. 343.

Preußischen Einführungsgesetzes zum Strafgesetzbuch vom 14. April 1851).[28] Diese Vorläufer waren Grundlage für § 208 RStPO.[29] Da zudem die RStPO 1877 strafprozessual einen neuen Zeitabschnitt einleitete, erscheint es sinnvoll, § 208 RStPO als Ausgangspunkt für die historische Entwicklung zu nehmen.

I. § 208 RStPO 1877 als Ausgangspunkt

§ 208 RStPO 1877 lautete:

„Betraf das Vorverfahren mehrere derselben Person zur Last gelegte strafbare Handlungen, und erscheint für die Strafzumessung die Feststellung des einen oder des anderen Straffalles unwesentlich, so kann das Gericht auf Antrag der Staatsanwaltschaft beschließen, daß in Ansehung eines solchen das Verfahren vorläufig einzustellen sei.

Die Aufhebung des Einstellungsbeschlusses kann binnen einer Frist von drei Monaten nach Rechtskraft des Urtheils von der Staatsanwaltschaft beantragt werden, wenn nicht Verjährung eingetreten ist."

Zweck der Vorschrift war alleine die Prozessökonomie[30] und sie war eine der wenigen Ausnahmen zum sonst in der RStPO von 1877 geltenden strengen Verfolgungszwang.[31] Sie stand im Abschnitt der Entscheidung über die Eröffnung des Hauptverfahrens und erlaubte

---

28 Sarwey/Thilo/*Thilo*, § 208 RStPO Anm. 1.

29 Sarwey/Thilo/*Thilo*, § 208 RStPO Anm. 3), 8); Mot. zu § 172 des dritten Entwurfs der RStPO, abgedruckt in *Hahn*, Materialien S. 172 (S. 115 f. des dritten Entwurfs). Für die RStPO gab es drei Entwürfe, vgl. *Dettmar*, Opportunität S. 89 ff., 92, 94, 99. Der dritte Entwurf war derjenige, der dem Reichstag zum Beschluss vorgelegt wurde, vgl. Schreiben des Reichskanzlers *Bismarck*, abgedruckt in *Hahn*, Materialien S. 3. In diesem dritten Entwurf der RStPO war der spätere § 208 RStPO noch unter § 172 zu finden, vgl. Löwe/*Löwe*, 1. Aufl. 1879, Klammerzusatz zu § 208 RStPO.

30 LR/*Rosenberg*, 18. Aufl. 1929, § 154 StPO Anm. 2.

31 Näher dazu Kapitel B., II., (beginnt bei S. 12).

es dem Gericht, während dieser Entscheidung[32] auf Antrag der Staatsanwaltschaft die Verfolgung unwesentlicher Nebentaten vorläufig einzustellen. Damit das Gericht sich mit der Sache befassen konnte, musste aber zunächst die Staatsanwaltschaft Anklage erheben, sodass § 208 RStPO im Vorverfahren selbst (Ermittlungsverfahren[33]) keine Anwendung fand.[34] Es galt also für das Gericht eine Ermessensentscheidung. Für die Staatsanwaltschaft hingegen nicht; sie musste verfolgen.[35]

---

32 Eine Einstellung durch das Gericht war auch nach Eröffnung des Hauptverfahrens noch möglich, *John*, § 208 RStPO Anm. II. Nr. 4 – zumindest solange noch kein Eröffnungsbeschluss hinsichtlich der einzustellenden Straftat erfolgte, Löwe/*Hellweg*, 12. Aufl. 1907, § 208 RStPO Anm. 4, 5.

33 Das Vorverfahren umfasste die gerichtliche Voruntersuchung und die Vorermittlungen, *Bomhard/Koller*, § 158 RStPO Anm. Nr. 1 bzw. die gerichtliche Voruntersuchung und das Strutinialverfahren, *Bomhard/Koller*, § 222 RStPO Anm. Nr. 5. Löwe/*Löwe*, 1. Aufl. 1879, § 208 RStPO Anm. Nr. 2 spricht auch von der Voruntersuchung und dem Vorbereitungsverfahren. Das Vorbereitungsverfahren bzw. das Strutinialverfahren bzw. die Vorermittlungen standen unter der Leitung der Staatsanwaltschaft und hatten den Zweck, dass die Staatsanwaltschaft zu einer Entscheidung gelangte, ob Anklage zu erheben sei oder nicht, *Bomhard/Koller*, § 158 RStPO Anm. Nr. 1. Damit ist das damalige Vorverfahren vergleichbar mit dem heutigen Ermittlungsverfahren.

34 Siehe hierzu und zum Folgenden den Beschluss des Bayerischen Obersten Landesgerichts in Strafsachen vom Mai 1914 in: Sammlung von Entscheidungen des Bayerischen Obersten Landesgerichts in Strafsachen, herausgegeben unter der Leitung und Aufsicht des königlichen Staatsministeriums der Justiz, 14. Band, München 1915 S. 157-159; LR/*Rosenberg*, 18. Aufl. 1929, § 154 RStPO Anm. Nr. 1; *Bumke*, Verordnung S. 76; a. A. *John*, § 208 RStPO Anm. II. Nr. 2 a.

35 In diesem Sinne auch Löwe/*Hellweg*, 12. Aufl. 1907, § 208 RStPO Anm. 2, 3.

Die Einstellung konnte erfolgen, wenn die einzustellende Tat mit Blick auf eine andere Handlung für die Strafzumessung „unwesentlich“ war. In den Motiven zu § 208 RStPO[36] sind beispielhaft zwei Fälle aufgeführt: erstens Diebstahl oder Unterschlagung als einzustellende Tat und Mord als Bezugstat sowie zweitens das Vorliegen einer großen Zahl gleichartiger Delikte, z. B. Diebstähle. Im erstgenannten Fall sei eine Aburteilung wegen Diebstahls oder Unterschlagung nutzlos und im letztgenannten könne man die Anklage auf die erheblichen Diebstähle beschränken, wenn sich das auf die Gesamtstrafe nur kaum auswirken würde.[37] Damit war eine Einstellung nach § 208 RStPO im Ermittlungsverfahren überhaupt nicht und nach Anklageerhebung nur für das Gericht und auch in nur eng begrenztem Umfang möglich.

II. Die Entwicklung bis zum Erlass der Emminger-VO 1924

Neben § 208 RStPO existierte in der RStPO von 1877 nur noch eine weitere Ausnahme des Verfolgungszwanges.[38] Die Privatklagedelikte des § 414 RStPO (Beleidigung und Körperverletzung) wurden von der Staatsanwaltschaft nur angeklagt, wenn dies im öffentlichen Interesse lag (§ 416 RStPO).[39] Ob dieses öffentliche Interesse gegeben war, konnte nach damaligem Verständnis der Vorschrift die

---

36 Mot. zu § 172 des dritten Entwurfs der RStPO, abgedruckt in *Hahn*, Materialien S. 172 (S. 115 f. des dritten Entwurfs); vgl. dazu, dass § 172 des dritten Entwurfs dem § 208 RStPO entsprach Fn. 29.

37 Im Übrigen galt § 208 RStPO aber keinesfalls nur für die Fälle einer Gesamtstrafenbildung, Löwe/*Hellweg*, 12. Aufl. 1907, § 208 RStPO Anm. 1; *John*, § 208 RStPO Anm. II. 1.

38 Es gab noch zwei Ausnahmen außerhalb der RStPO: § 4 RStGB für im Ausland begangene Straftaten, vgl. *Kluth*, § 153a StPO S. 12 und § 3 Abs. 2 EGRStPO wonach die Länder teilweise Ausnahmen vom Verfolgungszwang vorsehen konnten, *Dettmar*, Opportunität S. 6 (Fn. 24).

39 *Dettmar*, Opportunität S. 6.

Staatsanwaltschaft durch eine eigene Ermessensentscheidung bestimmen.[40] Damit handelte es sich bei § 416 RStPO um die einzige echte Opportunitätsvorschrift der RStPO.[41] § 208 RStPO war streng genommen keine klassische Opportunitätsvorschrift, weil sie die Staatsanwaltschaft vom Verfolgungszwang nicht befreite. Dieser strenge Verfolgungszwang war im Gesetzgebungsprozess der RStPO indes nicht unumstritten gewesen, konnte sich aber am Ende durchsetzen.[42] Die Befürworter von Opportunitätserwägungen bekamen aber dadurch Aufwind, dass sich der strenge Verfolgungszwang in den Folgejahren zunehmend als unpraktisch herausstellte.[43] Zur Lockerung dieser absoluten Strenge zielte der erste bemerkenswerte Reformversuch in Form einer Reichstagsvorlage eines Entwurfs zur Änderung der RStPO im Dezember 1895 (Entwurf 1895) darauf ab, den Katalog der Privatklagedelikte nach § 414 RStPO zu erweitern und damit deren Anklage in das Ermessen der Staatsanwaltschaft zu stellen.[44] Während der Beratungen über den Entwurf setzte sich indes eine neue Erkenntnis durch. Diejenigen Delikte, die man eigentlich für eine Erweiterung der Privatklage vorsehen wollte, sollten stattdessen über einen Zusatz zu § 152 StPO (§ 152 Abs. 3 StPO)

---

40 Sarwey/Thilo/*Thilo*, § 416 RStPO Anm. 3); *Schwarze*, § 416 RStPO; im Ergebnis ebenso Löwe/*Löwe*, 1. Aufl. 1879, § 416 RStPO Anm. Nr. 4.

41 So auch *Dettmar*, Opportunität S. 108.

42 Vgl. zum Gesetzgebungsprozess der RStPO, insbesondere im Hinblick auf die Debatte über die Einführung des Opportunitäts- oder des Legalitätsprinzips, *Dettmar*, Opportunität S. 89 ff. Die Idee des Opportunitätsprinzips für das Strafverfahren stammte ursprünglich aus Frankreich und sie wurde für das deutsche Strafverfahren erstmals 1842 in einem Aufsatz von *Mittermaier* aufgegriffen, *Dettmar*, Opportunität S. 18-21.

43 *Dettmar*, Opportunität S. 108; vgl. zur Kritik am strengen Legalitätsprinzip *Bumke*, S. 18.

44 „Entwurf eines Gesetzes betreffend Aenderungen und Ergänzungen des Gerichtsverfassungsgesetzes und der Strafprozeßordnung, nebst Begründung", vgl. insgesamt *Dettmar*, Opportunität S. 114 f.

vom Verfolgungszwang ausgenommen werden, wenn an deren Verfolgung kein öffentliches Interesse bestand.[45] Das ist interessant, weil hierin schon die Idee einer zusätzlichen Opportunitätsvorschrift neben § 416 RStPO enthalten ist, auch wenn der Entwurf letztlich an einer Organisationsfrage scheiterte.[46] Nachdem in den Folgejahren weitere, ähnliche (Teil-)Reformversuche ebenfalls erfolglos geblieben waren,[47] setzte das Reichsjustizamt 1903 eine Reformkommission ein, die sich mit der Frage einer Gesamtreform der Strafprozessordnung beschäftigen sollte.[48] Die Arbeiten der Reformkommission wurden im Jahre 1905 beendet und deren Protokolle inklusive Beschlüsse im selben Jahr veröffentlicht.[49] Nach diesen Beschlüssen sollte der Verfolgungszwang auf zweierlei Weise eingeschränkt

---

45 *Dettmar*, Opportunität S. 115. Im Gegenzug sollte dem Verletzten die subsidiäre Privatklage eröffnet werden, falls die Staatsanwaltschaft die Straftat nicht verfolgte, *Dettmar*, Opportunität S. 115. Die Idee der sog. subsidiären Privatklage, die eine Privatklage erst nach Ablehnung der Verfolgung durch den Staatsanwalt zuließ, war indes nicht neu. Sie war schon im dritten Entwurf der RStPO von 1877 enthalten, wurde dann aber im weiteren Gesetzgebungsprozess aufgegeben, Sarwey/Thilo/*Thilo*, § 414 RStPO Anm. 1).

46 Reichstag und Reichsregierung konnten sich nicht darüber einigen, ob die Strafkammern mit drei oder fünf Richtern zu besetzen seien, *Dettmar*, Opportunität S. 116.

47 Vgl. dazu *Dettmar*, Opportunität S. 116 f.

48 LR/*Rosenberg*, 18. Aufl. 1929, Einleitung, § 3 Reformversuche (S. 25); *Dettmar*, Opportunität S. 121.

49 LR/*Rosenberg*, 18. Aufl. 1929, Einleitung, § 3 Reformversuche (S. 25); die Beschl. der Kommission sind zu finden bei *Aschrott*, Besprechungen S. 1 ff.

werden:[50] einmal über eine Erweiterung des Katalogs der Privatklagedelikte des § 414 RStPO[51] und einmal über eine gesonderte Ausnahme des Verfolgungszwanges bei Übertretungen[52] sowie mit Einverständnis des Verletzten auch bei Verfahren gegen Jugendliche, wenn jeweils kein öffentliches Interesse an der Verfolgung bestand.[53] Die gesonderte Ausnahme sollte – wie auch schon Entwurf 1895 vorgeschlagen hatte – über einen Zusatz zu § 152 RStPO erfolgen.[54] Anknüpfend an die Arbeiten der Reformkommission gab das Reichsjustizamt im September 1908 einen Entwurf zur Strafprozessordnung bekannt (Entwurf 1908).[55] Die Grundidee der Einschränkung des Verfolgungszwanges war auch im Entwurf 1908 enthalten. Allerdings ging der Entwurf teilweise noch weiter als die Beschlüsse der Reformkommission. Insbesondere statuierte dieser Entwurf mit § 153 Entwurf 1908 erstmals die Vorschrift des heutigen § 154 StPO in seiner Grundstruktur. § 153 Entwurf 1908 lautete: [56]

„Die Staatsanwaltschaft kann von der Erhebung der öffentlichen Klage absehen, wenn die Verfolgung des Verdächtigen mit Rücksicht auf die Schwere der Strafe, die er wegen einer anderen Tat zu

---

50 *Dettmar*, Opportunität S. 125.

51 Beschl. Nr. 243, z. B. Hausfriedensbruch oder Sachbeschädigung, Beschl. der Kommission in: *Aschrott*, Besprechungen S. 1 ff.

52 Nach dem RStGB gab es neben Verbrechen und Vergehen noch sog. Übertretungen, § 1 RStGB. Es handelte sich um eine schwächere Form als das Vergehen.

53 *Dettmar*, Opportunität S. 124; Beschl. Nr. 119, Beschl. der Kommission in: *Aschrott*, Besprechungen S. 1 ff.

54 Vgl. *Dettmar*, Opportunität S. 125; *Kluth*, § 153a StPO S. 14.

55 Siehe dazu, dass der Entwurf 1908 an den Arbeiten der Reformkommission anknüpfte S. 78 des Entwurfs, abgedruckt bei *Schubert*, Quellen 1908, 1909 S. 78; wobei das Reichsjustizamt im Ergebnis auf die Beschlusse wenig Rücksicht nahm, vgl. insgesamt dazu LR/*Rosenberg*, 18. Aufl. 1929, Einleitung, § 3 Reformversuche (S. 25).

56 S. 29 des Entwurfs, abgedruckt bei *Schubert*, Quellen 1908, 1909 S. 29.

verbüßen oder noch zu erwarten hat, durch das öffentliche Interesse nicht geboten erscheint.

Ist die öffentliche Klage bereits erhoben, so kann das Gericht auf Antrag der Staatsanwaltschaft das Verfahren einstellen. Erfolgt die Einstellung mit Rücksicht auf eine zu erwartende Bestrafung des Angeschuldigten, so kann binnen drei Monaten nach dem Eintritte der Rechtskraft des wegen der anderen Tat ergangenen Urteils die Fortsetzung des Verfahrens von der Staatsanwaltschaft beantragt werden."

Bei dieser Vorschrift handelte es sich um eine Weiterentwicklung des § 208 RStPO, welche die Einstellungskompetenz auf die Staatsanwaltschaft übertrug,[57] was damals ohnehin der praktischen Übung entsprach, weil die Gerichte bei deren Anwendung regelmäßig den Anträgen und Empfehlungen der Staatsanwaltschaft folgten.[58] Ansonsten wurde der Begriff des § 208 RStPO „unwesentlich" in § 153 Entwurf 1908 ersetzt durch das mangelnde „öffentliche Interesse". Ein Grund für § 153 Entwurf 1908 war das generelle Ziel des Entwurfs, das in dieser Strenge als unpraktisch empfundene Legalitätsprinzip der RStPO aufzuweichen[59] – hauptsächlich deshalb, weil man es gerade mit Blick auf die früheren Partikulargesetze der deutschen Staaten und auch auf andere „Kulturstaaten" (die es in dieser Strenge nicht so handhabten) als zu rigide empfand. Zudem führe diese Strenge dazu, dass unter unverhältnismäßiger Belastung der Justizressourcen in der öffentlichen Meinung der Eindruck einer Staatsanwaltschaft mit „kleinlicher Verfolgungssucht" entstehe. Speziell zu § 153 Entwurf 1908 erhellt dessen Begründung, dass man eine Verfolgung von Straftaten durch die Staatsanwaltschaft vermeiden wollte, wenn deren mögliche Straferwartung mit Blick

---

57 *Lilienthal*, ZStW 29 (1909), 188 (203).

58 *Lilienthal*, ZStW 29 (1909), 188 (203).

59 Siehe hierzu und zum Folgenden den Entwurf 1908 S. 78, abgedruckt bei *Schubert*, Quellen 1908, 1909 S. 78.

auf ein anderes Verfahren bedeutungslos erschien.[60] Dabei komme es auf die Schwere der strafbaren Handlung für sich allein nicht an. Sogar bei Verbrechen könne ein Verfahren bedeutungslos sein, zum Beispiel in Relation zu einem Mordverfahren oder auch bei weniger schweren Freiheitstrafen wegen des Lebensalters des Verdächtigen.

Den Entwurf 1908 legte das Reichsjustizamt dem Reichsrat vor.[61] Generell sah sich der Begriff des öffentlichen Interesses jedoch starker Kritik ausgesetzt, weil er zu unbestimmt sei und dadurch der Staatsanwaltschaft zu viel Spielraum lasse.[62] Als der Reichsrat über den Entwurf beriet, ersetzte er schließlich auf Antrag Bayerns den Begriff „durch das öffentliche Interesse nicht geboten“ durch „nicht ins Gewicht fallen“ und änderte die Reihenfolge der Vorschriften,[63] sodass § 154 Entwurf 1909 (Reichstagsvorlage) nun lautete:[64]

„Auch in anderen Sachen kann die Staatsanwaltschaft von der Erhebung der Klage absehen, wenn die Strafe, zu der die Verfolgung führen kann, neben einer Strafe, die der Verdächtige wegen einer anderen Tat zu verbüßen oder zu erwarten hat, nicht ins Gewicht fällt.

Ist die Klage bereits erhoben, so kann das Gericht auf Antrag der Staatsanwaltschaft das Verfahren einstellen. Geschieht dies, weil der Angeschuldigte wegen einer anderen Tat eine Strafe noch zu erwarten hat, so kann die Staatsanwaltschaft binnen drei Monaten, nachdem über diese Tat rechtskräftig entschieden ist, die Fortsetzung des Verfahrens beantragen.“

---

60 Siehe hierzu und zum Folgenden Entwurf 1908 S. 123 f., abgedruckt bei *Schubert*, Quellen 1908, 1909 S. 128 f.

61 *Dettmar*, Opportunität S. 145.

62 Vgl. etwa *Lilienthal*, ZStW 29 (1909), 188 (202); vgl. auch *Nagler*, GS 73 (1909), 97 (171); siehe auch *Dettmar*, Opportunität S. 155 m. w. N. zur Stellung des 29. Deutschen Juristentages 1908 in Karlsruhe hierzu oder auch *Dettmar*, Opportunität S. 157 zur Stellung der IKV im Jahre 1909 m. w. N.

63 *Dettmar*, Opportunität S. 147.

64 Siehe S. 54 des Entwurfs 1909, abgedruckt bei *Schubert*, Quellen 1908, 1909 S. 297.

Die Begründung zu § 154 Entwurf 1909 ist im Wesentlichen die gleiche wie schon diejenige zu § 153 Entwurf 1908.[65]

Bis zum Ende der Legislaturperiode vermochte der Reichstag über den Entwurf jedoch nicht endgültig zu entscheiden.[66] Der 1912 neu zusammengetretene Reichstag brachte ihn dann nicht erneut zur Verhandlung ein, weil man zunächst das materielle Strafrecht reformieren wollte.[67] Im Jahre 1914 brach dann der erste Weltkrieg aus, was dazu führte, dass bis zum Ende des Krieges keine größeren Versuche mehr unternommen wurden, die RStPO zu reformieren.[68]

Nach Kriegsende wurde die Reform des Strafprozesses wiederaufgenommen. Das mündete in einem „Entwurf eines Gesetzes über den Rechtsgang in Strafsachen",[69] der am 29.12.1919 in den Reichsrat eingebracht wurde[70] (sog. Entwurf Goldschmidt/Schiffer[71]). § 178 Entwurf Goldschmidt/Schiffer lautete:[72]

„Von der Erhebung der öffentlichen Klage kann abgesehen werden, wenn die Strafe, zu der die Verfolgung führen kann, neben einer

---

65 Vgl. Entwurf 1909 S. 122 f. (Begründung zum Entwurf), abgedruckt bei *Schubert*, Quellen 1908, 1909 S. 496.

66 *Dettmar*, Opportunität S. 169; *Kluth*, § 153a StPO S. 15.

67 *Dettmar*, Opportunität S. 169.

68 *Dettmar*, Opportunität S. 174; siehe aber zum Entwurf eines Gesetzes zur Vereinfachung der Rechtspflege von 1917, welcher den Verfolgungszwang, ähnlich wie der heutige § 153 StPO, einschränken wollte und auch zu anderen kleineren Versuchen während des Krieges in diesem Sinne, *Dettmar*, Opportunität S. 174 ff.

69 Zu finden bei *Schubert*, Quellen 1918-1932 S. 51 ff.

70 *Schubert*, Quellen 1918-1932 Einleitung S. XIII.

71 Der Entwurf ist unter dem Justizminister *Eugen Schiffer* von einer Arbeitsgruppe erstellt worden, *Schubert*, Quellen 1918-1932 Einleitung S. XIII-XIV. Mitglied dieser Arbeitsgruppe war unter anderem der Strafrechtsprofessor *James Paul Goldschmidt*, der diesem Entwurf maßgeblich geprägt hat, *Dettmar*, Opportunität S. 181; *Vormbaum*, Lex Emminger S. 46. *Goldschmidt* war zwar nicht alleine für den Entwurf verantwortlich, wirkte aber entscheidend mit, *Schubert*, Quellen 1918-1932 Einleitung S. XIII-XIV.

72 Zu finden bei *Schubert*, Quellen 1918-1932 S. 85.

Strafe, die der Beschuldigte wegen einer anderen Tat zu verbüßen oder noch zu erwarten hat, nicht ins Gewicht fällt.

Ist die Hauptverhandlung bereits angeordnet, so kann das Gericht auf Antrag der Staatsanwaltschaft das Verfahren einstellen. Wird wegen der anderen Tat auf keine oder auf eine geringere als die erwartete Strafe erkannt, so hat die Staatsanwaltschaft die Anklage zu erheben oder, wenn das Gericht das Verfahren eingestellt hatte, dessen Fortsetzung zu beantragen. Sind seit der rechtskräftigen Entscheidung über die andere Tat drei Monate verstrichen, so kann die Fortsetzung des Verfahrens nicht mehr beantragt werden."

§ 178 Entwurf Goldschmidt/Schiffer knüpfte ausdrücklich an die Vorschrift des § 154 Entwurf 1909 an und übernahm sie im Prinzip.[73] Die Begründung zum Entwurf Goldschmidt/Schiffer bezeichnete § 178 des Entwurfs auch als „sinngemäße Ausgestaltung" des § 208 RStPO für das Ermittlungsverfahren.[74]

Auch dieser Entwurf scheiterte, diesmal im Reichsrat, teils am Widerstand der Landesregierungen,[75] teils auch daran, dass 1921 das „Gesetz zur Entlastung der Gerichte"[76] einige der geplanten Änderungen[77] des Entwurfs Goldschmidt/Schiffer vorwegnahm.[78] Eine weitere Rolle spielte auch die immer noch verbreitete Auffassung,

73 Begründung zum Entwurf, zu finden bei *Schubert*, Quellen 1918-1932 S. 155, 161 und 195.

74 Begründung zum Entwurf Goldschmidt/Schiffer (Begründung, IV Anklagepflicht), zu finden bei *Schubert*, Quellen 1918-1932 S. 161.

75 Vgl. *Dettmar*, Opportunität S. 189-191.

76 RGBl. 1921 I S. 229.

77 Vor allem Fragen der Gerichtsorganisation, aber insbesondere auch die Erweiterung des Katalogs der Privatklagedelikte des § 414 StPO, vgl. RGBl. 1921 I S. 229 (231); vgl. auch *Schubert*, Quellen 1918-1932 Einleitung S. XV-XVI.

78 *Kluth*, § 153a StPO S. 19.

dass vor einer Gesamtreform des Strafprozessrechts zunächst das materielle Strafrecht zu reformieren sei.[79]

III. Die Emminger-VO 1924

Am 19. Juni 1922 legte der Reichsjustizminister *Radbruch* dem Reichsrat einen „Entwurf eines Gesetzes zur Neuordnung der Strafgerichte"[80] vor,[81] der zwar an den Entwurf Goldschmidt/Schiffer anknüpfte,[82] aber zunächst keine Regelungen zur Einschränkung des Legalitätsprinzips vorsah.[83] Für eine umfassende Neuerung des Strafverfahrens wollte man nach dem Scheitern des Entwurf Goldschmidt/Schiffer nun doch zuerst das materielle Strafrecht reformieren.[84] Am 29. Mai wurde der Entwurf vom neuen Reichsjustizminister *Heinze* dem Reichstag vorgelegt,[85] wo er allerdings stecken bleiben sollte, weil die Wirtschaftskrise im Jahre 1923 den Entwurf zu teuer und gleichzeitig weitreichende Einsparreformen erforderlich machte.[86]

Die angespannte Situation der Weimarer Republik in diesem Jahr[87] führte am 13. Oktober 1923 zu einem Ermächtigungsgesetz, welches die Reichsregierung befugte, diejenigen Maßnahmen zu treffen, die

---

79 *Vormbaum*, Lex Emminger S. 48. Diese Ansicht äußerte auch *Schiffer* selbst im Jahre 1921, der von seinem Entwurf auch wieder Abstand nahm, *Kluth*, § 153a StPO S. 19.

80 Abgedruckt bei *Schubert*, Quellen 1918-1932 S. 380 ff.

81 *Bumke*, Verordnung S. 5.

82 Allgemeine Begründung zum Entwurf zur Neuordnung der Strafgerichte, abgedruckt bei *Schubert*, Quellen 1918-1932 S. 387.

83 *Dettmar*, Opportunität S. 196.

84 Allgemeine Begründung zum Entwurf zur Neuordnung der Strafgerichte, abgedruckt bei *Schubert*, Quellen 1918-1932 S. 387.

85 Abgedruckt bei *Schubert*, Quellen 1918-1932 S. 533 ff.

86 *Bumke*, Verordnung S. 6.

87 Näher zur politischen und wirtschaftlichen Situation, *Vormbaum*, Lex Emminger S. 21 ff.

sie für erforderlich hielt und als dringend erachtete.[88] Der wieder eingesetzte Justizminister *Radbruch* sah nun die Gelegenheit, seine Reformideen zu verwirklichen, und versuchte mit einem „Entwurf für eine Verordnung zur Vereinfachung der Gerichtsverfassung“,[89] welche auf dem „Entwurf eines Gesetzes zur Neuordnung der Strafgerichte“ beruhte, das Ermächtigungsgesetz zu nutzen, um zügig Einsparungen auf dem Gebiet der Gerichtsverfassung herbeizuführen.[90] Da das Ermächtigungsgesetz jedoch kurze Zeit darauf außer Kraft trat, kam es nie zur Geltung des Entwurfs.[91] Dennoch veranlasste das Reichsjustizministerium dessen Erörterung in den Reichsratsausschüssen am 16. November 1923.[92] Etwa zeitgleich, am 14. November 1923, brachte der ehemalige Reichsjustizminister und nunmehr Abgeordnete *Schiffer* mit Genossen den „Entwurf eines ersten Gesetzes zur Vereinfachung des Rechtswesens“[93] in den Reichstag ein.[94]

Basierend auf dem „Entwurf eines Gesetzes zur Neuordnung der Strafgerichte“ und dem „Entwurf einer Verordnung zur Vereinfachung der Gerichtsverfassung“ inklusive dessen Beratungen der Reichsratsausschüsse vom 16. November und dem „Entwurf eines Gesetzes zur Vereinfachung des Rechtswesens“ entstand im Reichsjustizministerium der „Entwurf eines Gesetzes zur Vereinfachung

---

88 RGBl. I 1923 S. 943 (§ 1).

89 Abgedruckt bei *Schubert*, Quellen 1918-1932 S. 563 ff.

90 Vgl. Übersendungsschreiben vom 29. Oktober 1923 des Reichsjustizministers *Radbruch*, abgedruckt bei *Schubert*, Quellen 1918-1932 S. 563.

91 Vgl. hierzu und zu den Gründen für das Außerkrafttreten *Kluth*, § 153a StPO S. 20-21.

92 Vgl. Schreiben des Reichsjustizministers vom 7. November 1923 an die in den zuständigen Reichsratsausschüssen vertretenen Länder, abgedruckt in *Schubert*, Quellen 1918-1932 S. 569 f.

93 Abgedruckt in Verhandlungen des Reichstags, I. Wahlperiode 1920, Band 380, Anlagen zu den stenographischen Berichten S. 7601 ff. (Anlage Nr. 6310); näher zum Entwurf auch *Ebermayer*, JW 1924, 249.

94 *Dettmar*, Opportunität S. 197.

der Strafrechtspflege".[95] Eben dies ist jener Entwurf, den der Reichsjustizminister *Emminger* bei seinem Amtsantritt am 30. November 1923 vorfand und den er zunächst beabsichtigte, als Gesetz zu verabschieden.[96] Nachdem am 8. Dezember 1923 das zweite Ermächtigungsgesetz erlassen wurde,[97] übersandte *Emminger* den Entwurf am 11. Dezember 1923 den Justizministerien der Länder nunmehr als Notverordnung.[98] Am 19. Dezember 1923 wurden die Ausschüsse des Reichsrats angehört.[99] Hier wurde dann auf Antrag der süddeutschen Staaten eine „Erweiterung des § 208 StPO" in Form des späteren § 24 der Emminger-VO in den Entwurf eingefügt,[100] welche schon im Entwurf 1909 (§ 154) und im Entwurf Goldschmidt/Schiffer (§ 178) enthalten war.[101] Nach Anhörung des zuständigen Ausschusses des Reichstags ist die Emminger-VO am 4. Januar 1924 erlassen und am 7. Januar 1924 verkündet worden.[102] Der bereits erwähnte § 24 der VO[103] ist nach § 40 der VO am 15. Januar 1924 in Kraft getreten und lautete:

---

95 Vgl. die Schreiben des Reichsjustizministers *Emminger* vom 3. Dezember 1923, abgedruckt in *Schubert*, Quellen 1918-1932 S. 594. Der Entwurf ist abgedruckt in *Schubert*, Quellen 1918-1932 S. 595 ff.

96 *Dettmar*, Opportunität S. 201; vgl. auch die Schreiben des Reichsjustizministers *Emminger* vom 3. Dezember 1923, abgedruckt in *Schubert*, Quellen 1918-1932 S. 594. Der Entwurf ist abgedruckt in *Schubert*, Quellen 1918-1932 S. 595 ff.

97 RGBl. I 1923 S. 1179.

98 Schreiben des Reichsjustizministers *Emminger* vom 11. Dezember 1923, abgedruckt in *Schubert*, Quellen 1918-1932 S. 611 f. Dieser Entwurf enthielt auf Wunsch Preußens nun im vierten Abschnitt bestimmte Notmaßnahmen, *Dettmar*, Opportunität S. 203. Die Normtexte sind zu finden in *Schubert*, Quellen 1918-1932 S. 618 f.

99 *Bumke*, Verordnung S. 7.

100 Bericht des württembergischen Vertreters Ministerialrat *Bucher* in den Reichsratsausschüssen, abgedruckt in *Schubert*, Quellen 1918-1932 S. 636 ff. unter IV Nr. 3 (S. 638).

101 *Bumke*, Verordnung S. 77.

102 *Bumke*, Verordnung S. 7 f.

103 RGBl. 1924 I S. 15 (18).

„Von der Erhebung der öffentlichen Klage kann abgesehen werden, wenn die Strafe, zu der die Verfolgung führen kann, neben einer Strafe, zu der der Beschuldigte wegen einer anderen Tat rechtskräftig verurteilt worden ist, oder die er wegen einer anderen Tat zu erwarten hat, nicht ins Gewicht fällt.

Ist die öffentliche Klage bereits erhoben, so kann das Gericht auf Antrag der Staatsanwaltschaft das Verfahren vorläufig einstellen.

Ist das Verfahren mit Rücksicht auf eine wegen einer anderen Tat bereits rechtskräftig erkannte Strafe vorläufig eingestellt worden, so kann es, falls nicht inzwischen Verjährung eingetreten ist, wiederaufgenommen werden, wenn die rechtskräftig erkannte Strafe nachträglich in Wegfall kommt.

Ist das Verfahren mit Rücksicht auf eine wegen einer anderen Tat zu erwartende Strafe vorläufig eingestellt worden, so kann es, falls nicht inzwischen Verjährung eingetreten ist, binnen drei Monaten nach Rechtskraft des wegen der anderen Tat ergehenden Urteils wiederaufgenommen werden.

Hat das Gericht das Verfahren vorläufig eingestellt, so bedarf es zur Wiederaufnahme eines Gerichtsbeschlusses."

Mit Einführung des § 24 der Emminger-VO ist gleichzeitig § 208 StPO a. F. abgeschafft worden.[104] Eine Begründung zur Emminger-VO sucht man vergebens. Da die Vorschrift aber an diejenigen des Entwurfs 1908 (§ 153), des Entwurfs 1909 (§ 154) und des Entwurfs Goldschmidt/Schiffer (§ 178) anknüpfte, kann an dieser Stelle auf die Begründungen dieser Entwürfe verwiesen werden. Wie sich aus den Gesetzgebungsprozessen ergibt, handelte es sich bei § 154 StPO a. F. um eine dem § 208 RStPO entsprechende Vorschrift für das Ermittlungsverfahren. Die Formulierung „nicht ins Gewicht fallen" hatte demnach dieselbe Bedeutung wie „unwesentlich" (§ 208

104 LR/*Rosenberg*, 18. Aufl. 1929 § 154 StPO Anm. Nr. 1.

StPO).[105] Es ging also darum, dass die Sanktion sich auf die gesamte Strafe im Ergebnis kaum auswirken wird. Diesbezüglich kann daher auch auf die Motive zu § 208 RStPO verwiesen werden.[106] Die Vorschrift bezweckte demnach ebenso wie § 208 RStPO die Prozessökonomie.[107] Die bedeutendste Veränderung im Vergleich zu § 208 RStPO bestand darin, dass die Staatsanwaltschaft nun die Verfolgung ganz ohne das Gericht schon im Ermittlungsverfahren einstellen konnte und insbesondere keine diesbezügliche Anklageschrift mehr einreichen musste.[108] Die Vorschrift befreite aber lediglich von der „Erhebung" der öffentlichen Klage, nicht von der Verfolgung der Straftat. Aus diesem Grund musste der Sachverhalt bezüglich der einzustellenden Straftat nach überwiegender Auffassung durchermittelt werden, zumindest wenn wegen der Bezugstat noch kein Urteil gesprochen war oder höchstwahrscheinlich erfolgen würde.[109]

---

105 LR/*Rosenberg*, 18. Aufl. 1929, § 154 StPO Anm. Nr. 4; vgl. auch die Formulierung zu § 154 StPO a. F., dass die durch die einzustellende Tat zu erwartete Strafe „im Ergebnis bedeutungslos" sein müsse LR/K*ohlhaas*, 22. Aufl. 1971 § 154 StPO Anm. Nr. 3 oder auch direkt die Verwendung des Begriffs „unwesentlich": *Kapahnke*, Opportunität S. 82; a. A. aber offenbar *Pott*, §§ 154, 154a StPO S. 46 f., die wohl meint, dass „nicht ins Gewicht fallen" i. S. d. § 154 StPO a. F. einen größeren Anwendungsbereich aufweise als „unwesentlich" i. S. d. § 208 RStPO.

106 So auch L/R/*Rosenberg*, 18. Aufl. 1929 § 154 StPO Anm. Nr. 2.

107 Siehe zu § 154 StPO a. F. OLG München, NJW 1975, 68 (70); *Berz*, NJW 1982, 729 (731).

108 LR/*Rosenberg*, 18. Aufl. 1929, § 154 StPO Anm. Nr. 1.

109 LR/*Rosenberg*, 18. Aufl. 1929, § 154 StPO Anm. Nr. 3; *Schroeder*, FS Peters, 411 S. 415; a. A. aber *Sack*, NJW 1976, 604 (605).

IV. Die Entwicklung bis 1974

Mit dem „Gesetz gegen gefährliche Gewohnheitsverbrecher und über Maßregeln der Sicherung und Besserung“[110] vom 24. November 1933 wurden die Maßregeln der Sicherung und Besserung geschaffen. Entsprechend wurden mit Art. 2 Nr. 15 des Ausführungsgesetzes zu diesem Gesetze[111] in § 154 StPO a. F. die Worte „Maßregeln der Sicherung und Besserung“ eingefügt. Das ist nach Ende der NS-Diktatur auch beibehalten worden.[112] Art. 21 Nr. 48 EGStGB[113] vom 2. März 1974 stellte bloß die Worte „Sicherung und Besserung“ um in „Besserung und Sicherung“, weil man die Norm an den geänderten Sprachgebrauch anpassen wollte.[114]

V. Das Strafverfahrensänderungsgesetz 1979

In den 70er Jahren entstand ein wachsendes Bedürfnis, umfangreiche Verfahren zu einem schleunigeren Abschluss zu bringen. Zwar gab es bereits ab 1932 einige Stimmen, sog. „Monsterverfahren“ („Großverfahren“[115]) durch eine Erweiterung des § 154 a. F. zu beschleunigen und zu verbilligen.[116] Allerdings stellten diese Verfahren zum damaligen Zeitpunkt kein so ein gewaltiges Problem dar wie ab den 70er Jahren.[117] Die Anzahl der Großverfahren, aber auch der

---

110 RGBl. 1933 I S. 995.

111 RGBl. 1933 I S. 1000 (1001).

112 Vgl. LR/*Mavany*, 27. Aufl. 2020, § 154 StPO Entstehungsgeschichte.

113 BGBl. 1974 II S. 469 (509).

114 LR/*Mavany*, 27. Aufl. 2020, § 154 StPO Entstehungsgeschichte.

115 Dabei handelt es sich um Verfahren, die aufgrund besonderer Stoffmenge und Komplexität besonders lange dauern und ggf. eine lange Hauptverhandlung erfordern, zum Begriff *Kapahnke*, Opportunität S. 82 f.; *Rebmann*, NStZ 1984, 241.

116 Vgl. näher *Kapahnke*, Opportunität S. 82, 95 f.; *Herrmann*, ZStW 85 (1973), 255; *Grauhan*, GA 1976, 225.

117 *Kapahnke*, Opportunität S. 85 ff.; *Hermann*, ZStW 85 (1973), 255 (256).

Strafverfahren insgesamt, ist ab 1970 jedes Jahr kontinuierlich gestiegen, während die Verfahren jeweils auch immer länger dauerten.[118] Teilweise zeichnete sich dieser Trend schon in den 60er Jahren ab.[119] Der Grund dafür waren vor allem Strafverfahren gegen nationalsozialistische Gewaltverbrecher, Wirtschaftskriminelle und sog. Gutachterverfahren.[120] Auch die Terroristenprozesse der 70er Jahre trugen dazu bei.[121] Der Umfang dieser Verfahren konnte zum Teil derart anwachsen, dass er die geistigen Kapazitäten der beteiligten Strafverfolgungsorgane zu überfordern drohte. *Henneberg* hat dies in seinem seinerzeit erschienen Aufsatz[122] anschaulich dargestellt. In dem von ihm benannten Originalverfahren umfasste das Beweismaterial der Staatsanwaltschaft 27 Zeugen, 21 Sachverständige und 715 Urkunden.[123] Hier war eine Überforderung, insbesondere der möglicherweise mit dem Fall betrauten Laienrichter, praktisch vorprogrammiert.[124] Durch solche Großverfahren erfolgten Urteile zudem, wenn sie dann bewältigt werden konnten, erst lange nach Tatbegehung, was insgesamt die Effektivität der Strafrechtspflege beeinträchtigte.[125] Dies wurde noch zusätzlich verschärft, da lange Verfahren Konflikte mit dem Unmittelbarkeits- und Mündlichkeitsgrundsatz verursachten, weil das Urteil am Ende teilweise nicht mehr aufgrund des Beweismittels selbst (wie z. B. Zeugenaussagen), sondern nur noch aufgrund von Protokollen oder Notizen ergehen konnte.[126] Gleichzeitig stellte die lange Verfahrensdauer eine erheb-

---

118 *Rebmann*, NStZ 1984, 241; *Kapahnke*, Opportunität S. 87; vgl. auch die Tabellen in BT-Drs. 8/976 S. 74 ff.

119 *Rebmann*, NStZ 1984, 241.

120 *Hermann*, ZStW 85 (1973), 255 (256).

121 *Rebmann*, NStZ, 241.

122 *Henneberg*, BB 1979, 585.

123 *Henneberg*, BB 1979, 585 (588).

124 *Henneberg*, BB 1979, 585 (588 f.).

125 BT-Drs. 8/976 S. 17 f.

126 *Herrmann*, ZStW 85 (1973), 255 (260); BT-Drs. 8/976 S. 16.

liche Belastung für die Angeklagten dar und verursachte hohe Kosten.[127] Ein weiteres, wesentliches Problem war folgendes: Wenn mehrere Straftaten in einem Verfahren behandelt wurden, konnte eine schwierig zu ermittelnde Nebentat die Anklage bzw. Aburteilung erheblich verzögern, obwohl das schwerste Delikt eigentlich schon anklage- oder urteilsreif war.[128] Selbst wenn hier die verzögernden Straftaten vom Verfahren abgetrennt werden konnten,[129] was in der Praxis jedoch nicht immer zweckmäßig erschien,[130] blieb natürlich die kompliziert zu ermittelnde Nebentat übrig, deren Abschluss noch immer nur zäh vorankam[131] und die die Ressourcen der Justiz und die Psyche der Betroffenen weiter belastete.[132]

All diese Gründe hatten zur Folge, dass die Justiz den Tatbestand des § 154 StPO a. F. („nicht ins Gewicht fallen") sehr extensiv auslegte, um zur Einstellung zu gelangen,[133] was teilweise als eine Überdehnung des rechtlich Zulässigen aufgefasst wurde.[134] Zudem drang dieser Missstand im Zuge der langwierigen Terroristenprozesse in den 70er Jahren auch in die öffentliche Wahrnehmung.[135] Es wurden Forderungen laut, Großverfahren zu entschlacken.[136]

Um dem Abhilfe zu schaffen, befasste sich 1975 eine Bund-Länder-Arbeitsgruppe „Strafrechtsreform" unter anderem mit der Frage, wie vor allem Großverfahren schleuniger zu einem Abschluss geführt

---

127 *Herrmann*, ZStW 85 (1973), 255 (260).

128 *Sack*, NJW 1976, 604 (605); BT-Drs. 8/976 S. 18 f.

129 *Sack*, NJW 1976, 604 (605).

130 Zum Beispiel, wenn die Einzeltaten in einem derartigen Zusammenhang stehen, dass sie nur gemeinsam sinnvoll beurteilt werden können, BT-Drs. 8/976 S. 18.

131 *Grauhan*, GA 1976, 225 (228).

132 Siehe zu weiteren Nachteilen der Großverfahren *Grauhan*, GA 1976, 225 (226 f.).

133 BT-Drs. 8/976 S. 19.

134 *Sack*, NJW 1976, 604 (606).

135 *Henneberg*, BB 1979, 585 (589).

136 *Henneberg*, BB 1979, 585 (589).

werden könnten.[137] Hierauf legte 1976 der Bundesrat in der siebten Legislaturperiode einen Gesetzentwurf[138] vor, der in jener Legislaturperiode aber nicht mehr zur Abstimmung kam.[139] Er wurde dann vom Bundesrat in der achten Legislaturperiode erneut eingebracht.[140] Außerdem brachte die CDU/CSU Fraktion ebenfalls einen Entwurf ein,[141] der mit dem Entwurf des Bundesrats inhaltsgleich war.[142]

Art. 1 Nr. 2 des Entwurfs des Bundesrates und des Entwurfs der CDU/CSU Fraktion[143] lautete:

„§ 154 wird wie folgt geändert:

In Absatz 1 werden die Worte „Erhebung der öffentlichen Klage“ durch die Worte „Verfolgung der Tat“ und die Worte „nicht ins Gewicht“ durch die Worte „nicht beträchtlich ins Gewicht“ ersetzt.

Nach Absatz 1 wird folgender Absatz 2 eingefügt:

„(2) Von der Verfolgung einer Tat kann auch abgesehen werden, wenn sie zu einer erheblichen Verzögerung des Verfahrens wegen einer anderen Tat führen würde, sofern die Strafe oder Maßregel der Besserung und Sicherung, zu der die Verfolgung führen kann, im Verhältnis zu der Strafe oder Maßregel der Besserung und Sicherung, die der Beschuldigte wegen der anderen Tat zu erwarten hat, nicht von größerem Gewicht ist und wenn nicht ein überwiegendes öffentliches Interesse die Verfolgung gebietet.“

Die bisherigen Absätze 2 bis 5 werden Absätze 3 bis 6“

---

137 *Rieß*, NJW 1978, 2265 (2265 f.).
138 BT-Drucks. 7/5267.
139 *Rieß*, NJW 1978, 2265 (2266).
140 BT-Drucks. 8/354.
141 BT-Drucks. 8/323.
142 *Rieß*, NJW 1978, 2265 (2266).
143 BT-Drucks. 8/354 und BT-Drucks. 8/323.

Auch die Bundesregierung legte noch im selben Jahr einen „Entwurf eines Strafverfahrensänderungsgesetzes 19..“[144] vor.[145]

Art. 1 Nr. 12 des Regierungsentwurfs lautete:

„§ 154 Abs. 1 erhält folgende Fassung:

„(1) Die Staatsanwaltschaft kann von der Verfolgung einer Tat absehen, wenn die Strafe oder die Maßregel der Besserung und Sicherung, zu der die Verfolgung führen kann, neben einer Strafe oder Maßregel der Besserung und Sicherung, die gegen den Beschuldigten wegen einer anderen Tat rechtskräftig verhängt worden ist oder die er wegen einer anderen Tat zu erwarten hat, nicht beträchtlich ins Gewicht fällt. Über die in Satz 1 getroffene Regelung hinaus kann die Staatsanwaltschaft von der Verfolgung einer Tat absehen, wenn ein Urteil wegen dieser Tat in angemessener Frist nicht zu erwarten ist und wenn eine Strafe oder Maßregel der Besserung und Sicherung, die gegen den Beschuldigten rechtskräftig verhängt worden ist oder die er wegen einer anderen Tat zu erwarten hat, zur Einwirkung auf den Täter und zur Verteidigung der Rechtsordnung ausreichend erscheint.“

Inhaltlich knüpfte der Regierungsentwurf an Überlegungen an, die *Grauhan* in einem zuvor veröffentlichen Aufsatz angestellt hatte.[146] Im Vordergrund stand die Befürchtung, dass durch überlange Verfahren die Sanktion ihren präventiven Sinn verlieren und dadurch möglicherweise sogar eine Teileinstellung unter dem Strich effektiver sein kann, als eine vollständige Verfolgung.[147] Die Einstellungs-

144 BT-Drucks. 8/976.

145 *Rieß*, NJW 1978, 2265 (2266).

146 *Kapahnke*, Opportunität S. 135; vgl. *Grauhan*, GA 1976, 225.

147 *Grauhan*, GA 1976, 225 (236 f.).

fähigkeit sollte über die materiellen Strafzwecke, insbesondere Spezial- und Generalprävention begrenzt werden,[148] was sich in der Formulierung „Einwirkung auf den Täter“ und „Verteidigung der Rechtsordnung“ widerspiegelt.[149]

Der Bundestag beriet im Anschluss über den Regierungsentwurf.[150] In zweiter Lesung stellte die CDU/CSU folgenden Änderungsantrag:[151]

„§ 154 Abs. 1 erhält folgende Fassung:

„(1) Die Staatsanwaltschaft kann von der Verfolgung einer Tat absehen, wenn

die Strafe oder die Maßregel der Besserung und Sicherung, zu der die Verfolgung führen kann, neben einer Strafe oder Maßregel der Besserung und Sicherung, die gegen den Beschuldigten wegen einer anderen Tat rechtskräftig verhängt worden ist oder die er wegen einer anderen Tat zu erwarten hat, nicht beträchtlich ins Gewicht fällt, oder

sie zu einer erheblichen Verzögerung des Verfahrens wegen einer anderen Tat führen würde, sofern die Strafe oder die Maßregel der Besserung und Sicherung, zu der die Verfolgung führen kann, im Verhältnis zu der Strafe oder Maßregel der Besserung und Sicherung, die der Beschuldigte wegen der anderen Tat zu erwarten hat, nicht von größerem Gewicht ist und wenn nicht ein überwiegendes öffentliches Interesse die Verfolgung gebietet.“

Dieser Änderungsantrag entspricht dem Entwurf des Bundesrats. Er weicht vom Regierungsentwurf insoweit ab, als für beträchtlich ins Gewicht fallende Rechtsfolgen andere Voraussetzungen aufgestellt

---

148 *Grauhan*, GA 1976, 225 (236 ff.).

149 Vgl. auch den Änderungsvorschlag von *Grauhan*, GA 1976, 225 (242).

150 *Kapahnke*, Opportunität S. 100.

151 BT-Drucks. 8/1877.

werden. Die Begründung zum Regierungsentwurf nimmt hierauf Bezug, indem sie klarstellt, dass man für beträchtlich ins Gewicht fallende Rechtsfolgen einen anderen Weg gehen wolle als der Alternativentwurf des Bundesrates.[152] Man wolle nicht auf quantitative, sondern auf materiell-rechtliche Kriterien (§§ 46, 47 Abs. 1 StGB) als Grenze des Anwendungsbereichs setzen, weil das eine höhere Einzelfallgerechtigkeit bewirke.[153]

Auch der Rechtsausschuss äußerte sich hierzu in seinen Beschlussempfehlungen.[154] Die Minderheit, die den Entwurf des Bundesrates befürwortete, befürchtete einen „Einbruch des Schuldprinzips" (gemeint ist hier die materielle Gerechtigkeit), sofern bei der Einstellung wegen lang andauernder Verfahren auf eine quantitative Gewichtung verzichtet würde.[155] Diese Bedenken wurden indes von der Mehrheit, die den Regierungsentwurf favorisierte, nicht geteilt.[156] Man ging davon aus, dass auch mit dem Regierungsentwurf kein „Widerspruch zum Schuldprinzip" (auch hier ist wieder die materielle Gerechtigkeit gemeint) bestehe.[157] Infolgedessen wurde der Änderungsantrag der CDU/CSU Fraktion mehrheitlich abgelehnt.[158]

Nachdem am 08. Juni 1978 der Bundestag in dritter Lesung einstimmig das StVÄG beschlossen hatte,[159] rief der Bundesrat den Vermittlungsausschuss an,[160] legte aber keinen Einspruch ein,[161] sodass

---

152 BT-Drucks. 8/976 S. 18.
153 BT-Drucks. 8/976 S. 19, 39.
154 BT-Drucks. 8/1844.
155 BT-Drucks. 8/1844 S. 31.
156 BT-Drucks. 8/1844 S. 31.
157 BT-Drucks. 8/1844 S. 31.
158 *Kapahnke*, Opportunität S. 100; Rieß, NJW 1978, 2265 (2266).
159 *Kapahnke*, Opportunität S. 100.
160 BT-Drucks. 8/1988.
161 *Kapahnke*, Opportunität S. 100.

der Regierungsentwurf am 05. Oktober 1978 als StVÄG 1979[162] verkündet wurde. Am 01. Januar 1979 ist das Gesetz in Kraft getreten.[163]

Aus der Gesetzesbegründung zum Regierungsentwurf ergibt sich, dass man von einer Erweiterung des § 154 StPO insgesamt eine Besserung der angespannten Personalsituation in der Strafjustiz erwartete.[164] Gleichzeitig sollten hierdurch auch mehr Kapazitäten für die wichtigeren Delikte geschaffen werden, damit bei diesen keine unangemessene Verzögerung des Verfahrens eintritt.[165] Nach der Vorstellung des Gesetzgebers sollten die Einstellungsmöglichkeiten aber nicht so weit gehen, dass darunter die „Gerechtigkeit" und die Wahrheitsfindung leiden würden.[166] Um dies sicherzustellen, sind die Tatbestandsvoraussetzungen des § 154 Abs. 1 StPO geschaffen worden, welche die Einstellungsbefugnis des Normanwenders begrenzen sollten.[167] Dabei ist § 154 Abs. 1 Nr. 1 StPO eine Weiterentwicklung des § 154 StPO a. F. Die Formulierung „nicht *beträchtlich* ins Gewicht fallen" sollte nicht nur die Einstellungspraxis der Staatsanwaltschaft zu § 154 StPO a. F. legalisieren, sondern den Anwendungsbereich darüber hinaus erweitern.[168] Außerdem lässt sich der Begründung entnehmen, dass auch § 154 Abs. 1 Nr. 1 StPO n. F. hauptsächlich nach quantitativen Gesichtspunkten zu bestimmen sei, wie auch schon bei § 154 StPO a. F.[169] Eine Einschränkung der Einstellungsmöglichkeit durch materiell-rechtliche Kriterien wie bei

162 BGBl. 1978 I S. 1645.
163 Art. 11 StVÄG.
164 BT-Drucks. 8/976 S. 32.
165 BT-Drucks. 8/976 S. 16, 18.
166 BT-Drucks. 8/976 S. 18.
167 BT-Drucks. 8/976 S. 16, 18.
168 BT-Drucks. 8/976 S. 19, 39.
169 BT-Drucks. 8/976 S. 19, 39.

§ 154 Abs. 1 Nr. 2 StPO sah man als nicht erforderlich an. Man hielt eine quantitative Gewichtung für ausreichend.[170]

§ 154 Abs. 1 Nr. 2 StPO n. F. ist laut der Begründung vor allem zur Vermeidung der oben angesprochenen Situation geschaffen worden, dass ein Verfahren insgesamt nicht zum Abschluss kommt, weil einzelne Taten dies verhindern.[171] Für die Frage, ob eine Strafe für die „Verteidigung der Rechtsordnung" und die „Einwirkung auf den Täter" ausreichend erscheint, sollten die Kriterien der §§ 46, 47 Abs. 1 StGB maßgeblich sein, weswegen quantitative Gesichtspunkte als solche nicht mehr berücksichtigt werden müssten.[172]

Für beide Ziffern hat der Gesetzgeber mit der Formulierung „Die Staatsanwaltschaft kann von der Verfolgung einer Tat absehen" klargestellt, dass für eine Verfahrenseinstellung keine Ermittlung des Sachverhaltes bis zur Anklagereife (hinreichender Tatverdacht) mehr nötig sein sollte, wie es § 154 a. F. regelmäßig noch vorsah.[173]

Mit dem Strafverfahrensänderungsgesetz 1979 erhielt § 154 StPO seine heutige Fassung. Mit Art. 1 Nr. 13 des Gesetzes zur Stärkung des Rechts des Angeklagten auf Vertretung in der Berufungsverhandlung und über die Anerkennung von Abwesenheitsentscheidungen in der Rechtshilfe (StPOulRGÄndG) vom 17.07.2015[174] i. V. m. der Anlage 1 zu diesem Gesetz[175] wurde lediglich die Überschrift des § 154 StPO „Teileinstellung bei mehreren Taten" eingefügt.

---

170 Vgl. BT-Drucks. 8/976 S. 39.

171 BT-Drucks. 8/976 S. 19, 39.

172 BT-Drucks. 8/976 S. 39.

173 *Henneberg*, BB 1979, 585 (589); BT-Drucks. 8/976 S. 19.

174 BGBl. 2015 I S. 1332 (1333).

175 BGBl. 2015 I S. 1332 (1338).

C. Zweck des § 154 StPO

Nachdem nun die historische Entwicklung der Vorschrift skizziert wurde, soll das Augenmerk auf den Sinn der Vorschrift gelegt werden. Grob gesagt sollen Einstellungen nach § 154 StPO die Gesamtstoffmenge reduzieren und zu einer Verfahrensverkürzung beitragen.[176] Im Einzelnen werden dadurch verschiedene Zwecke verfolgt.

I. Prozessökonomie

Unstreitig bezweckt jedenfalls § 154 Abs. 1 Nr. 1 StPO die Förderung der Prozessökonomie. Hiermit gemeint ist die Einsparung von Ressourcen, weil die Ermittlungsbehörden die einzustellende Tat nicht mehr weiterverfolgen müssen. Die meisten Autoren schreiben diesen Zweck der gesamten Norm zu.[177] Nur vereinzelt wird vertreten, § 154 Abs. 1 Nr. 2 StPO verfolge keine ökonomischen Zwecke.[178]

Jedenfalls mit Blick auf § 154 Abs. 1 Nr. 1 StPO ist der allgemeinen Meinung zuzustimmen. Die Vorgängervorschrift des § 154 StPO a. F. ließ Einstellungen wegen nicht ins Gewicht fallender Rechtsfolgen deshalb zu, weil sich hier eine Verfolgung nicht lohnte. § 154 Abs. 1 Nr. 1 StPO n. F. stellt nun darauf ab, dass die Rechtsfolgen

---

176 LR/*Mavany*, 27. Aufl. 2020, § 154 StPO Rn. 1.

177 BGH, Beschl. v. 10.05.2005 – 1 StR 75/05; BGH, Beschl. v. 06.05.1998 – 1 StR 59/98; SK-StPO/*Weßlau/Deiters*, 5. Auflage 2016, § 154 StPO Rn. 1; MüKo-StPO/*Teßmer*, § 154 StPO Rn. 2; Heghmanns/Scheffler/*Heghmanns*, Kapitel V Rn. 89; *Pott*, §§ 154, 154a StPO S. 49 ff., 138; *Kapahnke*, Opportunität S. 80 f.; *Kurth*, NJW 1978, 2481; den Begriff der Prozessökonomie nicht nennend, aber dennoch darauf abstellend LR/*Mavany*, 27. Aufl. 2020, § 154 StPO Rn. 1 m. w. N.; HK-StPO/*Gercke*, § 154 StPO Rn. 1; KMR/*Kulhanek*, § 154 StPO Rn. 1 (Lfg. 90 März/2019).

178 So im Ergebnis wohl *Bloy*, GA 1980, 161 (180 f.); in dieser Tendenz wohl auch *Berz*, NJW 1982, 729 (731).

nicht *beträchtlich* ins Gewicht fallen, und erweitert damit den einstellungsfähigen Bereich. Dies muss so verstanden werden, dass bei nicht beträchtlich ins Gewicht fallenden Rechtsfolgen eine Einstellung aus prozessökonomischen Gründen vertretbar erscheint. Dies entspricht letztlich auch der Intention des historischen Gesetzgebers.[179]

Anders als § 154 Abs. 1 Nr. 1 StPO stellt § 154 Abs. 1 Nr. 2 StPO nicht auf die Schwere der Rechtsfolgen ab, sondern auf die zu erwartende Länge der Verfolgung. Aus diesem Grund könnte man geneigt sein, der Norm eine verfahrensbeschleunigende, jedoch nicht prozessökonomische Funktion zuzusprechen.[180] Dem ist nicht zuzustimmen. Vielmehr ist der oben genannten h. M. zu folgen, wonach auch § 154 Abs. 1 Nr. 2 StPO der Prozessökonomie dient. Wenn die Verfolgung einer Tat gem. § 154 Abs. 1 Nr. 2 StPO eingestellt wird, werden ebenso Ressourcen frei.[181] In dieser Hinsicht unterscheidet sich diese Ziffer nicht vom Ziffer 1. Der Unterschied liegt darin, dass Ziffer 2 auf die zu erwartende Dauer des Verfahrens und nicht auf die Beträchtlichkeit der Rechtsfolgen abstellt. Dies ergibt aber auch vor dem Hintergrund eines ökonomischen Zwecks Sinn. Erstens sind lange Verfahren oft kostspieliger.[182] Und zweitens sinkt häufig die präventive Effektivität einer Sanktion mit zunehmendem Zeitablauf.[183] § 154 Abs. 1 Nr. 2 StPO bezweckt vor diesem Hintergrund einen Ressourcenaufwand zu vermeiden, der sich mit Blick auf die nach langen Ermittlungen noch eintretende Sanktionswirkung nicht

---

179 Vgl. dazu Kapitel B., V., (beginnt bei S. 25).

180 In diesem Sinne wohl *Berz*, NJW 1982, 729 (731).

181 So auch AK/*Schöch*, § 154 StPO Rn. 3.

182 So auch KK-StPO/*Diemer*, § 154 StPO Rn. 13; *Nestler*, JA 2012, 88 (92 f.).

183 Dieser Zusammenhang wird näher beleuchtet in Kapitel C., II., a), (beginnt bei S. 40).

lohnt.[184] Zudem steht die Norm im systematischen und gesetzeshistorischen Zusammenhang mit Ziffer 1. Durch beide Vorschriften sollte der angespannten Personalsituation in der Justiz abgeholfen werden. Die Gesetzesbegründung spricht sogar explizit von einer Möglichkeit, mit § 154 Abs. 1 Nr. 2 StPO das Verfahren „ökonomischer" zu gestalten.[185] Damit verfolgen beide Ziffern den Zweck der Prozessökonomie und sind demnach gerade nicht „gänzlich verschiedenen Gedankenkreisen" zuzuordnen.[186]

II. Verfahrensbeschleunigung

Wenngleich offenbar Einigkeit darüber herrscht, dass § 154 StPO insgesamt eine Verfahrensbeschleunigung bewirken soll,[187] scheint bislang ungeklärt, weshalb diese Beschleunigung eigentlich genau beabsichtigt ist. Teilweise wird sie als Zweck zwar erwähnt, jedoch nicht erläutert.[188] Soweit nähere Ausführungen angestellt werden, verweisen die Autoren größtenteils auf die Intention des historischen Gesetzgebers langwierige Großverfahren zu bekämpfen.[189] Dies

---

[184] Ähnlich auch *Nestler*, JA 2012, 88 (92 f.), die zutreffend ausführt, § 154 Abs. 1 Nr. 2 StPO bezwecke, unverhältnismäßigen Ermittlungsaufwand zu vermeiden.

[185] BT-Drucks. 8/976 S. 39.

[186] Dies behauptet etwa *Bloy*, GA 1980, 161 (180 f.).

[187] BGHSt 41, 385 (391); LR/*Mavany*, 27. Aufl. 2020, § 154 StPO Rn. 1 m. w. N.; KK-StPO/*Diemer*, § 154 StPO Rn. 1; HK-StPO/*Gercke*, § 154 StPO Rn. 1; KMR/*Kulhanek*, § 154 StPO Rn. 1 (Lfg. 90 März/2019); SSW-StPO/*Schnabl*, § 154 StPO Rn. 1; MüKo-StPO/*Teßmer*, § 154 StPO Rn. 2; Meyer-Goßner/Schmitt/*Schmitt*, § 154 StPO Rn. 1; *Duckwitz*, §§ 154, 154a StPO S. 62 m. w. N; *Pott*, §§ 154, 154a StPO S. 49; *Kapahnke*, Opportunität S. 142.

[188] Wie hier BGHSt 41, 385 (391); SSW-StPO/*Schnabl*, § 154 StPO Rn. 1.

[189] Wie hier LR/*Mavany*, 27. Aufl. 2020, § 154 StPO Rn. 1; HK-StPO/*Gercke*, § 154 StPO Rn. 1; KK-StPO/*Diemer*, § 154 StPO Rn. 1; KMR/*Kulhanek*, § 154 StPO Rn. 1 (Lfg. 90 März/2019); Meyer-Goßner/Schmitt/*Schmitt*, § 154 StPO Rn. 1; AK/*Schöch*, § 154 StPO Rn. 2; *Duckwitz*, §§ 154, 154a StPO S. 63 f.; *Kapahnke*, Opportunität S. 88 ff.

ließe sich insbesondere an der Formulierung des § 154 Abs. 1 Nr. 2 StPO erkennen.[190] Gerade Ziffer 2 sei für Großverfahren konzipiert.[191] Zum Teil wird auch behauptet, § 154 StPO insgesamt diene der Förderung des Beschleunigungsgebotes.[192] Bei diesen Aussagen bleibt jedoch offen, was sich genau dahinter verbirgt. Manche Autoren scheinen etwa davon auszugehen, dass die Beschleunigung von Großverfahren letztlich alleine aus prozessökonomischen Gründen erfolgen solle.[193] Andere wiederum sehen in der Verfahrensbeschleunigung auch andere bezweckte Vorteile als die bloße Ressourcenersparnis. Durch ein zügiges Verfahren werde dem durch Zeitablauf eintretenden Beweisverlust entgegen gewirkt.[194] Zudem werde auf diese Weise verhindert, dass der Justizapparat in der Öffentlichkeit als langsam und ineffektiv wahrgenommen werde, was den generalpräventiven Effekt der Sanktion erhöhe.[195] Auch wird betont, § 154 StPO bezwecke die Stärkung der spezialpräventiven Wirkung der Sanktion.[196] Ein zügiges Urteil erhöhe die Chancen, dass der Täter das Urteil akzeptiert und sein Fehlverhalten einsieht.[197] Am unklarsten erscheint zudem die Frage, ob § 154 StPO, ebenso wie das Beschleunigungsgebot, im Interesse des Verdächtigen liegt oder nicht. Während manche Autoren dies für § 154 StPO insgesamt wohl

---

190 *Berz*, NJW 1982, 729 (731).

191 LR/*Mavany*, 27. Aufl. 2020, § 154 StPO Rn. 26.

192 Radtke/Hohmann/*Radtke*, § 154 StPO Rn. 1 m. w. N.; zu § 154a StPO ähnlich BGH NStZ-RR 2009, 51.

193 So offenbar MüKo-StPO/*Teßmer*, § 154 StPO Rn. 2, der wohl die Verfahrensbeschleunigung ausschließlich als Ausdruck ökonomischer Zielsetzung versteht, da er sie als Zweck zwar benennt, sodann aber von der Prozessökonomie spricht; ebenso wohl *Pott*, §§ 154, 154a StPO S. 49 f.; vgl. auch Heghmanns/Scheffler/*Heghmanns*, Kapitel V Rn. 89, der meint, § 154 StPO verfolge ausschließlich prozessökonomische Zwecke.

194 So *Scholz*, §§ 154, 154a StPO S. 10.

195 *Ostendorf*, GS Eckert,S. 640; *Erb*, Legalität S. 167 f.; *Scholz*, §§ 154, 154a StPO S. 11.

196 *Ostendorf*, GS Eckert S. 640; *Scholz*, §§ 154, 154a StPO S. 11.

197 *Ostendorf*, GS Eckert S. 640; *Scholz*, §§ 154, 154a StPO S. 10.

annehmen,[198] beschränken andere diesen Zweck auf § 154 Abs. 1 Nr. 2 StPO.[199] Teilweise wird das Interesse des Verdächtigen aber auch von § 154 StPO als nicht umfasst angesehen.[200] Dieser Befund zeigt, dass die konkreten Ziele, die § 154 StPO mit einer Verfahrensbeschleunigung erreichen will, eigentlich nicht abschließend geklärt sind. Insofern erscheint es angezeigt, diese Fragestellung näher zu erörtern. Dabei lassen sich die möglichen Interessen an einem zügigen Verfahren am besten anhand der Schutzgüter des Beschleunigungsgrundsatzes im Strafverfahren skizzieren[201].[202] Im Anschluss daran kann untersucht werden, welche dieser Interessen auch § 154 StPO zu fördern bezweckt.

1. Der Zweck des Beschleunigungsgebotes im Strafverfahren

Das Beschleunigungsgebot im Strafverfahren folgt aus dem Rechtsstaatsprinzip[203] und bezweckt sowohl öffentliche (objektive Schutzrichtung) als auch die Interessen des Verdächtigen (subjektive Schutzrichtung).[204] In seiner subjektiven Ausprägung gibt es dem Betroffenen sogar einen Anspruch auf angemessene Beschleunigung

---

198 *Ostendorf*, GS Eckert S. 640; *Scholz*, §§ 154, 154a StPO S. 10.

199 *Bloy*, GA 1980, 161 (180 f.).

200 So etwa *Volk*, NJW 1996, 879.

201 Grundlegend zum strafprozessualen Beschleunigungsgebot und dessen Herleitung *Eckhardt*, Verfahrensdauer S. 39 f. m. w. N.; *Plankemann*, Verfahrensdauer S. 18 ff. m. w. N.

202 Vgl. zu den einzelnen Interessen *Eckhardt*, Verfahrensdauer S. 40 ff. m. w. N.; *Plankemann*, Verfahrensdauer S. 26 ff. m. w. N.

203 *Eckhardt*, Verfahrensdauer S. 39 f. m. w. N.

204 *Eckhardt*, Verfahrensdauer S. 40 ff.; ähnlich *Plankemann*, Verfahrensdauer S. 26 ff.

des Verfahrens, welcher überdies durch Art. 6 Abs. 1 MRK normiert ist.[205]

a) Objektive Schutzgüter

Neben prozessökonomischen Gesichtspunkten[206] verfolgt das Beschleunigungsgebot in objektiver Hinsicht vor allem kriminalpolitische Zwecke. Die mit Verzögerungen verbundenen Nachteile für öffentliche Interessen sollen vermieden werden.

Dies beginnt bei der Wirksamkeit der Sanktion. Ein langer Abstand zwischen Tat und Urteil beeinträchtigt die materielle Gerechtigkeit, weil diese ein zügiges Urteil fordert.[207] Viel gravierender sind jedoch die Risiken für die präventive Wirkung der Sanktion.[208] Zu denken ist an Abschreckungseffekte,[209] das Vertrauen der Allgemeinheit in die Normgeltung[210] und insbesondere den Lerneffekt beim Täter, der bei einer sehr späten Sanktion diese möglicherweise nicht mehr als

---

205 *Eckhardt*, Verfahrensdauer S. 41 f.; *Plankemann*, Verfahrensdauer S. 27 f.; *Krehl*, NStZ 2006, 1 (1). Art. 6 Abs. 1 Satz 1 MRK hat als Teil des Völkerrechtes in der BRD den Rang eines Bundesgesetzes, BGH NJW 2008, 860 Rn. 33.
Vgl. dazu, dass der aus dem Rechtsstaatsprinzip bzw. dem Beschleunigungsgebot folgende Anspruch auf angemessene Beschleunigung mit dem des Art. 6 Abs. 1 MRK inhaltsgleich ist auch BVerfG NJW 1995, 1277 und BVerfG NJW 1993, 3254, wonach Art. 6 Abs. 1 Satz 1 MRK als Auslegungshilfe für das Recht auf angemessene Beschleunigung aus Art. 20 III GG dient; siehe auch BGH NStZ 2011, 651 Rn. 10, der beides einheitlich zitiert.

206 Siehe dazu *Plankemann*, Verfahrensdauer S. 31 f. m. w. N.; siehe auch *Eckhardt*, Verfahrensdauer S. 42 m. w. N.

207 HKV-Band 7/*Murmann*, § 12 Rn. 2.

208 Vgl. dazu BVerfG StV 2009, 673 Rn. 12; *Waßmer*, ZStW 118 (2006), 159 (160).

209 *Waßmer*, ZStW 118 (2006), 159 (160); *Schroth*, NJW 1990, 29 (30); *Plankemann*, Verfahrensdauer S. 30.

210 *Waßmer*, ZStW 118 (2006), 159 (160 f.); *Schroth*, NJW 1990, 29 (30); *Plankemann*, Verfahrensdauer S. 30 f.

nachvollziehbare Reaktion auf sein Handeln versteht.[211] Außerdem kann mit dem Täter zum Zwecke der Resozialisierung kaum gearbeitet werden, solange das Urteil nicht erfolgt ist, weil erst das Urteil den Täter überhaupt feststellt. Gleichzeitig wird auch die Sicherung des Täters zum Schutze der Allgemeinheit[212] mit zunehmender Verfahrensdauer tendenziell beeinträchtigt, weil er sich bis zum Vollzug einer Freiheitsstrafe oder entsprechenden Maßregel grundsätzlich auf freiem Fuß befindet.

Auch wird durch ein langes Strafverfahren häufig das Opfer (so es eines gibt) übermäßig belastet, weil es sich noch lange Zeit mit dem Tathergang beschäftigen muss und ggf. alte Narben immer wieder aufreißen.[213] Entsprechend kann das für Zeugen gelten.[214] Dies geht mit der Tatsache einher, dass der Zeitablauf die Beweisgrundlage verfälschen kann,[215] insbesondere weil Zeugen sich nicht mehr richtig an den Tathergang erinnern können.[216] Auch viele andere Beweise verlieren auf Dauer an Aussagekraft. Zu denken ist etwa an Tatmittel, Tatprodukte oder Videomaterial. Diese Gegenstände können sich mit der Zeit zersetzen oder auflösen und auch den Ort oder Besitzer wechseln, wodurch es, trotz modernster Technik, schwieriger wird, sie aufzufinden und/oder aus ihnen belastbare Aussagen zu erhalten.

---

211 Näher *Waßmer*, ZStW 118 (2006), 159 (160); *Schroth*, NJW 1990, 29 (30); ähnlich *Plankemann*, Verfahrensdauer S. 31.

212 Als Teil der negativen Spezialprävention, HKV-Band 1/*Hörnle*, § 12 Rn. 9, 13.

213 HKV-Band 7/*Murmann*, § 12 Rn. 14; *Kapahnke*, Opportunität S. 90.

214 HKV-Band 7/*Murmann*, § 12 Rn. 14.

215 BVerfG StV 2009, 673 Rn. 12; LR/*Jäger*, 27. Aufl. 2020, Vor. § 212 StPO Rn. 21; *Waßmer*, ZStW 118 (2006), 159 (161); *Eckhardt*, Verfahrensdauer S. 42; *Plankemann*, Verfahrensdauer S. 29.

216 SSW-StGB/*Rosenau*, § 78 StGB Rn. 5; *Krehl*, NStZ 2006, 1 (1); *Waßmer*, ZStW 118 (2006), 159 (161); *Plankemann*, Verfahrensdauer S. 29.

Ein weiterer Punkt, der allerdings nur das Hauptverfahren betrifft, ist die Gefährdung des Unmittelbarkeits- und des Mündlichkeitsgrundsatzes,[217] was ebenso die Fehleranfälligkeit des Urteils erhöht.[218] Das liegt daran, dass die Beteiligten sich bei langer Hauptverhandlung nicht mehr gut an die Details der Verhandlung erinnern können und dadurch die Gefahr entsteht, dass das Urteil letztlich aufgrund von Mitschriften und Akten gefällt wird.[219] Aber auch im Ermittlungsverfahren ist denkbar, dass die pure Stofffülle die staatsanwaltschaftlichen Kapazitäten überfordert. Dies birgt das Risiko, dass die Sachverhaltsermittlung leidet. Zur Verdeutlichung sei an dieser Stelle nochmals auf den historischen Teil verwiesen, in dem diese Schwierigkeit bereits erläutert wurde.[220]

b) Subjektive Schutzgüter

In seiner subjektiven Dimension schützt der Beschleunigungsgrundsatz den Verdächtigen vor den Belastungen des Strafverfahrens,[221] die bis hin zu gravierenden psychischen Beeinträchtigungen und/oder wirtschaftlichen Nachteilen reichen können.[222] Umfasst ist dabei insbesondere der Anspruch des Betroffenen auf angemessene Beschleunigung des Verfahrens (Art. 6 Abs. 1 MRK). Dieser Anspruch richtet sich darauf, dass eine sog. rechtsstaatswidrige Verzögerung[223] zu unterbleiben hat,[224] welche vor allem dadurch ausgelöst

---

[217] *Herrmann*, ZStW 85 (1973), 255 (260) m. w. N.
[218] *Plankemann*, Verfahrensdauer S. 29.
[219] *Herrmann*, ZStW 85 (1973), 255 (260); *Plankemann*, Verfahrensdauer S. 29.
[220] Siehe speziell Kapiel B., V., (beginnt bei S. 25).
[221] *Eckhardt*, Verfahrensdauer S. 41 f.
[222] Siehe näher zu diesen Nachteilen *Waßmer*, ZStW 118 (2006), 159 (160) m. w. N.; *Kloepfer*, JZ 1979, 209 (214).
[223] Zum Begriff *Eckhardt*, Verfahrensdauer S. 33.
[224] Schönke/Schröder/*Kinzig*, § 46 StGB Rn. 57.

wird, dass die Ermittlungsbehörden die Verzögerung verursachen.[225] Jedoch wird der Betroffene selbstverständlich auch unterhalb dieser Schwelle bereits mit dem Strafverfahren psychisch und finanziell belastet.[226] Auch diese Belastungen können sich als eine vom Gesetz nicht vorgesehene Ersatzstrafe darstellen.[227] Sie sollen daher mit dem Beschleunigungsgebot ebenso so gering wie möglich gehalten werden, wenngleich der Betroffene hierauf keinen Anspruch hat.[228]

2. Der Beschleunigungszweck des § 154 StPO

Ausgehend vom oben Dargestellten soll im Folgenden untersucht werden, welche der genannten Schutzgüter auch § 154 StPO zu fördern bezweckt.

a) Förderung öffentlicher Interessen

Zunächst soll § 154 StPO insgesamt sämtliche öffentliche Interessen an einer zügigen Strafrechtspflege fördern, indem durch Einstellung generell Justizressourcen frei werden. Hierfür spricht erstens, dass jede Einstellung prinzipiell geeignet ist, die Strafrechtspflege insgesamt zügiger zu gestalten. Und zweitens spricht hierfür auch die historische Entwicklung. § 154 StPO sollte gerade eine Möglichkeit sein, die Strafrechtspflege im Interesse der Effektivität, insbesondere

---

225 *Eckhardt*, Verfahrensdauer S. 33 m. w. N.; vgl. näher zur Frage, ab wann eine rechtsstaatswidrige Verfahrensverzögerung vorliegt, d. h. die angemessene Frist nach Art. 6 Abs. 1 MRK überschritten ist HKV-Band 7/*Murmann*, § 12 Rn. 32 ff.; *Eckhardt*, Verfahrensdauer S. 43 ff.; siehe auch *Plankemann*, Verfahrensdauer S. 47 ff.

226 BGH NJW 2008, 860 Rn. 45; *Eckhardt*, Verfahrensdauer S. 31 f. m. w. N.

227 Vgl. zur denkbaren Quasi-Strafwirkung eines Strafverfahrens generell BVerfG NJW 1993, 3254; BVerfG NJW 1984, 967; *Schroth*, NJW 1990, 29 (30); *Kloepfer*, JZ 1979, 209 (214); *Eckhardt*, Verfahrensdauer S. 31 f.; *Plankemann*, Verfahrensdauer S. 27 m. w. N.

228 *Eckhardt*, Verfahrensdauer S. 41 f.

Großverfahren, zu beschleunigen. Es sollte allgemein der „Grundsatz der Aburteilung innerhalb einer angemessenen Frist“ gestärkt werden.[229] Gemeint ist hier aber nicht der Zweck, eine konkrete Verzögerung zu verhindern, sondern allgemein die Strafrechtspflege durch freiwerdende Justizressourcen zügiger und damit effektiver zu gestalten.

Abhilfe bei besonders gravierenden, *konkreten* Verzögerungen bezweckt § 154 Abs. 1 Nr. 2 StPO. Dies ergibt sich aus dem Wortlaut. Ferner nennt die Gesetzesbegründung Beispiele. Dort heißt es, die Norm solle verhindern, dass eine bestimmte Tat das Gesamtverfahren übermäßig aufhält, wenn die übrigen Taten anklage- oder urteilsreif sind, aber eine Verfahrenstrennung nicht in Betracht kommt.[230] Dadurch kann insbesondere eine konkrete präventive Wirkung der Bezugssanktion sichergestellt werden. Zudem ist die Norm gerade auch in jenen Konstellationen nützlich, in denen das Verfahren eine derartige Stofffülle aufweist, dass sie die Verfahrensbeteiligten zu überfordern droht.

b) Schutz des Verdächtigen

Problematisch ist die Frage, inwieweit § 154 StPO eine Verfahrensbeschleunigung auch im Interesse des Verdächtigen bezweckt. Für § 154 Abs. 1 Nr. 1 StPO kann dies schon deshalb nicht gelten, weil der Wortlaut hierauf in keiner Weise hindeutet.[231] Bei § 154 Abs. 1 Nr. 2 StPO scheint dies jedoch auf den ersten Blick plausibel. Denn die Norm weist eine Formulierung auf, die Art. 6 Abs. 1 MRK ähnlich ist.[232] Im Ergebnis ist dieser Annahme jedoch nicht zu folgen. § 154 StPO liegt insgesamt nicht im Interesse des Verdächtigen.

---

229 BT-Drucks. 8/976 S. 17 f.

230 BT-Drucks. 8/976 S. 18 f.

231 Im Ergebnis ebenso *Bloy*, GA 1980, 161 (181).

232 So auch LR/*Mavany*, 27. Aufl. 2020, § 154 StPO Rn. 30.

Zunächst ist die angemessene Frist, die Ziffer 2 meint, eine andere als die des Art. 6 Abs. 1 MRK.[233] § 154 Abs. 1 Nr. 2 StPO setzt neben der Fristüberschreitung auch eine entsprechende Bezugssanktion voraus. Bei einer dem Art. 6 Abs. 1 MRK entsprechenden Interpretation würde § 154 Abs. 1 Nr. 2 StPO im Einzelfall auch dann eine Verfolgung anordnen, wenn die Frist des Art. 6 Abs. 1 MRK überschritten wäre, nämlich wenn die Bezugssanktion zur Einwirkung auf den Täter und zur Verteidigung der Rechtsordnung nicht ausreichend erscheint.[234] Verstünde man die Frist des § 154 Abs. 1 Nr. 2 StPO so wie diejenige des Art. 6 Abs. 1 MRK, würde die Norm also implizit einen Verstoß gegen Art. 6 Abs. 1 MRK,[235] und damit das Rechtsstaatsprinzip, anordnen. Zudem verlangt Art. 6 Abs. 1 Satz 1 MRK, dass die Überlänge durch die Strafverfolgungsorgane verursacht wurde.[236] Die Gesetzesbegründung stellt jedoch klar, dass es bei der angemessenen Frist nicht auf die Ursachen für die lange Verfahrensdauer ankommen soll.[237] Damit meint § 154 Abs. 1 Nr. 2 StPO jedenfalls nicht die Frist des Art. 6 Abs. 1 MRK. Aus dieser Parallele lässt sich ein bezweckter Schutz des Verdächtigen also nicht herleiten.

Aber auch unabhängig von Art. 6 Abs. 1 MRK sprechen Gründe dagegen, dass § 154 StPO im (direkten) Interesse des Verdächtigen liegt. Ziffer 2 steht im gesetzessystematischen Zusammenhang mit Ziffer 1, welche ausschließlich öffentlichen Interessen dient. Hinzu kommt, dass die Gesetzesbegründung die Belastungen des Verdächtigen im Zusammenhang mit langen Verfahren bloß an einer Stelle erwähnt, und hier auch eher allgemein.[238] Im Übrigen wird durch die Anwendung des § 154 Abs. 1 Nr. 2 StPO das Verfahren nicht bloß beschleunigt, sondern die Verfolgung einer Tat gänzlich eingestellt.

---

233 LR/*Mavany*, 27. Aufl. 2020, § 154 StPO Rn. 30 m. w. N.
234 LR/*Mavany*, 27. Aufl. 2020, § 154 StPO Rn. 30 m. w. N.
235 LR/*Mavany*, 27. Aufl. 2020, § 154 StPO Rn. 30 m. w. N.
236 Siehe die Nachweise in Fn. 225.
237 BT-Drucks. 8/976 S. 39.
238 BT-Drucks. 8/976 S. 16.

Es erscheint auch deshalb wenig plausibel, dass der Gesetzgeber mit der Norm die Interessen des Verdächtigen fördern wollte. Denn dann würde dieses Interesse durch eine Einstellung erreicht und nicht – wie der Beschleunigungsgrundsatz es regelmäßig vorsieht – durch eine bloße Beschleunigung. Insoweit würde eine Norm geschaffen, die unterhalb der Schwelle des Art. 6 Abs. 1 MRK eine Einstellung wegen der Interessen des Verdächtigen vorsieht. In diesem Fall wäre aber zu erwarten gewesen, dass sich hierzu weitreichende Anhaltspunkte aus den Gesetzesmaterialien ergeben hätten. Vor diesem Hintergrund spricht vieles dafür, dass § 154 Abs. 1 Nr. 2 StPO nicht im Interesse des Verdächtigen liegt, sondern sein Schutz lediglich eine willkommene Begleiterscheinung darstellt.

III. Diversionelle Zwecke

Gelegentlich wird in § 154 StPO auch ein diversioneller Sinn erkannt. Die Vorschrift weise „gewisse Parallelen" zu § 153 StPO auf, weil durch die Bezugssanktion das präventive Bedürfnis nach Verhängung der wegfallenden Rechtsfolgen gering sei.[239] Ebenso wird ausgeführt § 154 StPO weise eine „kriminalpolitische Verwandtschaft" zu § 153a StPO auf, weil die Bezugssanktion eine ähnliche Wirkung habe wie die Auflagen und Weisungen bei § 153a StPO.[240] Um diese Behauptungen zu verstehen, lohnt ein kurzer Blick auf das kriminalpolitische Konzept der §§ 153, 153a StPO. Diese Vorschriften ermöglichen einen Sanktionsverzicht durch Einstellung, weil kein Sanktionsbedürfnis besteht bzw. eine Einstellung präventiv sinnvoller ist. Im Anwendungsbereich des § 153 StPO ist die Schuld des Täters gering.[241] Da zudem das Verfahren inklusive Verurteilung stigmatisierend und kriminalisierend wirkt, kann die Einstellung aus

---

239 *Bloy*, GA 1980, 161 (180 f.).

240 So etwa LR/*Mavany*, 27. Aufl. 2020, § 154 StPO Rn. 2 sowie § 153a StPO Rn. 2 Fn. 11.

241 MüKo-StPO/*Peters*, § 153 StPO Rn. 2.

Gerechtigkeitsgründen geboten sein.[242] Sie kann auch spezialpräventiv sinnvoll sein, weil der Täter i. d. R. bereits durch die Einleitung des Verfahrens beeindruckt wurde[243] und der weitere Fortgang des Verfahrens die Wahrscheinlichkeit einer weiteren Straffälligkeit erhöhen kann.[244] § 153a StPO hingegen ermöglicht eine Einstellung auch im Bereich mittlerer Kriminalität.[245] Das hier bestehende Sanktionsbedürfnis, kann jedoch im Wege der Auflagen und Weisungen beseitigt werden, wodurch eine Einstellung möglich wird.[246] Hinter den eingangs erwähnten Behauptungen verbirgt sich also die Annahme, § 154 StPO bezwecke die Einstellung, weil die Bezugssanktion (zumindest weitgehend) ausreicht, um das Sanktionsbedürfnis wegen der einzustellenden Taten zu erfüllen.

Ob dem zugestimmt werden kann, hängt davon ab, was man unter dem „Sanktionsbedürfnis" versteht. Versteht man dieses Bedürfnis rein präventiv,[247] könnte man § 154 StPO schon eher mit den §§ 153, 153a StPO vergleichen, als wenn man einen stärkeren Fokus auf den Schuldausgleich[248] legt. Denn naturgemäß kann die Bezugssanktion kein Schuldausgleich für die einzustellende Tat sein, weil sie eine Reaktion auf die Bezugstat darstellt. Präventive Wirkungen kann sie hingegen auch mit Blick auf die einzustellende Tat entfalten, z. B. wenn die einzustellende Tat mit der Bezugstat artgleich ist und die Bezugssanktion damit auf ein artgleiches Unrecht bzw. auf eine artgleiche Gefährlichkeit reagiert.

---

242 LR/*Mavany*, 27. Aufl. 2020, § 153 StPO Rn. 1.

243 MüKo-StPO/*Peters*, § 153 StPO Rn. 2.

244 LR/*Mavany*, 27. Aufl. 2020, § 153 StPO Rn. 1.

245 KK-StPO/*Diemer*, § 153a StPO Rn. 1.

246 LR/*Mavany*, 27. Aufl. 2020, § 153a StPO Rn. 2; vgl. zur Kritik an § 153a StPO MüKo-StPO/*Peters*, § 153a StPO Rn. 4 ff.

247 Vgl. zu rein präventiv ausgerichteten Theorien MüKo-StGB/*Radtke*, Vor. § 38 StGB Rn. 34 ff.

248 Vgl. zu den rein schuldbezogenen sog. absoluten Theorien MüKo-StGB/*Radtke*, Vor. § 38 StGB Rn. 33.

Zum „Sanktionsbedürfnis“, d. h. zum Strafzweck werden verschiedene Auffassungen vertreten, die bereits Gegenstand zahlreicher Abhandlungen sind.[249] Im Rahmen des § 154 StPO geht es indes nur um den Zweck der Verhängung von Strafe,[250] weil die Norm auf die zu verhängende Sanktion abstellt. Ein diversioneller Sinn der Einstellung kann daher allenfalls darin erblickt werden, dass durch die Bezugssanktion kein Bedürfnis nach *Verhängung* von Strafe besteht. Im Übrigen ist die rein philosophische Frage der Legitimität des Strafens für die Frage des Strafzwecks im Sinne des Gesetzes ohnehin irrelevant.[251] Im Folgenden soll daher nur kurz skizziert werden, welcher Zweck der Verhängung von Strafe in dieser Arbeit zugrunde gelegt wird. Dies ist hilfreich, um zu ermitteln, ob § 154 StPO ein diversioneller Sinn zugrunde liegt, wird aber auch an späterer Stelle noch von Bedeutung sein.

Bei der Strafzumessung wendet die herrschende Auffassung die sog. Spielraumtheorie an,[252] aus der sich ihr Strafzweckverständnis für

---

249 Vgl. dazu MüKo-StGB/*Radtke*, Vor. § 38 StGB Rn. 28 ff.; *Kett-Staub/Kudlich*, Sanktionenrecht § 3; *Roxin/Greco*, Strafrecht AT § 3; *Meier*, Sanktionen S. 15 ff.; siehe speziell auch *Hörnle*, Straftheorien; siehe auch beispielhaft in einer Dissertation ausführlich *Mushoff*, Sicherungsverwahrung S. 102 ff.

250 Generell ist zwischen der theoretischen Diskussion um die Strafzwecke und dem Zweck der Strafe i. S. d. Gesetzes zu unterscheiden; vgl. zur Unterscheidung zwischen dem Zweck der Strafe als solchem und der Relevanz für die Verhängung von Strafe, MüKo-StGB/*Radtke*, Vor. § 38 StGB Rn. 31; siehe auch *Meier*, Sanktionen S. 169 ff.; zur Unterscheidung zwischen dem Zweck der Strafnormen selbst, der Verhängung von Strafe sowie der Vollstreckung, HKV-Band 1/*Hörnle*, § 12 Rn. 24.

251 Wenn in der Strafzweckdiskussion immer wieder *Kant* und *Hegel* zitiert werden, siehe etwa MüKo-StGB/*Radtke*, Vor. § 38 StGB Rn. 33 oder auch *Hörnle*, Straftheorien S. 17 ff. m. w. N., so kann dies regelmäßig nur so verstanden werden, dass es um die Legitimität des Strafens und nicht um den gesetzgeberischen Zweck geht. Naturgemäß hatten *Kant* und *Hegel* vom heutigen StGB keine Vorstellung.

252 Vgl. *Bruns/Güntge*, Kapitel 6 Rn. 6 m. w. N.

die Verhängung von Strafe ableiten lässt. Hiernach ist die Strafe in erster Linie eine Reaktion auf begangenes Unrecht,[253] weswegen sie (sowohl nach oben als auch nach unten) grundsätzlich schuldangemessen sein muss.[254] Dabei spielt es keine Rolle, ob man den Schuldausgleich als eigenständigen Strafzweck ansieht[255] oder

---

253 Siehe nur BGH NJW 1871, 61.

254 Das Verbot der schuldüberschreitenden Strafe folgt bereits aus dem Schuldprinzip, vgl. BVerfGE 105, 135 (154) m. w. N.; MüKo-StGB/*Radtke*, Vor. § 38 StGB Rn. 14. Auch eine schuldunterschreitende Strafe ist grundsätzlich unzulässig, siehe BGH NStZ 2019, 601 Rn. 14. Allerdings ist das Unterschreiten der Schuld kein Verstoß gegen das Schuldprinzip, weswegen hier im Einzelfall Ausnahmen möglich sind, vgl. Schönke/Schröder/*Kinzig*, Vor. §§ 38 ff. StGB Rn. 21.

255 BVerfG NJW 2013, 1058 Rn. 55; BVerfG NJW 2004, 2073; BGH wistra 2016, 486 Rn. 11 f.; *Kulhanek*, NStZ 2020, 65 (66). Gleichwohl hält auch der BGH reine Vergeltungsstrafen für unzulässig, BGHSt 24, 40; so im Ergebnis auch *Fischer*, § 46 StGB Rn. 4; *Streng*, Sanktionen Rn. 34 m. w. N. Dies ist jedoch kein Widerspruch. Es genügt, wenn die Strafe zumindest auch, wenngleich nicht notwendigerweise optimal, präventive Wirkungen entfaltet, vgl. BGH wistra 2016, 486 Rn. 11 f. Zugegeben ist unter dieser Prämisse ein Fall der reinen Vergeltungsstrafe praktisch kaum denkbar, da fast immer irgendeine präventive Wirkung behauptet werden kann. So wird sich regelmäßig schon irgendein Verkehrskreis finden, den die Strafe in seinem Glauben an die Normgeltung bestärkt (positive Generalprävention).

meint, er sei zumindest regelmäßig aus Gründen der positiven Generalprävention[256] oder Spezialprävention[257] erforderlich. Diese Unterscheidung ist allenfalls für die Frage von Bedeutung, ob die schuldangemessene Strafe im Einzelfall aus präventiven Gründen unterschritten werden darf. Ansonsten handelt es sich hierbei um einen rein theoretischen Unterschied. Das grundsätzliche Bedürfnis nach gerechtem Schuldausgleich wird auch hier nicht in Frage gestellt. Gelegentlich wird der Schuldausgleich hingegen nicht als eigenständiger Zweck *und* zudem die Prävention vom Schuldausgleich weitgehend unabhängig begriffen.[258] Hiernach bestehe zwischen Schuldausgleich und Prävention kein direkter Zusammenhang. Daher begrenze die Schuld zwar die Strafe, sonst habe sie aber keinen absolut bestimmenden Einfluss auf die Strafhöhe bzw. das Sanktionsbedürfnis. Dem ist jedoch nicht zu folgen, weil Sühne erstens schlicht ein menschliches Bedürfnis ist[259] und zweitens die Wertung des § 46 Abs. 1 Satz 1 StGB dem entgegensteht.[260] Im Übrigen ist sie kaum mit dem Umstand vereinbar, dass das materielle

---

[256] So etwa Schönke/Schröder/*Kinzig*, Vor. §§ 38 ff. StGB Rn. 16; in diese Richtung auch LK/*Weigend*, Einleitung Rn. 64; MüKo-StGB/*Radtke*, Vor. § 38 StGB Rn. 52; *Streng*, Sanktionen Rn. 34 m. w. N. Die Behauptung, dass gerade schuldangemessene, insbesondere auch überhaupt eine Strafe in der Regel zwingend notwendig sei, um positive Generalprävention zu erreichen, überzeugt indes nicht, weil *jedenfalls* im Einzelfall auch andere Reaktionen oder eine die Schuld unterschreitende Strafe ebenso effektiv oder sogar effektiver erscheinen können und dies stets von den Umständen des Einzelfalles abhängt, ähnlich auch die zutreffende Kritik von *Roxin*, GA 2015, 185 (192). Hinter der Behauptung, die Schuld sei nötig, um präventive Zwecke zu erreichen, verbirgt sich vielmehr der Versuch das verständliche Bedürfnis nach Sühne zu rationalisieren, ähnlich auch schon *Hörnle/von Hirsch*, GA 1995, 261 (264). Besser wäre es, dies auch so zu benennen, also mit der h. M. auch die Sühne als eigenständigen Strafzweck anzusehen.

[257] Vgl. zu dieser wenig verbreiteten Ansicht *Streng*, Sanktionen Rn. 34 m. w. N.

[258] Vgl. zu dieser Ansicht insgesamt *Streng*, Sanktionen Rn 36 m. w. N.

[259] *Kett-Staub/Kudlich*, Sanktionenrecht § 3 Rn. 8.

[260] Ähnlich *Bruns/Güntge*, Kapitel 6 Rn. 12.

Strafrecht für Taten bestimmte Strafrahmen vorsieht, die sich eindeutig an der Schuld des Täters orientieren (Schuldstrafrecht).[261] Die Strafe bezweckt damit gerechten Schuldausgleich sowie Prävention gleichermaßen.[262] Im Rahmen des Schuldangemessenen[263] finden Spezial- und Generalprävention Beachtung,[264] wobei das Hauptaugenmerk u. a. wegen § 46 Abs. 1 Satz 2 StGB auf der Spezialprävention liegt.[265]

Nach der hier zugrunde gelegten Straftheorie spielt die Schuld eine zentrale, eigenständige Rolle. Hierdurch wird schon deutlich, dass § 154 StPO keine diversionellen Zwecke verfolgen kann.[266] Denn die Norm gilt auch für Verbrechen und weist damit einen Anwendungsbereich auf, in dem auch die Verfolgung schwerer Taten eingestellt werden kann.[267] Der Unrechtsgehalt dieser Taten ist mitunter hoch. Daraus, dass ein Schuldausgleich entbehrlich wäre, kann sich also kein Grund für die Einstellung ergeben.[268] Hinzu kommt, dass bei § 154 StPO – anders als bei § 153a StPO – keinerlei „Kompensation" für die Einstellung erfolgt. Insbesondere die Bezugssanktion

---

261 Vgl. dazu *Bruns/Güntge*, Kapitel 4 Rn. 18, der in den Strafrahmen zutreffend eine Wertung über die zu vergeltende Schuld sieht.

262 Ob man dieses Ergebnis aus rechtsphilosophischer oder politischer Sicht für legitim hält, ist im Übrigen für das Gesetz irrelevant, weil es hier lediglich darum geht, was der Gesetzgeber im Rahmen des verfassungsrechtlich Zulässigen anordnet – dass Strafe vergelten darf, hat das BVerfG bereits entschieden, vgl. BVerfG NJW 2013, 1058 Rn. 55.

263 A. A. die sog. „Stellenwerttheorie" und auch die Theorie der sog. „tatproportionalen Strafzumessung", vgl. hierzu näher *Bruns/Güntge*, Kapitel 6 Rn. 7, 10.

264 Siehe nur BGH NJW 1971, 61; siehe auch *Bruns/Güntge*, Kapitel 6 Rn. 6 m. w. N.

265 BGHSt 24, 40.

266 So auch Radtke/Hohmann/*Radtke*, § 154 StPO Rn. 2; ebenso SK-StPO/*Weßlau*, 4. Aufl. 2011, § 154 StPO Rn. 1.

267 So auch Radtke/Hohmann/*Radtke*, § 154 StPO Rn. 2.

268 Ähnlich auch Radtke/Hohmann/*Radtke*, § 154 StPO Rn. 2.

ist mit den Auflagen und Weisungen i. S. d. § 153a StPO nicht vergleichbar.[269] Sie ist vielmehr eine ausschließliche Reaktion auf das durch die Bezugstat begangene Unrecht.[270] § 154 StPO verzichtet damit zum Teil in nicht unerheblicher Weise auf einen an sich erwünschten Schuldausgleich, und dies sogar kompensationslos. Davon abgesehen, lässt die Norm auch gewisse Effektivitätsverluste mit Blick auf die präventiven Strafzwecke zu.[271] Damit ermöglicht § 154 StPO einen Sanktionsverzicht, obwohl an sich wegen der einzustellenden Tat ein nennenswertes Sanktionsbedürfnis bestünde.[272] Im Übrigen ist auch ein mögliches spezialpräventives Bedürfnis nach Einstellung geringer als bei den §§ 153, 153a StPO, weil der Verdächtige bei § 154 StPO wegen der i. d. R. schwereren Bezugstat weiter verfolgt wird und damit ohnehin eine Form der Stigmatisierung und Kriminalisierung erfolgt. Die Norm verfolgt also keine diversionellen Zwecke.

IV. Verhältnismäßigkeit

Als weiterer Zweck des § 154 StPO wird das Verhältnismäßigkeitsprinzip genannt. Zum Teil wird ausgeführt, § 154 StPO diene insoweit dem Verhältnismäßigkeitsgrundsatz, als durch eine Einstellung Personalressourcen von leichteren auf schwerere Taten verlagert werden und dadurch der Ermittlungsaufwand verhältnismäßig je nach Schwere des Delikts erfolgen könne.[273] Hier wird also ein Zusammenhang zwischen Prozessökonomie und Verhältnismäßigkeit hergestellt. Dem ist nicht zu folgen. Abgesehen davon, dass eine derartige Anwendung des Verhältnismäßigkeitsgrundsatzes schon nicht

---

269 So auch Radtke/Hohmann/*Radtke*, § 154 StPO Rn. 2.

270 So auch Radtke/Hohmann/*Radtke*, § 154 StPO Rn. 2.

271 Siehe hierzu Kapitel D., II., 3., a), (beginnt bei S. 89), zweiter Absatz des Kapitels.

272 So auch Radtke/Hohmann/*Radtke*, § 154 StPO Rn. 2.

273 *Jeutter*, Legalitätsprinzip S. 144 ff.; so wohl auch *Duckwitz*, §§ 154, 154a StPO S. 65; ebenso wohl auch *Kapahnke*, Opportunität S. 72 f., 144.

zu diesem Effekt führen würde,[274] setzt er grundsätzlich einen Eingriff in Grundrechte voraus.[275] Das „nicht sinnvolle“ Einsetzen von Ressourcen – konkret: ein leichteres Delikt intensiver und unter erhöhtem Ressourcenaufwand zu verfolgen – ist für sich genommen aber kein Eingriff in Grundrechte, ebenso wenig wie eine weniger effektive Verfolgung eines schwereren Delikts.[276] In einem fiktiven Beispiel, in dem ausschließlich das leichtere Delikt verfolgt wird, liegt in der Nichtverfolgung des schwereren Deliktes gerade kein Eingriff. Demnach wäre das Verhältnismäßigkeitsprinzip in keiner Weise tangiert, wenn der Staat überhaupt keine Strafverfolgung betriebe. Hier wäre die Pflicht des Staates betroffen, für den Schutz der Bevölkerung und bei Rechtsverstößen für Gerechtigkeit und die Wiederherstellung des erschütterten Rechtsfriedens zu sorgen.[277] Staatliche Schutzpflichten sind aber streng vom Verhältnismäßigkeitsgrundsatz zu unterscheiden,[278] und es ist auch nicht ersichtlich, dass sie in Gefahr wären, weil auch leichtere Delikte verfolgt und nicht nach § 154 StPO eingestellt werden – zumal hier ein großer gesetzgeberischer Spielraum besteht.[279] Ein das Verhältnismäßigkeitsprinzip auslösender Eingriff in die Grundrechte des Verdächti-

274 Vgl. die überzeugenden Ausführungen bei *Pott*, §§ 154, 154a StPO S. 128 ff.

275 Jarass/Pieroth/*Jarass*, Art. 20 GG Rn. 113 ff.; Dreier-GG/*Schulze-Fieltz*, Art. 20 GG Rn. 198; ähnlich KK-StPO/*Fischer*, Einleitung Rn. 131. Ausnahmen können im Einzelnen insofern gegeben sein als der Verhältnismäßigkeitsgrundsatz z. B. auch bei Gleichheitsrechen oder der Ausgestaltung von Grundrechten zur Anwendung gelangt, Jarass/Pieroth/*Jarass*, Art. 20 GG Rn. 113.

276 Erwägungen in diese Richtung aufstellend bereits *Pott*, §§ 154, 154a StPO S. 128; *Bohnert*, Abschlußentscheidung S. 101.

277 KK-StPO/*Fischer*, Einleitung Rn. 1.

278 Jarass/Pieroth/*Jarass*, Vor. Art. 1 GG Rn. 56.

279 Zum Spielraum des Gesetzgebers Jarass/Pieroth/*Jarass*, Vor. Art. 1 GG Rn. 57.

gen kann im Einzelfall allenfalls im Ermittlungsverfahren als solchem gesehen werden.[280] Hierbei gilt jedoch im Ausgangspunkt, dass die mit dem Strafverfahren verbundenen Belastungen grundsätzlich Teil des allgemeinen Rechtsstaatsrisikos,[281] d. h. vom Betroffenen hinzunehmen sind.[282] Die bloße Einleitung eines Verfahrens, und grundsätzlich auch dessen Fortführung, ist daher entweder schon nicht als Eingriff in Grundrechte zu qualifizieren oder man wird diesen Umstand bei der Angemessenheit zu berücksichtigen haben.[283] Erst ab einer bestimmten Belastungsschwelle kann ein Eingriff in Grundrechte angenommen werden (Art. 2 Abs. 2 Satz 1 GG, bzw. Art. 12 GG)[284] bzw. sind die Belastungen nicht mehr dem allgemeinen Rechtsstaatsrisiko zuzurechnen. Ab dieser Schwelle wird eine Abwägung mit den Zwecken des Strafverfahrens erforderlich, deren Ergebnis auch eine Einstellungspflicht von Verfassungswegen sein kann.[285] Für diesen Fall schafft zwar unter anderem auch § 154 StPO Abhilfe, indem die prozessualen Taten des unverhältnismäßigen Ermittlungsverfahrens – soweit die Voraussetzungen der Vorschrift erfüllt sind – eingestellt werden können und müssen. Dieser Fall ist aber nicht vom Hauptanwendungsbereich der Norm umfasst. Einstellungen gem. § 154 StPO kommen in aller Regel schon dann

---

280 So auch *Baumanns*, Beschleunigungsgrundsatz S. 164 f.; in diesem Sinne auch *Kloepfer*, JZ 1979, 209 (214). Im Ermittlungsverfahren kann hingegen kein Eingriff in die Grundrechte anderer Verfahrensbeteiligter, z. B. des Opfers gesehen werden. Bei den konkreten Ermittlungsmaßnahmen, z. B. bei einer Zeugenvernehmung, greift selbstverständlich das Verhältnismäßigkeitsprinzip bezüglich dieser Einzelmaßnahme. Allerdings betreffen die Belastungen des Ermittlungsverfahrens als solches nicht das Opfer oder Dritte – jedenfalls nicht in einer grundrechtsrelevanten Weise.

281 *Kloepfer*, JZ 1979, 209 (214).

282 *Plankemann*, Verfahrensdauer S. 27 m. w. N.

283 Im Sinne einer Berücksichtigung beim Eingriff *Kloepfer*, JZ 1979, 209 (214); für eine Berücksichtigung bei der Angemessenheit *Baumanns*, Beschleunigungsgrundsatz S. 165 f.

284 Vgl. dazu *Kloepfer*, DVBl. 1977, 740.

285 Siehe dazu näher Kapitel G., (beginnt bei S. 169), letzter Absatz des Kapitels.

in Betracht, wenn beim Betroffenen nur marginale Belastungen eingetreten sind und dementsprechend ein Eingriff durch das Verfahren in weiter Ferne liegt. Und selbst wenn das Strafverfahren ausnahmsweise einen Eingriff in die Rechte des Betroffenen darstellt, besteht im Anwendungsbereich des § 154 StPO in der Regel ein Sanktionsbedürfnis, welches diesen Eingriff rechtfertigt. Dementsprechend betrifft der oben genannte Fall eine schlichte Ermessensreduktion auf Null. § 154 StPO zielt aber jedenfalls nicht darauf ab, unverhältnismäßige Strafverfahren als solche durch Einstellung zu beenden.

Zum Teil wird auch auf eine möglicherweise unverhältnismäßige Sanktion abgestellt. § 154 StPO verfolge den Zweck der Verhältnismäßigkeit, da ein Verfahren eingestellt werden könne/müsse, an dessen Ende eine unverhältnismäßige Sanktion zu erwarten ist.[286] Letztlich wird hier der Verhältnismäßigkeitsgedanke des § 153 StPO[287] auf § 154 StPO übertragen. Zuzustimmen ist der Aussage, dass im Falle einer unverhältnismäßigen Sanktion eine Verfahrenseinstellung geboten ist. Der Annahme, dass § 154 StPO gerade dies bezweckt, kann aber nicht zugestimmt werden.[288] Anders als § 153 StPO betrifft § 154 StPO in der Regel Taten, die von der Schwere her die Schwelle des § 153 StPO überschreiten. Aus diesem Grund sind eine Verfolgung dieser Taten und die Sanktionierung grundsätzlich nicht unverhältnismäßig. Dies gilt auch dann, wenn die wegfallenden Rechtsfolgen gering wären, z. B. weil sie einen nur geringen Beitrag zu einer Gesamtstrafe leisten würden. Denn auch dann bleibt es dabei, dass die einzustellende Tat eine entsprechende Schwere aufweist, die eine (auch geringfügig höhere) Sanktion rechtfertigt.[289] Ob sie deswegen aus prozessökonomischen oder anderen Gründen

---

286 In diesem Sinne offenbar SK-StPO/*Weßlau/Deiters*, 5. Auflage 2016, § 154 StPO Rn. 1 i. V. m. Vor. § 151 ff. StPO Rn. 8, 19 und 23; ebenso wohl auch LR/*Mavany*, 27. Aufl. 2020, § 154 StPO Rn. 1, der den Verhältnismäßigkeitsgrundsatz erwähnt und in der Fn. *Weßlau/Deiters* zitiert.

287 SK-StPO/*Weßlau/Deiters*, § 153 StPO Rn. 2.

288 So auch Radtke/Hohmann/*Radtke*, § 154 StPO Rn. 3.

289 In diesem Sinne wohl auch Radtke/Hohmann/*Radtke*, § 154 StPO Rn. 2f.

entfallen kann/soll, ist eine andere Frage. Gleichwohl existieren Fälle, in denen die Verfolgung mit Blick auf den Verhältnismäßigkeitsgrundsatz eingestellt werden muss. Dies ist dann der Fall, wenn die wegfallenden Rechtsfolgen ausnahmsweise keinerlei präventiven Sinn mehr haben können, etwa weil die Bezugssanktion vollumfänglich ausreicht.[290] Da es sich dabei um Ausnahmefälle handelt,[291] ist hier von einer bloßen Ermessensreduktion auf Null auszugehen. Ein Zweck der Norm kann hieraus nicht abgeleitet werden.

V. „Minima non curat praetor"

§ 154 StPO a. F. wollte unter anderem dem Eindruck einer Staatsanwaltschaft mit „kleinlicher Verfolgungssucht"[292] entgegenwirken. Die Vorschrift war damit auch Ausdruck des Grundsatzes „minima non curat praetor".[293] Letztlich handelt es sich hierbei um einen Aspekt der positiven Generalprävention. Sie könnte dadurch beeinträchtigt werden, dass die Strafverfolgungsorgane als verfolgungssüchtig empfunden werden. Nach *Pott* ist dieser Grundsatz nicht mehr Zweck des § 154 StPO, da es nicht mehr um die „Ausscheidung von Nebensächlichkeiten" gehe.[294] Die Bagatellfälle seien bereits über die §§ 153, 153a StPO abgedeckt und hiernach einstellungsfähig. Dies mag man vor dem Hintergrund so sehen, dass § 154 StPO n. F. die Einstellung auf zahlreiche Fälle erweitert, die kein „Kleinkram" sind. Gleichwohl wollte der Gesetzgeber die Vorschrift erweitern und nicht verkürzen.[295] Ferner lässt sich auch nicht sagen, dass *sämtliche* „Bagatellfälle" nach den §§ 153, 153a StPO einstellungsfähig wären. Erstens ist § 153a StPO nicht stets einschlägig,

---

290 Siehe dazu Kapitel G., (beginnt bei S. 169), vorletzter Absatz des Kapitels.

291 Siehe dazu Kapitel G., (beginnt bei S. 169), vorletzter Absatz des Kapitels.

292 Siehe zu der Formulierung Kapitel B., II., (beginnt bei S. 12), vierter Absatz des Kapitels.

293 *Kapahnke*, Opportunität S. 116.

294 *Pott*, §§ 154, 154a StPO S. 126 f.

295 So auch *Kapahnke*, Opportunität S. 116 f.

bloß weil die Voraussetzungen dem Grunde nach gegeben wären. Denn die Norm ist von der Zustimmung des Betroffenen abhängig.[296] Zweitens gelten sowohl § 153 StPO als auch § 153a StPO, im Gegensatz zu § 154 StPO, nur für Vergehen. Aber auch für sich genommen schwere Delikte können sich im Einzelfall in relativer Hinsicht als „Kleinkram" herausstellen. So kann der Eindruck einer „kleinlichen Verfolgungssucht" auch dann entstehen, wenn zwar ein für sich genommen schweres Delikt verfolgt wird, welches aber im Ergebnis *nichts* an der Gesamtsanktion verändern würde. Beispielhaft sei hier ein Raub mit einer Straferwartung von einem Jahr Freiheitsstrafe im Vergleich zu einer Mordserie genannt. Es ist jedoch einzuräumen, dass dies eine für § 154 StPO untergeordnete Rolle spielt; dies war eher Ausdruck des § 154 StPO a. F. Von daher mag man in Frage stellen, ob dies noch einen Zweck des § 154 StPO darstellt. Jedenfalls sind solche (Ausnahme-)Fälle noch immer auch deshalb gem. § 154 Abs. 1 Nr. 1 StPO einstellungsfähig, weil damit dem Eindruck einer kleinlichen Verfolgungssucht der Strafverfolgungsorgane entgegengewirkt wird.

VI. Rechtsfrieden

Teilweise wird auch der Rechtsfrieden als Zweck genannt.[297] Hierzu ist anzumerken, dass der Rechtsfrieden durch die Einstellung als solches nicht gefördert wird.[298] Sie mag ihm sogar zuwiderlaufen, wenn der Straftatverdacht ein Bedürfnis nach Aufklärung schafft.[299] Der Konflikt, der durch die einzustellende Tat entstanden ist, wird jedenfalls durch die Einstellung nicht beigelegt.[300] Eine Förderung des Rechtsfriedens kann nur bezüglich der Bezugstat eintreten, indem

---

296 LR/*Mavany*, 27. Aufl. 2020, § 153a StPO Rn. 47.

297 *Duckwitz*, §§ 154, 154a StPO S. 65 f. m. w. N; *Kapahnke*, Opportunität S. 115.

298 Vgl. auch *Pott*, §§ 154, 154a StPO S. 133, die davon ausgeht, dass eine Einstellung dem Rechtsfrieden sogar stets widersprechen würde.

299 Vgl. *Schmidhäuser*, FS Schmidt S. 516.

300 In diesem Sinne auch *Ranft*, StPO Rn. 1183.

deren Ermittlungen zügiger voranschreiten; der Rechtsfrieden wird dann aber nicht (direkt) durch die Einstellung geschaffen, sondern durch die hiermit verbundenen freiwerdenden Kapazitäten für die Ermittlung anderer Taten. Dies geht jedoch bereits im öffentlichen Interesse an einer Verfahrensbeschleunigung auf.

VII. Zwischenergebnis

§ 154 StPO dient insgesamt hauptsächlich der Prozessökonomie. Hiermit verbunden ist der kriminalpolitische Zweck, die Tätigkeit der Strafrechtspflege zu beschleunigen. Dies soll die öffentlichen Interessen an einem zügigen Verfahren fördern, indem insbesondere die Wirksamkeit der Sanktionen durch schnelle Urteile sichergestellt werden. Speziell § 154 Abs. 1 Nr. 2 StPO schafft zusätzlich Hilfe, wenn eine konkrete, gravierende Verzögerung zu erwarten ist. Darüber hinaus soll § 154 Abs. 1 Nr. 1 StPO die positive Generalprävention auch dadurch stärken, dass die Verfolgung unwesentlicher Nebendelikte unterbleibt. Auf diese Weise wird dem Eindruck einer Staatsanwaltschaft mit kleinlicher Verfolgungssucht entgegengewirkt.

Die Norm dient jedoch insgesamt nicht dem Schutz des Verdächtigen, wenngleich eine Verfahrensbeschleunigung auch täterbegünstigende Effekte haben kann. Ebenso verfolgt sie keine diversionellen Zwecke. § 154 StPO lässt vielmehr einen Rechtsfolgenverzicht trotz bestehenden Sanktionsbedürfnisses zu, um zu einer Konzentration des Verfahrensstoffes zu gelangen. Die Norm ist auch kein Ausdruck des Verhältnismäßigkeitsprinzips. Ebenso wird der Rechtsfrieden nicht unmittelbar durch die Einstellung gefördert, sondern bloß mittelbar mittels einer Beschleunigung der Strafrechtspflege insgesamt.

D. Das nicht beträchtliche Ins-Gewicht-fallen

Nachdem nun Historie und Zweck erörtert wurden, ist eine Präzisierung des Tatbestands möglich. Begonnen wird dabei mit § 154 Abs. 1 Nr. 1 StPO und der Formulierung „nicht beträchtlich ins Gewicht fallen". Der Terminus stellt nach h. M. einen unbestimmten Rechtsbegriff dar,[301] wobei dem Staatsanwalt ein weiter Beurteilungsspielraum zukomme.[302] Ob es sich hierbei nicht vielmehr um einen Ermessensbegriff handelt,[303] ist kaum von Bedeutung, weil die Einstellung grundsätzlich nicht gerichtlich überprüfbar ist.[304] In jedem Fall ist aber die Beurteilung der Beträchtlichkeit von der Einstellungsentscheidung zu unterscheiden.[305] Dass eine Sanktion nicht beträchtlich ins Gewicht fällt, bdeutet nicht automatisch, dass sie qua Einstellung zu entfallen hat. Vielmehr ist hier eine weitere Abwägung seitens der Staatsanwaltschaft erforderlich.[306] Sie muss zuerst untersuchen, ob die wegfallenden Rechtsfolgen beträchtlich ins Gewicht fallen, und im Anschluss daran, ob die Einstellung im konkreten Fall dem Zweck des § 154 StPO entspricht. Da die Einstellungsentscheidung insofern klar vom Tatbestand abgrenzbar ist, sprechen, neben dem

---

301 LR/*Mavany*, 27. Aufl. 2020, § 154 StPO Rn. 25.

302 BGH NStZ 2004, 277; KK-StPO/*Diemer*, § 154 StPO Rn. 15; HK-StPO/*Gercke*, § 154 StPO Rn. 8; KMR/*Kulhanek*, § 154 StPO Rn. 14 (Lfg. 90 März/2019); Heghmanns/Scheffler/*Heghmanns*, Kapitel V Rn. 90.

303 Vgl. hierzu KK-StPO/*Diemer*, § 154 StPO Rn. 15 m. w. N.; siehe auch *Pott*, §§ 154, 154a StPO S. 66 m. W. N.

304 So auch KK-StPO/*Diemer*, § 154 StPO Rn. 15; SK-StPO/*Weßlau/Deiters*, 5. Auflage 2016, § 154 StPO Rn. 24; im Ergebnis ebenso *Volk*, NJW 1996, 879 (880); *Pott*, §§ 154, 154a StPO S. 66 f.; vgl. zur gerichtlichen Überprüfbarkeit die Ausführungen und Nachweise in Fn. 16. Aufgrund der Rechtsprechung des BVerfG, könnte diese Frage in Zukunft indes an Bedeutung gewinnen, vgl. dazu die Ausführungen in Kapitel A., (beginnt bei S. 1), vierter Absatz des Kapitels.

305 So zutreffend wohl auch SK-StPO/*Weßlau/Deiters*, § 154 StPO Rn. 24; Heghmanns/Scheffler/*Heghmanns*, Kapitel V Rn. 90; *Pott*, §§ 154, 154a StPO S. 59.

306 Siehe zur Ermessensausübung auch Kapitel G., (beginnt bei S. 169).

Wortlaut der Norm, wohl die besseren Gründe für eine Ermessensvorschrift. Das folgende Kapitel beschäftigt sich jedenfalls mit der Frage, wann eine Sanktion „nicht beträchtlich ins Gewicht" fällt bzw. ab wann von Beträchtlichkeit auszugehen ist.

Bei der Frage, wann Beträchtlichkeit vorliegt, liest man immer wieder, dies hänge grundsätzlich vom Einzelfall ab, wobei sowohl quantitative Gesichtspunkte, d. h. die Sanktionshöhe, als auch die Strafzwecke (hiervon umfasst ist auch der Maßregelzweck,[307] weswegen auch synonym von den Sanktionszwecken gesprochen werden kann) zu berücksichtigen seien.[308] Abgesehen von einigen Gegenstimmen[309] ist man sich dabei einig, dass § 154 Abs. 1 Nr. 1 StPO irgendwo über die Quantität begrenzt ist.[310] Ab einer bestimmten Höhe der wegfallenden Rechtsfolgen im Vergleich zu den Bezugsrechtsfolgen soll demnach in jedem Fall Beträchtlichkeit vorliegen. Gleichzeitig sollen auch die Rechtsfolgenzwecke des § 154 Abs. 1 Nr. 2 StPO eine Grenze der Beträchtlichkeit darstellen.[311] Wenn die

---

307 Maßregeln der Besserung und Sicherung verfolgen (ausschließlich) den Zweck der Spezialprävention, vgl. BVerfGE 128, 326 (377); HKV-Band 3/*Kinzig*, § 65 Rn. 1 m. w. N.

308 MüKo-StPO/*Teßmer*, § 154 StPO Rn. 40; LR/*Mavany*, 27. Aufl. 2020, § 154 StPO Rn. 22; KK-StPO/*Diemer*, § 154 StPO Rn. 7; HK-GS/*Pfordte*, § 154 StPO Rn. 6; HK-StPO/*Gercke*, § 154 StPO Rn. 4; SSW-StPO/*Schnabl*, § 154 StPO Rn. 4; KMR/*Kulhanek*, § 154 StPO Rn. 6 (Lfg. 90 März/2019); Meyer-Goßner/Schmitt/*Schmitt*, § 154 StPO Rn. 7; *Scholz*, §§ 154, 154a StPO S. 35; ebenso wohl auch Radtke/Hohmann/*Radtke*, § 154 StPO Rn. 18 f.

309 KK-StPO/*Diemer*, § 154 StPO Rn. 9; KMR/*Kulhanek*, § 154 StPO Rn. 6 (Lfg. 90 März/2019); HK-StPO/*Gercke*, § 154 StPO Rn. 4; so wohl auch MüKo-StPO/*Teßmer*, § 154 StPO Rn. 40; ähnlich auch *Scholz*, §§ 154, 154a StPO S. 35.

310 LR/*Mavany*, 27. Aufl. 2020, § 154 StPO Rn. 22; Meyer-Goßner/Schmitt/*Schmitt*, § 154 StPO Rn. 8; HK-GS/*Pfordte*, § 154 StPO Rn. 6; Radtke/Hohmann/*Radtke*, § 154 StPO Rn. 18; SK-StPO/*Weßlau/Deiters*, 5. Auflage 2016, § 154 StPO Rn. 16; SSW-StPO/*Schnabl*, § 154 StPO Rn. 4.

311 LR/*Mavany*, 27. Aufl. 2020, § 154 StPO Rn. 22; Meyer-Goßner/Schmitt/*Schmitt*, § 154 StPO Rn. 7; *Kapahnke*, Opportunität S. 117; ähnlich

Bezugssanktion nicht mehr zur „Einwirkung auf den Täter“ und zur „Verteidigung der Rechtsordnung“ ausreicht, fielen die wegfallenden Rechtsfolgen qualitativ beträchtlich ins Gewicht. Vereinzelt wird vertreten, die Vorschrift fordere eine rein quantitative Gewichtung,[312] weswegen die Beachtung der Rechtsfolgenzwecke erst im Ermessen verortet wird.[313] Denkt man diese Ansicht zu Ende, hängt hiernach die Beträchtlichkeit nicht vom Einzelfall ab. Denn bei einer rein quantitativen Betrachtung wären alleine mathematische Grenzen von Bedeutung (welche dann zu definieren wären, aber jedenfalls klar definiert werden könnten). Ganz überwiegend werden zudem allgemeine Leitlinien aufgestellt,[314] wobei es sich um Aussagen über das Verhältnis der Sanktionsarten (Strafen und Maßregeln der Besserung und Sicherung) zueinander handelt.[315]

Das bedeutet, dass im Folgenden zwei verschiedene Fragestellungen auseinanderzuhalten sind. Die erste betrifft die Frage, ob die Formulierung „nicht beträchtlich ins Gewicht fallen“ quantitative und/oder qualitative Maßstäbe berücksichtigt und wo ggf. zahlenmäßige

---

Radtke/Hohmann/*Radtke*, § 154 StPO Rn. 19; a. A. *Bloy*, GA 1980, 161 (181).

312 *Kurth*, NJW 1978, 2481 (2482); ebenfalls stark in diesem Sinne Heghmanns/Scheffler/*Heghmanns*, Kapitel V Rn. 98 ff.; ähnlich wohl *Bloy*, GA 1980, 161 (180 f.).

313 Heghmanns/Scheffler/*Heghmanns*, Kapitel V Rn. 102.

314 LR/*Mavany*, 27. Aufl. 2020, § 154 StPO Rn. 23; HK-GS/*Pfordte*, § 154 StPO Rn. 6; Radtke/Hohmann/*Radtke*, § 154 StPO Rn. 20; HK-StPO/*Gercke*, § 154 StPO Rn. 4; SSW-StPO/*Schnabl*, § 154 StPO Rn. 4; SK-StPO/*Weßlau/Deiters*, 5. Auflage 2016, § 154 StPO Rn. 17; Heghmanns/Scheffler/*Heghmanns*, Kapitel V Rn. 98 f.; *Pott*, §§ 154, 154a StPO S. 66 ff.; *Kapahnke*, Opportunität S. 118 f., in der Tendenz ebenfalls Leitlinien aufstellend Meyer-Goßner/Schmitt/*Schmitt*, § 154 StPO Rn. 7; tendenziell Leitlinien ablehnend KK-StPO/*Diemer*, § 154 StPO Rn. 7 ff., der aber dennoch einige Grundsätze aufstellt; hingegen allgemeine Leitlinien generell ablehnend MüKo-StPO/*Teßmer*, § 154 StPO Rn. 40.

315 Vgl. Kapitel D., IV., 2., a), aa), (beginnt bei S. 109); Kapitel D., IV., 2., b), aa), (beginnt bei S. 129); Kapitel D., IV., 2., c), (beginnt bei S. 141), erster Absatz des Kapitels.

und/oder strafzweckorientierte Grenzen liegen. Erst im Anschluss daran spielen die Besonderheiten im Falle sich gegenüberstehender Sanktionen unterschiedlicher Art eine Rolle. Denn deren Verhältnis zueinander leitet sich aus den quantitativen und qualitativen Grenzen ab.

I. Quantitative und/oder qualitative Maßstäbe?

In einem ersten Schritt soll geklärt werden, inwiefern das „Gewicht" der Sanktionen quantitativ oder qualitativ zu bestimmen ist. Dieser Schritt ist notwendig, um etwaige zahlenmäßige und/oder strafzweckorientierte Grenzen der Beträchtlichkeit aufzustellen.

1. Verschiedene denkbare Positionen

Hier sind verschiedene Positionen möglich. Ein erster denkbarer Ansatz wird bereits vereinzelt vertreten und wurde zuvor auch schon dargestellt. So ließe sich die Beträchtlichkeit rein zahlenmäßig interpretieren. In diesem Fall wäre sie als eine rein quantitative Grenze zu verstehen, unterhalb derer ein Einstellungsermessen besteht. Wenn die Höhe der wegfallenden Rechtsfolgen bestimmte relative Grenzen unterschreiten, würden sie hiernach nicht beträchtlich ins Gewicht fallen. Die Strafzwecke spielten lediglich als zusätzliche Einschränkung im Ermessen eine Rolle.

Demgegenüber könnte man die Beträchtlichkeit auch ausschließlich als eine an den Strafzwecken orientierte Abwägung verstehen.[316] Hier würde man das Gewicht der Sanktionen nicht (direkt) über die Sanktionshöhe bestimmen, sondern den Blick ausschließlich auf die Strafzweckrelevanz der wegfallenden Rechtsfolgen richten. Die Sanktionshöhe würde dann bloß indirekt eine Rolle spielen, als sich

---

316 In diese Richtung gehen etwa die Ausführungen von MüKo-StPO/*Teßmer*, § 154 StPO Rn. 40, der meint, es sei eine täter- und tatbezogene Gesamtabwägung im Sinne der §§ 46, 47 StGB erforderlich; ähnlich wohl auch *Bloy*, GA 1980, 161 (180 f.).

hieraus eine Bedeutung für die Strafzwecke ergäbe. Dies würde es indes nicht ausschließen, von etwaigen zahlenmäßigen Obergrenzen auszugehen, wenn man meint, dass ab einer bestimmten (relativen) Sanktionshöhe ein bestimmter Strafzweck stets zur Beträchtlichkeit führe. Allerdings blieben hier alleiniger Bezugspunkt die Strafzwecke, weswegen die Diskussion über Existenz und Höhe solcher Grenzen sich auch an den Strafzwecken zu orientieren hätte.

Man kann das Wort „Gewicht“ aber auch so verstehen, dass es verlangt, die Rechtsfolgenhöhe als selbstständige Größe zu beachten, gleichzeitig aber die Strafzwecke zu berücksichtigen. In dem Fall würde man das „Gewicht“ sowohl eigenständig anhand der Sanktionshöhe als auch anhand ihrer Relevanz für die Strafzwecke bestimmen. Das bedeutet zunächst, dass man das „Gewicht" *auch* quantitativ betrachtet. Dementsprechend hat hiernach die schlichte Sanktionshöhe ein eigenständiges zahlenmäßiges Gewicht, ähnlich wie bei der rein quantitativen Interpretation. Anders als bei einer rein quantitativen Interpretation wäre das rein zahlenmäßige Gewicht aber nicht zugleich das Gewicht der wegfallenden Rechtsfolgen. Vielmehr könnte es je nach Strafzweckrelevanz hiervon nach oben oder unten abweichen. Eine Freiheitsstrafe von einem Jahr hätte demnach nicht immer das rein zahlenmäßige Gewicht eines Jahres Freiheitsstrafe, sondern ihr Gewicht könnte höher oder niedriger zu bemessen sein, je nachdem, welche Relevanz die Freiheitsstrafe für die Strafzwecke hat. Folgte man diesem Verständnis, bliebe weiter zu klären, ob das „Gewicht“ vorwiegend quantitativ oder vorwiegend qualitativ zu interpretieren wäre. Diese Frage ist von entscheidender Bedeutung. Stellt man etwa mehr auf das zahlenmäßige Gewicht ab, hat eine niedrige Strafzweckrelevanz nur einen begrenzten Einfluss auf das Gewicht. Das Gewicht einer hohen Strafe wäre demnach als hoch zu bewerten, selbst bei einer eher geringen Strafzweckrelevanz. Stellt im selben Fall hingegen mehr die Strafzwecke in den Vordergrund, würde das Gewicht der hohen Strafe als niedriger zu bewerten sein, weil die niedrige Strafzweckrelevanz das Gewicht der Sanktion in größerem Maße mitbestimmt. Demnach stellt sich die Frage, ob sich der Blick in erster Linie auf die Sanktionshöhe oder in erster Linie auf die Strafzwecke zu richten hat.

2. Einordnung der herrschenden Meinung

Die ganz h. M. will sowohl die Quantität als auch die Strafzwecke berücksichtigen. Auch wenn hier offenbleibt, ob das Gewicht vorwiegend quantitativ oder vorwiegend qualitativ zu bestimmen sei,[317] könnte man zumindest geneigt sein zu glauben, dass sie jedenfalls dem letztgenannten Verständnis folgt. Dieser Schluss greift jedoch zu kurz. Denn die Sanktionshöhe lässt sich auch indirekt über die Strafzwecke berücksichtigen, was mit einer rein zweckorientierten Sicht vereinbar ist. Zudem scheinen gerade jene Autoren, die quantitative Grenzen generell ablehnen,[318] diese zweckorientierte Sicht zugrunde zu legen. Denn nur wenn man ausschließlich die Strafzwecke für maßgeblich hält, lassen sich zahlenmäßige Grenzen sinnvoll ablehnen. Betrachtet man nämlich nicht nur die Strafzweckrelevanz der Sanktion, sondern sieht (auch) die Sanktionshöhe als eigenständigen Faktor an, müssen die wegfallenden Rechtsfolgen ab einem bestimmten quantitativen Punkt zwingend beträchtlich ins Gewicht fallen. Bei einer zumindest anteiligen numerischen Betrachtung müssen die wegfallenden Rechtsfolgen nämlich an Gewicht gewinnen, je höher sie im Vergleich zur Bezugssanktion sind. Da sich die Höhe der wegfallenden Rechtsfolgen im Vergleich zur Bezugssanktion beliebig steigern lässt, muss auch irgendwo eine Obergrenze liegen. Mit anderen Worten: Hält man die Quantität in irgendeiner

---

[317] Hierzu meint LR/*Mavany*, 27. Aufl. 2020, § 154 StPO Rn. 21, ohne dies jedoch näher auszuführen, es gehe um eine vorwiegend quantitative Interpretation. Sodann meint er aber in Rn. 22, dass eine Obergrenze erst bei Schrumpfen der gesamten Sanktion um 50% erreicht sei. Die Quantität hält er auch im Wesentlichen bloß zur Festlegung dieser Obergrenze für relevant. In Rn. 2 stellt er zudem klar, Grund für § 154 StPO sei der, dass die Bezugssanktion zur Erreichung der Strafzwecke ausreiche. Insofern scheint er inhaltlich wohl eher der vorwiegend qualitativen Interpretation zu folgen.

[318] Vgl. dazu die Nachweise in Fn. 309.

Form für eigenständig relevant, lässt sich bei relativ gesehen sehr hohen wegfallenden Rechtsfolgen ein „nicht beträchtliches Ins-Gewicht-fallen“ kaum mehr vertreten. Wer also pauschale zahlenmäßige Obergrenzen ablehnt, kann dies nur mit einer zweckorientierten Sicht plausibel begründen. Andere Autoren innerhalb der h. M. gehen zwar von einer solchen Obergrenze aus. Aber auch dies lässt sich mit einer rein zweckorientierten Sicht vereinbaren. Insofern ist nicht eindeutig bestimmbar, welchem Verständnis die Autoren der h. M. folgen. Klar ist nur, dass sie jedenfalls eine rein quantitative Betrachtung ablehnen.

3. Bestimmung der für das „Gewicht“ geltenden Kriterien

Auf den ersten Blick scheint der Wortlaut des § 154 Abs. 1 Nr. 1 StPO durch das Wort „Gewicht“ in Richtung einer quantitativen Gewichtung zu tendieren, weil man ein Gewicht in der Regel beziffern kann. Dieser Befund ist jedoch nicht zwingend. Etwas kann auch deshalb beträchtlich ins Gewicht fallen, weil es eine besondere Relevanz besitzt.

Betrachtet man den allgemeinen Sprachgebrauch, spricht das dafür, das Gewicht sowohl quantitativ als auch qualitativ zu verstehen. Denn eine bestimmte Einbuße oder ein bestimmter Zuwachs würde neben der Höhe auch deshalb als beträchtlich bezeichnet werden, weil er bedeutend ist. Hierzu braucht man sich bloß einmal vorzustellen, dass jemand genau 10.000 Euro für eine wichtige Operation gespart hat und ihm 25% davon verloren gehen. Die Einbuße von 25% würde man hier eher als beträchtlich bezeichnen, als eine inhaltsgleiche Einbuße bei einem Menschen, der die 10.000 Euro bloß zweckfrei in seiner Schublade verstaut hatte. Dies liegt eben daran, dass es einen qualitativen Unterschied zwischen den jeweiligen numerisch gleich hohen Einbußen gibt.

Neben dem allgemeinen Sprachgebrauch lassen sich aber noch weitere Anhaltspunkte aus dem Wortlaut gewinnen, die sowohl gegen eine rein qualitative als auch eine rein quantitative Sicht sprechen und damit im Ergebnis für eine Bestimmung des Gewichts über beide Faktoren. Gegen eine rein qualitative Interpretation spricht, dass § 154 Abs. 1 Nr. 1 StPO gerade nicht so formuliert ist, dass eingestellt werden kann, wenn die wegfallenden Rechtsfolgen im Vergleich zur Bezugssanktion eine geringe qualitative Bedeutung aufweisen. In diesem Sinne ist eher § 154 Abs. 1 Nr. 2 StPO gefasst. Diese Vorschrift lässt eine Einstellung zu, wenn die wegfallenden Rechtsfolgen qualitativ entbehrlich sind, weil die Bezugssanktion zur Einwirkung auf den Täter und zur Verteidigung der Rechtsordnung ausreichend erscheint. Dieser Unterschied in der Formulierung spricht dafür, dass § 154 Abs. 1 Nr. 1 StPO (auch) quantitativ zu verstehen ist. Ferner ist gegen eine rein qualitative Bestimmung einzuwenden, dass bei § 154 StPO a. F. der Begriff des fehlenden öffentlichen Interesses bewusst nicht gewählt wurde, weil man ihn als zu unbestimmt empfand.[319] Man wollte gerade keine Vorschrift, die eine Einstellung ermöglicht, wenn kein Sanktionsbedürfnis (= fehlendes öffentliches Interesse) bestand. Stattdessen wählte man das „Nicht-ins-Gewicht-fallen" der Rechtsfolgen, worauf die heutige Vorschrift aufbaut, um gerade durch den Sanktionshöhenvergleich einen klareren Tatbestand zu schaffen. Der Wortlaut spricht aber zugleich auch gegen eine rein zahlenmäßige Sicht. § 154 Abs. 1 Nr. 1 StPO verzichtet gerade auf ausdrücklich normierte zahlenmäßige Grenzen. Bei einer rein quantitativen Interpretation hätte man zumindest für artgleiche Sanktionen diese Grenzen auch gleich mit in den Tatbestand aufnehmen können. An anderer Stelle sieht der Gesetzgeber solche klaren Grenzen vor, wie etwa im Falle der §§ 49, 56, 59 und 60 StGB. Damit deutet der Wortlaut am ehesten in Richtung einer sowohl quantitativen als auch qualitativen Betrachtung.

Der Vergleich mit anderen Vorschriften spricht zumindest klar gegen eine rein strafzweckorientierte Interpretation. Dies gilt zunächst mit Blick auf die §§ 153, 153a StPO. Denn diese Normen sind ebenso zahlenmäßig, nämlich auf Vergehen (Strafandrohung unter

---

319 Siehe zum folgenden historischen Kontext Kapitel B., II., (beginnt bei S. 12), fünfter Absatz des Kapitels.

einem Jahr Freiheitsstrafe, § 12 StGB), beschränkt. Aber auch der Vergleich mit § 154 Abs. 1 Nr. 2 StPO deutet in diese Richtung. Wie erwähnt, lässt die Norm eine Einstellung zu, wenn die Bezugsrechtsfolgen zur Einwirkung auf den Täter und zur Verteidigung der Rechtsordnung ausreichend erscheinen. Sie ermöglicht also eine strafzweckorientierte Einstellung, bei der quantitative Gesichtspunkte nicht entscheidend sind.[320] Zudem handelt es sich hierbei um eine Ultima-Ratio-Vorschrift,[321] die nur dann zur Anwendung kommt, wenn ein Urteil über die einzustellende Tat in angemessener Frist nicht zu erwarten ist. Wenn der Gesetzgeber eine solche strafzweckorientierte Einstellung ohne quantitative Begrenzung nur im Ausnahmefall vorsieht, spricht dies klar dafür, dass § 154 Abs. 1 Nr. 1 StPO zahlenmäßig begrenzt ist. Denn § 154 Abs. 1 Nr. 1 StPO ist gerade keine Ultima-Ratio-Vorschrift. Darüber hinaus könnte man sogar erwägen, ob die in § 154 Abs. 1 Nr. 2 StPO ausdrücklich genannten Rechtsfolgenzwecke eine *rein* numerische Sicht nahelegen. Weil Ziffer 1 dies nicht tut, könnte man annehmen, Ziffer 1 fordere keine Abwägung nach den Strafzwecken. Geht man jedoch davon aus, dass jene Strafzwecke der Beträchtlichkeit bereits inhärent sind, ist es konsequent, sie nicht nochmals zu erwähnen. Insofern legt der Vergleich mit § 154 Abs. 1 Nr. 2 StPO zwar nahe, dass das Gewicht zahlenmäßig zu bestimmen ist. Er sagt aber nichts darüber aus, ob neben der Sanktionshöhe auch noch die Strafzwecke für das Gewicht einer Sanktion von Bedeutung sind. Im Ergebnis schließt er lediglich eine rein strafzweckorientierte Sicht aus.

Die historische Entwicklung deutet in eine ähnliche Richtung wie schon der Wortlaut. Auch sie spricht am ehesten für eine sowohl zahlenmäßige als auch qualitative Bestimmung des Gewichts. § 154 Abs. 1 Nr. 1 StPO baut auf § 154 StPO a. F. auf, der hauptsächlich quantitativ zu verstehen war. Dementsprechend sollte nach Ansicht des Gesetzgebers auch § 154 Abs. 1 Nr. 1 StPO n. F. hauptsächlich

320 Siehe Kapitel E., (beginnt bei S. 151), erster Absatz des Kapitels.
321 Siehe Kapitel E., (beginnt bei S. 151), erster Absatz des Kapitels.

quantitativ zu verstehen sein.[322] Gleichzeitig soll die Beträchtlichkeit laut Gesetzesbegründung aber auch vom Einzelfall abhängen,[323] also nicht *rein* quantitativ zu bestimmen sein.

Auch der verfahrensverkürzende Zweck der Norm liegt auf dieser Linie. Eine quantitative Betrachtung ist geeignet, den Tatbestand klar abzugrenzen, sodass die Vorschrift leichter anzuwenden ist und hierdurch womöglich die Anwendungsbereitschaft steigt[324]. Eine *rein* zahlenmäßige Sicht würde jedoch in sehr strenger Weise eine Einzelfallbetrachtung verhindern.

Um sich abschließend klar zu positionieren, ist jedoch auch der Zweck der Tatbestandsbegrenzung in den Blick zu nehmen. Es wurde bereits dargelegt, dass die Einstellung nach § 154 StPO einen gewissen Effektivitätsverlust für die Spezialprävention, insbesondere aber für den gerechten Schuldausgleich und die Generalprävention, in Kauf nimmt.[325] Im Hauptanwendungsbereich des § 154 StPO wird also zumindest teilweise auf die Verwirklichung materieller Strafzwecke verzichtet. Die Tatbestandsbegrenzung hat vor diesem Hintergrund den Zweck, jene Grenze aufzuzeigen, ab der ein Effektivitätsverlust in keinem Fall mehr angezeigt ist und die Tat daher verfolgt werden muss. Auch der Gesetzgeber geht hiervon aus, wenn er meint, dass die Verfahrensbeschleunigung zwar notwendig ist, jedoch nicht auf Kosten der „Gerechtigkeit“ und der Wahrheitsfindung stattfinden soll.[326] Es geht also um die Begrenzung der Effektivitätseinbußen, die durch die Einstellung eintreten dürfen.

Dieser Zweck der Tatbestandsbegrenzung könnte zunächst dazu verleiten anzunehmen, dass eine rein qualitative Interpretation angezeigt ist. Denn auf diese Weise könnte der Normanwender in jedem

---

322 Siehe den Nachweis in Fn. 169.

323 BT-Drucks. 8/976 S. 19 und 39.

324 Vgl. zu dieser Problematik Kapitel A., (beginnt bei S. 1), fünfter Absatz des Kapitels.

325 Vgl. Kapitel C., III., (beginnt bei S. 46), fünfter Absatz des Kapitels.

326 Siehe hierzu den Nachweis in Fn. 166.

Einzelfall prüfen, ob durch die Einstellung ein noch akzeptabler Effektivitätsverlust eintritt. Allerdings muss bedacht werden, dass die Frage, welche Effektivitätseinbuße im Konkreten noch hinnehmbar ist, eine Wertungsfrage darstellt. Die Formulierung „nicht beträchtlich ins Gewicht fallen" enthält gerade diese Wertung. Der Gesetzgeber gibt hierdurch vor, wann eine solche Einbuße noch akzeptabel bzw. bei Überschreiten der Grenze nicht mehr akzeptabel ist. Diese Wertung lässt sich zumindest bei Strafen über einen Strafhöhenvergleich zum Ausdruck bringen. Denn die Strafhöhe ist Ausdruck der Schuld und steht zugleich in gewissem Zusammenhang mit den präventiven Strafzwecken.[327] Demnach ist der Verzicht auf bestimmte Rechtsfolgen auch ein Verzicht auf die Verwirklichung der materiellen Strafzwecke, insbesondere den gerechten Schuldausgleich. Es spricht vor diesem Hintergrund, auch unter Berücksichtigung der bereits genannten Argumente (Wortlaut, Systematik, Historie), vieles dafür, dass die Formulierung „nicht beträchtlich ins Gewicht fallen" die Grenzen eines noch zulässigen Effektivitätsverlustes auch über einen Strafhöhenvergleich zum Ausdruck bringen will. Gleichzeitig spricht der Sinn der Tatbestandsbegrenzung aber auch für eine Beachtung der Strafzwecke, weil die Strafzweckrelevanz nicht 1:1 mit der Strafhöhe korreliert. Dies liegt vor allem daran, dass die Strafe sich, entsprechend der Spielraumtheorie[328], in erster Linie an der Schuld und nur sekundär an den präventiven Strafzwecken orientiert. Zudem wird regelmäßig auch die Wirkung der Bezugssanktion die Strafzweckrelevanz der wegfallenden Rechtsfolgen beeinflussen. All dies deutet zumindest bei Strafen am ehesten in Richtung einer *vorwiegend* quantitativen Sicht. Hinzu kommt, dass eine vorwiegend quantitative Sicht auch durch das Verfassungsrecht gestützt wird. Zunächst lassen sich allgemeingültige Obergrenzen mit einer (anteiligen) quantitativen Sicht leicht begründen, bzw. indiziert eine

[327] Siehe Kapitel C., III., (beginnt bei S. 46), vierter Absatz des Kapitels.
[328] Siehe Kapitel C., III., (beginnt bei S. 46), vierter Absatz des Kapitels.

solche Sicht automatisch die Existenz solcher Grenzen.[329] Eine rein zweckorientierte Sicht eröffnet hingegen Räume für Diskussionen, ob solche Grenzen überhaupt existieren.[330] Weiter bieten solche Grenzen verfassungsrechtlich einige Vorteile. Sie grenzen regionale Ungleichheiten in der Normanwendung[331] ein, stärken so die Gleichbehandlung (Art. 3 GG[332]) und reduzieren damit Ungerechtigkeiten[333]. Zudem erhöhen zahlenmäßige Grenzen die Normklarheit, was nicht nur Bedenken wegen der Bestimmtheit der Norm[334] reduzieren kann, sondern auch im Interesse der Allgemeinheit[335] liegt. Dies liegt daran, dass solche Grenzen allgemeingültig und objektiv sind. Für jeden ist leicht zu bestimmen, ob eine bestimmte Sanktion oberhalb oder unterhalb eines bestimmten zahlenmäßigen Wertes liegt. Qualitative Maßstäbe stellen zwar ebenso allgemeine Maßstäbe dar, an denen sich der Normanwender orientieren muss. Die Beurteilung darüber, ob eine bestimmte Sanktion eine bestimmte

---

329 Siehe Kapitel D., I., 2., (beginnt bei S. 64).

330 Dies liegt daran, dass sich die Grenze dann alleine an den Strafzwecken zu orientieren hat und man unterschiedlich bewerten kann, ob eine zahlenmäßige Grenze mit Blick auf die Strafzwecke überhaupt nötig ist, vgl. dazu auch die Ausführungen in Kapitel D., I., 1., (beginnt bei S. 62), zweiter Absatz des Kapitels.

331 Siehe zu den Autoren, die eine ungleichmäßige Anwendung als bedenklich eingestuft haben Fn. 22.

332 Vgl. zu der entsprechenden Problematik im Rahmen des § 153 StPO SK-StPO/*Weßlau/Deiters*, 5. Auflage 2016, Vor. § 151 ff. StPO Rn. 21; mit Blick auf die §§ 153 ff. generell *Kapahnke*, Opportunität S. 67, 76.

333 Vgl. zu Diskussionen über Strafgerechtigkeit mit Blick auf regionale Unterschiede beim Strafzumessungsakt nach § 46 StGB und entsprechende Forderungen, die gesetzlichen Strafrahmen enger zu ziehen, *Kett-Staub/Kudlich*, Sanktionenrecht § 9 Rn. 4 ff.

334 Vgl. *Pott*, §§ 154, 154a StPO S. 145 ff. Ob der Bestimmtheitsgrundsatz für das Strafverfahrensrecht Anwendung findet, ist indes streitig, vgl. auch hierzu *Pott*, §§ 154, 154a StPO S. 145 f. m. w. N.

335 Vgl. zu möglichen Bedenken bezüglich eines zu weit verstandenen Ermessensspielraums der Staatsanwaltschaft im Rahmen der Opportunitätsvorschriften *Kapahnke*, Opportunität S. 68 f. m. w. N.

Relevanz für die Strafzwecke hat, ist aber in deutlich höherem Maße von einer subjektiven Einschätzung geprägt als ein zahlenmäßiger Wert. Nun könnte man einwenden, dass auch die Sanktionshöhe vom Normanwender bestimmt wird. Hier existieren aber zahlenmäßige Grenzen durch die Strafrahmen. Quantitative Grenzen verkleinern also den Anwendungsbereich, innerhalb dessen subjektive Einschätzungen zu unterschiedlichen Anwendungen der Norm führen können. Davon abgesehen dürfte es sich bei der grundsätzlichen Entscheidung darüber, welche Strafen in welcher Höhe angemessen sind, jedenfalls wenn es um eine hohe Spannbreite an Rechtsfolgen geht, um eine wesentliche Frage im Sinne der Wesentlichkeitstheorie des BVerfG handeln.[336] Je zweckorientierter der Tatbestand und damit im Ergebnis der Beurteilungsspielraum des Normanwenders ist, umso mehr gerät die Vorschrift vor diesem Hintergrund in einen Konflikt mit dem Gewaltenteilungsgrundsatz.[337] Im Ergebnis spricht also auch das Verfassungsrecht für eine vorwiegend quantitative Sicht.

Diese für Strafen geltende vorwiegend zahlenmäßige Sicht kann jedoch nicht für Maßregeln der Besserung und Sicherung gelten. Zwar bestimmt die Tatbestandsbegrenzung des § 154 Abs. 1 Nr. 1 StPO auch im Falle der Maßregeln eine Grenze des noch zulässigen Effektivitätsverlustes. Maßregeln sind aber nur über ihre Frist quantifizierbar. Diese gibt jedoch keinen Aufschluss darüber, auf wie viel Strafzweck durch ihre Einstellung verzichtet wird. Das liegt daran, dass Maßregeln von vornherein allein die Spezialprävention bezwecken[338] und demnach jener Zweck auch vor Fristablauf vollständig erreicht werden kann. Besonders gut lässt sich dies an den unbefristeten Maßregeln verdeutlichen. Der Umstand, dass etwa die Unterbringung nach § 63 StGB unbefristet ist, bedeutet nicht, dass eine

336 Vgl. zur Wesentlichkeitslehre Jarass/Pieroth/*Jarass*, Art. 20 GG Rn. 71 ff., insbesondere Rn. 72;

337 Vgl. zu diesbezüglichen Bedenken *Pott*, §§ 154, 154a StPO S. 151 f., die § 154 StPO u. a. aus diesem Grund für verfassungswidrig hält.

338 Vgl. HKV-Band 3/*Kinzig*, § 65 Rn. 1.

lebenslange Unterbringung auch spezialpräventiv erforderlich wäre. Vielmehr ist mit der unbefristeten Unterbringung gerade die Hoffnung verbunden, dass diese zu einem späteren Zeitpunkt überflüssig wird und der Täter entlassen werden kann. Zudem ist diese Entlassung kein (Teil-)Verzicht auf die Verwicklung der Zwecke der Unterbringung. Im Gegenteil ist der Sinn der Unterbringung bei Zweckerreichung *vollständig* erfüllt, selbst wenn ihre vorher angesetzte Frist nicht abgelaufen ist. Dies gilt ähnlich bei sämtlichen Maßregeln, die alle allein auf Spezialprävention angelegt sind[339]. Die Frist einer Maßregel ist also kein Ausdruck des spezialpräventiv Erforderlichen. Aus diesem Grund kann hier ein noch zulässiger Effektivitätsverlust auch nicht über einen quantitativen Vergleich der Fristen abgegrenzt werden. Der prinzipiell zulässige Effektivitätsverlust bei der Einstellung von Maßregeln muss daher ausschließlich zweckorientiert erfolgen. Im Ergebnis ist also zwischen Strafen und Maßregeln zu unterscheiden.

II. Beträchtlichkeitsgrenzen für Strafen

Wie im vorigen Kapitel erörtert, erfolgt die Bestimmung der Beträchtlichkeit bei der Einstellung von Strafen vorwiegend quantitativ, gleichzeitig aber auch qualitativ. Hieraus resultieren die folgenden quantitativen und qualitativen Grenzen.

1. Quantitative Grenzen

Aus der vorwiegend quantitativen Interpretation folgt automatisch, dass es für Strafen zumindest in irgendeiner Form zahlenmäßige Grenzen geben muss.[340] Dass eine Obergrenze im Einzelfall praxisuntauglich sein kann,[341] mag so sein, ist aber die schlichte Folge der Einstellungsgrenzen, die § 154 Abs. 1 Nr. 1 StPO in quantitativer

---

339 Siehe Nachweis in Fn. 307.

340 Siehe Kapitel D., I., 2., (beginnt bei S. 64).

341 In diese Richtung etwa KK-StPO/*Diemer*, § 154 StPO Rn. 7, 9.

Hinsicht aufstellt. Auch die Behauptung man könne zahlenmäßige Grenzen nicht klar beziffern,[342] ist als Argument zurückzuweisen. Da solche Grenzen existieren müssen, hat sich die Rechtswissenschaft vielmehr mit dieser Frage auseinanderzusetzen.

a) Aktueller Diskurs

Nach aktuellem Stand dürfte gesichert sein, dass jedenfalls eine Kürzung der ohne Einstellung zu erwartenden Rechtsfolgen um 25% unproblematisch ist. Dieses oft genannte „Viertel"[343] stammt aus einem Aufsatz von *Kurth*[344], der ausführt: „... Das bedeutet, daß die Kürzung einer Gesamtstrafe um mehr als ein Viertel möglich ist, die Gleichwertigkeit von ausgeschiedenen und verbleibenden Rechtsfolgen aber nicht erreicht werden darf." Nur vereinzelt wird dies angezweifelt und darauf verwiesen, dass auch unterhalb dieser Grenze im Einzelfall Beträchtlichkeit gegeben sein könne.[345] Dieser Behauptung liegt aber die Annahme zugrunde, dass die Beträchtlichkeit unterhalb der genannten 25% aufgrund besonderer Umstände im Einzelfall gegeben sein kann. Das beträchtliche Ins-Gewicht-fallen wird hier also mit dem Sanktionszweck begründet und nicht mit der reinen Sanktionshöhe. Aus diesem Grund lässt sich sagen, dass eine der Strafe i. H. v. 25% der Rechtsfolgen jedenfalls (rein) quantitativ nicht beträchtlich ins Gewicht fällt.

---

342 KK-StPO/*Diemer*, § 154 StPO Rn. 9.

343 Wie hier SK-StPO/*Weßlau/Deiters*, 5. Auflage 2016, § 154 StPO Rn. 16; HK-GS/*Pfordte*, § 154 StPO Rn. 6; Meyer-Goßner/Schmitt/*Schmitt*, § 154 StPO Rn. 7; Heghmanns/Scheffler/*Heghmanns*, Kapitel V Rn. 101; *Kapahnke*, Opportunität S. 119 f.

344 *Kurth*, NJW 1978, 2481 (2482).

345 In diesem Sinne etwa KK-StPO/*Diemer*, § 154 StPO Rn. 9; wohl auch LR/*Mavany*, 27. Aufl. 2020, § 154 StPO Rn. 22 f.; *Kapahnke*, Opportunität S. 117 f., der dann allerdings auf den Seiten 119 f. das „Viertel" als Richtwert gleichwohl anerkennt.

Oberhalb dieses Wertes von 25% wird fast ausschließlich auf ein zahlenmäßiges Gleichkommen der wegfallenden Rechtsfolgen mit der Bezugssanktion[346] oder auf eine Kürzung der Rechtsfolgen um 50%[347] abgestellt. Diese Werte entsprechen sich. Entfallen durch Einstellung 50% der Rechtsfolgen, umfasst die Bezugssanktion stets genau die anderen 50%, die durch Einstellung nicht entfallen. Diese Behauptung lässt sich am folgenden Beispiel verdeutlichen: Ein Beschuldigter wird wegen zwei Diebstählen verfolgt. Die Einzelstrafen weisen jeweils eine zu erwartende Höhe von einem Jahr Freiheitsstrafe auf und es ist nicht mit einer Gesamtstrafe zu rechnen. Soll nun einer der Diebstähle eingestellt werden, weisen die wegfallenden Rechtsfolgen einen Wert in Höhe eines Jahres Freiheitsstrafe auf. Bezugssanktion ist hier ebenfalls ein Jahr, nämlich das, welches nach der Einstellung übrigbleibt. Dabei umfasst die Bezugssanktion nicht die zwei Jahre, die ohne Einstellung zu erwarten wären. Dies ergibt sich aus dem Wortlaut des § 154 Abs. 1 Nr. 1 StPO, wonach die Rechtsfolgen der einzustellenden Tat mit denjenigen der *anderen*, weiterverfolgten Tat zu vergleichen sind. Zudem ergibt ein möglicher Sanktionsverzicht nur vor dem Hintergrund derjenigen Sanktion einen Sinn, die den Täter nach der Einstellung auch tatsächlich trifft und dadurch ihre Wirkung entfalten kann. Im dargestellten Beispiel umfassen also die wegfallenden Rechtsfolgen ein Jahr und ebenso die Bezugssanktion ein Jahr. Wenn keine Gesamtstrafe zu erwarten ist, besteht also bei Kürzung der Rechtsfolgen um 50% ein zahlenmäßiges Gleichkommen. Ist eine Gesamtstrafe zu erwarten, gilt nichts anderes. Bei zu erwartender Gesamtstrafenbildung umfassen die wegfallenden Rechtsfolgen den Wert, um den die

---

346 Meyer-Goßner/Schmitt/*Schmitt*, § 154 StPO Rn. 8; *Kurth*, NJW 1978, 2481 (2482); LR/*Mavany*, 27. Aufl. 2020, § 154 StPO Rn. 22, der sinngemäß meint, dass eine Obergrenze bei „etwa" 100% erreicht sei.

347 HK-GS/*Pfordte*, § 154 StPO Rn. 6; Radtke/Hohmann/*Radtke*, § 154 StPO Rn. 18; SK-StPO/*Weßlau/Deiters*, 5. Auflage 2016, § 154 StPO Rn. 16; ähnlich auch SSW-StPO/*Schnabl*, § 154 StPO Rn. 4.

Einstellung die Gesamtstrafe kürzt.[348] Sie ergeben sich insbesondere nicht aus der Summe der Einzelstrafen. Wenn also die Einstellung die Gesamtstrafe um 50% kürzt, betragen die wegfallenden Rechtsfolgen 50% der Gesamtstrafe. Die Bezugssanktion muss auch hier aus den Rechtsfolgen bestehen, die nach der Einstellung noch zu erwarten wären. Dies ergibt sich ebenso aus dem Wortlaut und Zweckmäßigkeitserwägungen. Auch bei zu erwartender Gesamtstrafenbildung legt der Wortlaut (die Rechtsfolgen wegen einer „anderen" Tat) dies nahe. Zudem ergibt die Einstellung auch hier nur mit Blick auf diejenigen Rechtsfolgen einen Sinn, die den Täter nach der Einstellung noch treffen. Es besteht also auch bei einer Gesamtstrafenbildung ein zahlenmäßiges Gleichkommen zwischen den wegfallenden Rechtsfolgen und der Bezugssanktion, wenn die Rechtsfolgen um 50% gekürzt werden. Beide Sanktionen weisen dann einen Wert von jeweils 50% dieser Rechtsfolgen auf.

Bei dem Obergrenzwert von 50% soll es sich indes laut einigen Autoren nur um einen Punkt handeln, an dem die Beträchtlichkeit *jedenfalls* anzunehmen sei.[349] Eine eigentliche quantitative Grenze solle erreicht sein, wenn die Sanktion der einzustellenden Tat nicht mehr zahlenmäßig *deutlich* hinter der Bezugssanktion zurückbleibe.[350]

---

[348] Die wegfallenden Rechtsfolgen umfassen im Falle der Gesamtstrafenbildung jene Rechtsfolgen, um die die Gesamtstrafe durch Einstellung gekürzt wird, und nicht die Einzelstrafen, vgl. LR/*Mavany*, 27. Aufl. 2020, § 154 StPO Rn. 24 m. w. N.

[349] Vgl. LR/*Mavany*, 27. Aufl. 2020, § 154 StPO Rn. 22; Meyer-Goßner/Schmitt/*Schmitt*, § 154 StPO Rn. 8; *Kurth*, NJW 1978, 2481 (2482); darauf ebenfalls hingewiesen hat Heghmanns/Scheffler/*Heghmanns*, Kapitel V Rn. 100 f.

[350] Meyer-Goßner/Schmitt/*Schmitt*, § 154 StPO Rn. 7; *Henneberg*, BB 1979, 585 (590); *Kurth*, NJW 1978, 2481 (2482).

Der, soweit ersichtlich, einzige unterhalb des zahlenmäßigen Gleichkommens vorgeschlagene konkrete Grenzwert stammt von *Heghmanns*.[351] Er verortet ihn bei 50% der Bezugssanktion, d. h. einer Kürzung der Rechtsfolgen um ein Drittel.[352] Als Begründung liefert er einige Erwägungen hinsichtlich des prozessökonomischen Zwecks der Vorschrift. Ein häufiger Anwendungsfall in der Praxis sei der, dass zwei Taten verfolgt würden, deren Einzelstrafen zahlenmäßig den gleichen Wert aufweisen, was im Normalfall eine Gesamtstrafe von 75% der Summe der Einzelstrafen nach sich zöge. Als Beispiel nennt er zwei Sanktionen von jeweils einem Jahr, bei denen als Gesamtstrafe anderthalb Jahre herauskämen. Dieser klassische Anwendungsfall solle von der Vorschrift jedenfalls *gerade noch* umfasst sein. Mit diesem Wert sei auch relativ leicht zu kalkulieren, was dem prozessökonomischen Zweck entspreche. Etwaige dennoch bestehende Verfolgungsbedürfnisse könnten je nach Einzelfall eine Verfolgungspflicht auslösen. Jedenfalls sei es nicht generell auszuschließen, dass hier aus prozessökonomischen Gründen eingestellt und ein Schwerpunkt auf das Bezugsverfahren gelegt werden soll.

b) Bestimmung der zahlenmäßigen Grenze

Zunächst ist aus Gründen der Einfachheit klarzustellen, dass die quantitativen Grenzen im Folgenden stets ausschließlich über eine Kürzung der ohne Einstellung zu erwartenden Rechtsfolgen und

---

351 Heghmanns/Scheffler/*Heghmanns*, Kapitel V Rn. 102 f.

352 Wenn die wegfallenden Rechtsfolgen 50% der Bezugssanktion umfassen, tritt durch die Einstellung eine Kürzung der gesamten Rechtsfolgen um ein Drittel ein. Dies gilt aus denselben Gründen, weswegen bei zahlenmäßigem Gleichkommen eine Kürzung der Rechtsfolgen um 50% vorliegt, vgl. dazu Kapitel D., II., 1., a), (beginnt bei S. 73), zweiter Absatz des Kapitels. Der Grenzwert von einem Drittel ist im Übrigen auch schon zu § 154 StPO a. F. vertreten worden, vgl. *Dallinger*, MDR 1966, 797 (798). Hierbei handelte es sich aber um einen für die Vorgängernorm sehr extensiven Wert.

nicht als ein prozentualer Wert der Bezugssanktion angegeben werden. Bei genauer Betrachtung ist dies präzisier. § 154 Abs. 1 Nr. 1 StPO spricht nicht vom anteiligen Gewicht der wegfallenden Rechtsfolgen am Gewicht der Bezugssanktion, sondern vom „Ins-Gewicht-*fallen*" der wegfallenden Rechtsfolgen im Vergleich zur Bezugssanktion. Damit ist auf das Gewicht abzustellen, welches die wegfallenden Rechtsfolgen im Vergleich zur Bezugssanktion an den ohne Einstellung zu erwartenden Rechtsfolgen einnehmen und nicht (direkt) auf einen anteiligen Wert an der Bezugssanktion. Die Frage, die sich stellt, ist, wie sehr die wegfallenden Rechtsfolgen die gesamten Rechtsfolgen im Vergleich zur Bezugssanktion erhöhen bzw. um wie viel die gesamten Rechtsfolgen durch Einstellung reduziert würden. Wenn im Folgenden der Einfachheit halber von den „gesamten Rechtsfolgen" gesprochen wird, sind jene Rechtsfolgen gemeint, die ohne Einstellung zu erwarten sind. Damit stehen nach derzeitigem Diskurs drei quantitative Werte im Raum:

1. Kürzung der gesamten Rechtsfolgen um 50%
2. Kürzung der gesamten Rechtsfolgen um ein Drittel
3. Kürzung der gesamten Rechtsfolgen um 25%

aa) Rein quantitativer Grenzwert

Wie bereits dargestellt, ergibt sich das „Gewicht" der wegfallenden Rechtsfolgen sowohl eigenständig aus der Sanktionshöhe als auch aus ihrer Relevanz für die Strafzwecke. Eine zahlenmäßige Obergrenze ist demnach ein Wert, ab dem eine Sanktion alleine wegen ihrer Höhe beträchtlich ins Gewicht fällt, selbst wenn sie eine geringe Bedeutung für die Strafzwecke hat.

Um sich dieser Obergrenze zu nähern, hilft es, die Beträchtlichkeit zunächst für den (fiktiven) Fall zu bestimmen, in dem die Strafzwecke keinen Einfluss auf das Gewicht haben, d. h. weder für noch gegen eine Einstellung sprechen (im Folgenden: „rein quantitativer Grenzwert"). Auf diese Weise lässt sich eine Beträchtlichkeitsgrenze bestimmen, die den Einfluss der Strafzwecke zunächst ausblendet. Diesen Grenzwert zu kennen ist hilfreich, weil sich aus ihm die für die vorwiegend quantitative Sicht geltende zahlenmäßige Obergrenze ableiten lässt: Zunächst muss der absolute Obergrenzwert in jedem Fall über dem rein quantitativen Grenzwert liegen. Dies liegt daran, dass auch bei Überschreiten des rein quantitativen Grenzwertes die wegfallenden Rechtsfolgen nicht beträchtlich ins Gewicht fallen, wenn sie zugleich eine niedrige Strafzweckrelevanz aufweisen. Es sind also bei einer vorwiegend zahlenmäßigen Sicht im Einzelfall auch solche Rechtsfolgen noch unbeträchtlich, die rein zahlenmäßig gesehen aber schon als beträchtlich zu bewerten wären. Demnach liegt die absolute Obergrenze über dem rein quantitativen Grenzwert. Zugleich muss sich die Obergrenze aber auch in der Nähe des rein quantitativen Grenzwertes befinden. Denn wegen der maßgeblichen, vorwiegend quantitativen Betrachtung können die Strafzwecke das zahlenmäßige Gewicht der Sanktion nur in bestimmten Grenzen beeinflussen. Selbst bei einer großzügigen Betrachtung behält das rein quantitative Gewicht stets eine eigenständige Bedeutung. Daher muss sich die absolute Obergrenze irgendwo leicht oberhalb des rein quantitativen Grenzwertes befinden. In einem ersten Schritt ist es also sinnvoll, diesen zu ermitteln. Hierzu ist die Formulierung „nicht beträchtlich ins Gewicht fallen" zunächst unter Ausblendung der Strafzwecke, d. h. rein zahlenmäßig zu interpretieren. Untersucht werden soll dabei der bereits beispielhaft verwandte Wert von 25%. Dies ist jener Wert, den auch die h. M. in quantitativer Hinsicht jedenfalls für unproblematisch hält.

Die Bezeichnung „beträchtlich" kann entweder für sich genommen als Adjektiv verwandt werden („eine beträchtliche Summe"), oder verstärkend bei Adjektiven im Komparativ („er war beträchtlich schneller als du"), oder verstärkend bei Verben („er ist in letzter Zeit beträchtlich gewachsen").[353] Im Falle des § 154 StPO wird der Be-

---

[353] Siehe hierzu und zum Folgenden: *Dudenredaktion*, Bedeutungswörterbuch, Suchwort „beträchtlich".

griff „beträchtlich“ zur Verstärkung eines Verbs („ins Gewicht fallen“) verwandt. In dem Zusammenhang bedeutet „beträchtlich“ so viel wie „bedeutend“, „enorm“, „erheblich“, „kräftig“, „mächtig“, „reichlich“, „sehr“, „stark“. Dies dürfen die wegfallenden Rechtsfolgen *nicht* erfüllen. Es geht also darum, dass der Beitrag der wegfallenden Rechtsfolgen im Vergleich zum Beitrag der Bezugssanktion, jeweils an den gesamten Rechtsfolgen, nicht kräftig, mächtig, reichlich, stark, etc. ist.

Dem Wortlaut nach muss der rein quantitative Grenzwert daher jedenfalls unterhalb einem Drittel liegen. Ein Drittel würde bereits eine „reichliche“ Erhöhung in Relation zu den bereits vorhandenen zwei Dritteln darstellen – jedenfalls sofern man beiden Teilen dasselbe qualitative Gewicht einräumt. Zur Verdeutlichung: Teilt man ein Gewicht in drei Teile, so muss man das eine Drittel bloß noch zwei Mal hinzufügen, um das gesamte Gewicht zu erhalten. Man mag eine Erhöhung um ein Drittel im Vergleich zum gesamten Gewicht dem Wortlaut nach nicht als beträchtlich ansehen, aber im Vergleich zur Erhöhung der übrigen zwei Drittel wird man dies bei einer rein zahlenmäßigen Betrachtung als „reichlich“ anzusehen haben.

Bei dieser reinen Wortlautbetrachtung kann es jedoch nicht bleiben. Die historische Entwicklung und auch die systematische Stellung der Norm sprechen vielmehr für einen Grenzwert noch unterhalb eines Drittels. Der historische Gesetzgeber verstand den Begriff „beträchtlich“ eher restriktiv. Dies lässt sich unter anderem aus dem Alternativentwurf zum StVÄG 1979[354] herleiten. Dieser schlug ebenso eine Erweiterung der Einstellungsmöglichkeit auf nicht beträchtlich ins Gewicht fallende Rechtsfolgen vor. In Absatz 2 des Alternativentwurfs hieß es dann, dass von einer Verfolgung auch dann abgesehen werden darf, wenn die einzustellende Tat zu einer erheblichen Verzögerung eines anderen Verfahrens führen wird, die wegfallenden

---

354 Siehe dazu S. 28.

Rechtsfolgen im Vergleich zur Bezugssanktion „kein größeres Gewicht" aufweisen und ein überwiegendes öffentliches Interesse nicht entgegensteht. Hieraus lassen sich Rückschlüsse auf das Verständnis des Begriffs „beträchtlich" ziehen. Denn „kein größeres Gewicht" bedeutet rein mathematisch gesehen, dass die wegfallenden Rechtsfolgen nicht mehr als 50% der gesamten Rechtsfolgen umfassen dürfen. Diese Möglichkeit sieht der Alternativentwurf als *zusätzliche* neben der Formulierung „Nicht beträchtlich ins Gewicht fallen" vor. Dies spricht dafür, dass das beträchtliche Ins-Gewicht-fallen jedenfalls als unterhalb von 50% liegend verstanden wurde. Andernfalls wäre der Anwendungsbereich der zusätzlichen Einstellungsmöglichkeit nur sehr gering gewesen. Gleichzeitig war diese zusätzliche Einstellungsmöglichkeit in erheblichem Maße beschränkt: Sie sollte nur dann in Betracht kommen, wenn erhebliche Verzögerungen zu erwarten gewesen wären *und* das überwiegende öffentliche Interesse nicht entgegengestanden hätte. Da er für das nicht beträchtliche Ins-Gewicht-fallen keinerlei weitere Voraussetzungen aufstellte, ist anzunehmen, dass die Beträchtlichkeit i. S. d. Alternativentwurfs restriktiv verstanden wurde. In jedem Fall sollte sie mathematisch gesehen deutlich unter 50% der gesamten Rechtsfolgen liegen. Hinsichtlich § 154 Abs. 1 Nr. 1 StPO war der Alternativentwurf mit dem StVÄG 1979[355] inhaltlich, die Formulierung „nicht beträchtlich ins Gewicht fallen" sogar wörtlich identisch. Auch der Gesetzgeber ging davon aus, dass beide sich hierin entsprächen.[356] Die Entwürfe unterschieden sich lediglich bezüglich Absatz 2 des Alternativentwurfs, wo der Entwurf zum StVÄG 1979 den heutigen § 154 Abs. 1 Nr. 2 StPO vorsah. Daraus folgt, dass auch der Gesetzgeber dasselbe eher restriktive Verständnis von der Beträchtlichkeit hatte wie der Alternativentwurf. Dies ist auch nachvollziehbar, denn § 154 Abs. 1 Nr. 1 StPO war eine Erweiterung des § 154 StPO a. F., der einen nur sehr eng umgrenzten Anwendungsbereich hatte. Die alte Vorschrift

---

355 Siehe hierzu S. 29.

356 BT-Drucks. 8/976 S. 18 f.

sollte „in bestimmten Grenzen“ erweitert werden.[357] Vor diesem Hintergrund lässt sich auch erklären, weshalb § 154 Abs. 1 Nr. 2 StPO überhaupt geschaffen wurde.[358] Dieses restriktive Verständnis wird durch die systematische Stellung der Vorschrift zusätzlich untermauert. § 154 StPO n. F. hat seine Stellung behalten, insbesondere im Kontext der vorausgehenden §§ 153, 153a StPO, welche Einstellungen ebenso nur in engen Grenzen zulassen, insbesondere nur bei Vergehen. Auch greift speziell § 153a StPO nur gegen Auflagen und Weisungen. Eine solche Kompensation fehlt bei § 154 Abs. 1 Nr. 1 StPO gerade.[359] Vor diesem Hintergrund, auch unter Beachtung des eher für eine weite Auslegung sprechenden Zwecks der Vorschrift, dürfte ein rein quantitativ verstandener Grenzwert bei einer Sanktionshöhe von 25%, jedenfalls nicht darüber, liegen.

bb) Zahlenmäßige Obergrenze

Nachdem nun der rein quantitative Grenzwert bei 25% angesetzt wurde, lässt sich hieraus die absolute Obergrenze ableiten. Zunächst verortet die ganz h. M. ihn jedenfalls bei 50% und dem kann auch nicht widersprochen werden. Denn die Staatsanwaltschaft kann eindeutig nicht die quantitativ höhere Sanktion einstellen. Schon aus diesem Grund muss die Grenze bei zahlenmäßigem Gleichkommen liegen. Der eigentliche Wert liegt jedoch deutlich darunter, denn er leitet sich aus dem festgestellten rein quantitativen Grenzwert in Höhe eines Viertels ab. Da der Wortlaut des § 154 Abs. 1 Nr. 1 StPO vorwiegend quantitativ zu betrachten ist, kann sich die absolute Obergrenze nicht allzu weit von dem Viertel entfernen.

---

357 BT-Drucks. 8/976 S. 18.

358 Siehe zu den Bedenken, welchen Anwendungsbereich die Norm neben § 154 Abs. 1 Nr. 1 StPO haben soll Kapitel A., (beginnt bei S. 1), dritter Absatz des Kapitels und hier am Ende.

359 Siehe dazu näher bereits Kapitel C., III., (beginnt bei S. 46), letzter Absatz des Kapitels.

Letztlich spricht Vieles dafür, sie bei dem von *Heghmanns* vorgeschlagenen Drittel anzusetzen. Diese Grenze liegt nah genug am rein quantitativen Grenzwert. Zudem spricht das von ihm genannte Argument, dass so ein häufiger Praxisfall von der Norm gerade noch umfasst wäre, ebenso dafür. Denn Zweck des § 154 StPO ist gerade die Entlastung der Justiz. Gemeint ist die Verfolgung zweier Taten, die dieselben Einzelstrafen nach sich zögen, wodurch in der Regel eine Gesamtstrafe von 75% der Einzelstrafen zu erwarten wäre, also die einzustellende Tat genau ein Drittel der gesamten Rechtsfolgen ausmachte. Zudem handelt es sich hierbei um eine Obergrenze. Sofern die wegfallenden Rechtsfolgen sich zahlenmäßig über dem rein quantitativen Grenzwert von 25% bewegen, sind sie rein quantitativ zunächst als beträchtlich einzustufen. Hier muss dementsprechend die Strafzweckrelevanz der wegfallenden Strafe niedrig sein, damit das Gewicht trotz der Sanktionshöhe nicht als beträchtlich einzustufen ist. Die Grenze von einem Drittel entspricht also dem Zweck des § 154 StPO, die Einzelfallbetrachtung bis hierhin zu eröffnen, um diesen häufigen Anwendungsfall noch in den Tatbestand mit aufzunehmen. Gleichermaßen entspricht sie aber auch dem Bedürfnis des Gesetzgebers, den möglichen Sanktionsverzicht zu begrenzen, weil ab 25% besondere Umstände vorliegen müssen und ab einem Drittel stets Beträchtlichkeit vorliegt. Ferner lässt sich so immer noch die Existenz des § 154 Abs. 1 Nr. 2 StPO begründen. Denn es sind zahlreiche Fälle denkbar, in denen die wegfallenden Rechtsfolgen quantitativ zwischen 25% und einem Drittel liegen, jedoch ihre Strafzweckrelevanz nicht entsprechend vermindert ist. In dem Fall käme keine Einstellung nach Ziffer 1, sondern nur nach Ziffer 2 in Betracht. Für Ziffer 2 ist nämlich nicht erforderlich, dass die wegfallenden Rechtsfolgen eine geringe Bedeutung haben. Es genügt vielmehr, dass die Bezugssanktion für die Strafzwecke „ausreichend erscheint“.[360]

---

[360] Vgl. zu diesem Maßstab Kapitel D., II., 3., a), (beginnt bei S. 89).

cc) Der Bereich zwischen einem Viertel und einem Drittel

Im Bereich zwischen einem Viertel und einem Drittel muss die wegfallende Strafe in ihrer qualitativen Relevanz umso niedriger sein, je mehr sie sich der Grenze von einem Drittel nähert. Denn nur so lässt sich begründen, dass sie trotz Überschreiten der rein zahlenmäßigen Grenze von 25% insgesamt nicht beträchtlich ins Gewicht fällt. Wann dies der Fall ist, ist eine Frage des Einzelfalles. Hier hat die Staatsanwaltschaft also einen Beurteilungsspielraum. Allerdings müssen konkrete Gründe dafür vorliegen, weshalb die wegfallenden Rechtsfolgen eine geringe Bedeutung haben. Im Zweifel ist von Beträchtlichkeit auszugehen, sofern sie quantitativ die 25%-Grenze überschreiten.

Bei der konkreten Beurteilung ist der gerechte Schuldausgleich (als eigenständiger Zweck) auszublenden. Der Verzicht auf eine bestimmte Strafe bedeutet bereits einen Verzicht auf den gerechten Schuldausgleich. Denn in der Strafhöhe kommt zugleich das Schuldangemessene zum Ausdruck,[361] was sich auch im Einzelfall nicht ändert. Aus diesem Grund ist der Verzicht auf gerechten Schuldausgleich in quantitativer Hinsicht bis zu einer Grenze von einem Drittel als möglich anzusehen. Der Staatsanwalt muss sich lediglich fragen, ob die wegfallenden Rechtsfolgen eine geringe Relevanz für die Spezial- und/oder Generalprävention haben. Durch das Einfallstor der Generalprävention kann der gerechte Schuldausgleich gleichwohl indirekt eine Rolle spielen.[362]

Dadurch kommen Einstellungen zwischen 25% und einem Drittel vor allem im Bereich der kleinen Kriminalität in Betracht. Hier können die wegfallenden Rechtsfolgen eher spezialpräventiv keine nennenswerte Relevanz haben, weil die gesamten Rechtsfolgen ohnehin

---

361 Siehe mit Bezug zu den Regelungen der §§ 57, 57a StGB ähnlich auch MüKo-StGB/*Groß/Kett-Straub*, § 57a StGB Rn. 11.

362 Vgl. hierzu auch Kapitel D., II., 3., a), bb), (beginnt bei S. 96), letzter Absatz des Kapitels.

gering wären und der Beschuldigte zumindest kein Schwerkrimineller sein kann. Gleichermaßen ist es hier auch eher denkbar, dass die wegfallenden Rechtsfolgen kaum eine Bedeutung für den gerechten Schuldausgleich i. S. d. positiven Generalprävention haben. Denn das verwirklichte Unrecht ist nicht allzu groß. Aber auch im Bereich mittlerer und schwerer Kriminalität sind Konstellationen denkbar. Sofern etwa die Bezugstat und die einzustellende Tat artgleich sind, demonstriert die Sanktionierung der artgleichen Bezugstat(en) in diesen Fällen die Geltung des Rechts auch mit Blick auf die einzustellende Tat. Dasselbe gilt letztlich für die Spezialprävention, weil die konkrete Einwirkung auf den Täter, wegen derselben zugrunde liegenden Straftaten, regelmäßig identisch ist. Damit ist § 154 StPO insgesamt gerade bei Serienstraftaten besonders gut anwendbar,[363] was im Übrigen gerade dem Bedürfnis, Großverfahren zu beschleunigen, entspricht.

Ein konkretes Beispiel für einen Fall, der besonders einstellungsgeeignet ist, ist das von *Kulhanek*[364]: zwei Diebstähle mit je einer Straferwartung von zehn und einer Gesamtstrafe von 15 Tagessätzen, wobei die Verfolgung eines der Diebstähle entfallen soll. Hier würde durch die Einstellung ein Drittel der Gesamtstrafe entfallen (fünf Tagessätze), wobei es sich um Kleinkriminalität handelt und sich hier zusätzlich präventive Zwecke über die Bezugssanktion besonders gut abdecken lassen,[365] weil es sich jeweils um dasselbe Unrecht handelt. Zwar sind die Fälle der Bagatellkriminalität grundsätzlich schon über § 153 StPO abgedeckt.[366] Es ist jedoch denkbar, dass auch bei geringer Schuld an sich ein öffentliches Interesse an der

---

363 Im Ergebnis ebenso Heghmanns/Scheffler/*Heghmanns*, Kapitel V Rn. 221, der auch meint, dass bei Serienstraftaten eine Verfolgung sämtlicher Taten i. d. R. präventiv nicht erforderlich ist.

364 KMR/*Kulhanek*, § 154 StPO Rn. 6 (Lfg. 90 März/2019).

365 Ähnlich KMR/*Kulhanek*, § 154 StPO Rn. 6 (Lfg. 90 März/2019).

366 Die §§ 153, 153a StPO haben Vorrang vor einer Einstellung nach § 154 StPO, vgl. mit Begründung Radtke/Hohmann/*Radtke*, § 154 StPO Rn. 11.

Verfolgung besteht, jenes aber gerade durch die Bezugssanktion beseitigt würde. Dass der Gesetzgeber in einem solchen Fall eine Einstellung grundsätzlich für akzeptabel hält, ergibt sich dabei zusätzlich auch indirekt aus § 153 StPO.

dd) Zusammenfassung und Ergebnis

Bei einer rein quantitativen Betrachtung wäre eine Strafe in jedem Fall als beträchtlich anzusehen, wenn sie ihrer Höhe nach mehr als 25% der gesamten Rechtsfolgen umfasst. Wegen der vorwiegend quantitativen Betrachtung können aber auch noch solche Strafen entfallen, die bis zu einem Drittel der gesamten Rechtsfolgen umfassen. Allerdings müssen dann die Strafzwecke in besonderer Weise für eine Einstellung sprechen. Dies ist vor allem dann der Fall, wenn einzustellende und Bezugstat artgleich sind. Sofern die Strafe quantitativ oberhalb eines Drittels liegt, kommt es hingegen auf die Strafzweckrelevanz nicht mehr an. Sie fällt dann in jedem Fall beträchtlich ins Gewicht.

2. Modifikationen der Strafhöhe

Besonderheiten hinsichtlich der Bestimmung der Strafhöhe können sich mit Blick auf das Lebensalter des Betroffenen sowie auf die Anrechnung nach § 51 StGB ergeben.

a) Das Lebensalter des Betroffenen

Schon bei § 154 StPO a. F. ging man davon aus, dass das Lebensalter im Rahmen der Bezugssanktion zu berücksichtigen ist.[367] Sofern zu erwarten ist, dass der Beschuldigte die Bezugssanktion nicht überleben wird, ist sie zu behandeln wie eine lebenslange Freiheitsstrafe.

---

367 Siehe Kapitel B., II., (beginnt bei S. 12), vierter Absatz des Kapitels am Ende.

b) Anrechnungen nach § 51 StGB

Ob Anrechnungen gem. § 51 StGB, insbesondere nach § 51 Abs. 1 StGB (namentlich Untersuchungshaft, andere Formen von Freiheitsentzug oder eine Verletzung des Art. 6 Abs. 1 MRK[368]), im Rahmen des § 154 Abs. 1 StPO zu berücksichtigen sind, lässt sich unterschiedlich beantworten.[369] Dafür könnte sprechen, dass die im Urteil ausgesprochene Sanktion von vornherein faktisch geringer wirkt und zudem das Sanktionsbedürfnis unter Umständen reduziert ist.[370] Zudem könnte der prozessökonomische Zweck für einen Einbezug der Anrechnung sprechen, weil dadurch möglicherweise die Einstellungsvoraussetzungen eher vorliegen. Im Ergebnis werden Anrechnungen bei § 154 Abs. 1 Nr. 1 StPO aber nicht berücksichtigt. Dem steht zunächst der klare Wortlaut entgegen, der auf die „verhängte" und nicht auf die zu verbüßende Sanktion abstellt.[371] Hinzu kommt aber auch, dass das System der Anrechnung mit der Funktionsweise des § 154 StPO kaum kompatibel ist. In der Regel wird die Anrechnung auf eine (nachträgliche) Gesamtstrafe gewährt, weil zwischen der Tat, wegen der die belastende Maßnahme (z. B. eine Untersuchungshaft) angeordnet wurde, und den übrigen der Gesamtstrafe

---

368 Hier wird § 51 StGB analog angewendet, SK-StGB/*Wolters*, § 51 StGB Rn. 16; eine Verletzung führe zu einem Vollstreckungsabschlag nach dem Gedanken des § 51 Abs. 1 StGB, MüKo-StGB/*Maier*, § 51 StGB Rn. 3; ausführlich *Eckhardt*, Verfahrensdauer S. 58 ff.

369 Dafür *Eckhardt*, Verfahrensdauer S. 191 f.; ebenso wohl *Weber*, JR 2008, 36 (37); dagegen *Baumanns*, Beschleunigungsgrundsatz S. 300 f.; *Möller*, Vollstreckungslösung S. 131; tendenziell ebenso dagegen *Hegmanns*, ZJS 2008, 197 (200 f.); siehe auch näher zu dieser Diskussion *Möller*, Vollstreckungslösung S. 130 f. m. w. N.

370 So für den Fall der überlangen Verfahrensdauer *Eckhardt*, Verfahrensdauer S. 191 f.

371 Die verhängte Strafe meint regelmäßig die ausgesprochene Sanktion ohne Anrechnung, vgl. hierzu im Rahmen des § 56 Abs. 1 StGB HKV-Band 3/*Kinzig*, § 64 Rn. 51; siehe auch BGH NJW 1954, 846.

zugrunde liegenden Taten sog. Verfahrenseinheit besteht.[372] Sie wird auch dann vorgenommen, wenn die Tat, aus deren Anlass die belastende Maßnahme angeordnet wurde, durch Einstellung ausgeschieden ist.[373] Die Anrechnung verringert folglich die Gesamtstrafe auch im Falle einer Einstellung. Letztlich reduzieren sich durch die Anrechnung jene Rechtsfolgen, die insgesamt zu erwarten sind, und zwar unabhängig davon, ob eingestellt wird oder nicht. Eine Beachtung von Anrechnungen führt also dazu, dass die gesamten zu erwartenden Rechtsfolgen geringer sind. Die wegfallenden Rechtsfolgen werden aber von der Anrechnung nicht berührt. Ihr numerischer Wert bleibt stets derselbe. Die wegfallende Strafe hat also an den gesamten Rechtsfolgen einen relativ höheren Anteil, je mehr Anrechnungen berücksichtigt werden. Sie weist damit gegenüber der Bezugssanktion (jenen Rechtsfolgen, die nach Einstellung noch zu erwarten sind) ein relativ höheres Gewicht auf und fällt damit *eher* beträchtlich ins Gewicht. Dies steht in der typischen Konstellation bestehender Verfahrenseinheit dem prozessökonomischen Zweck des § 154 StPO gerade entgegen. Beispielsweise könnte eine anzurechnende Untersuchungshaft dazu führen, dass eine an sich einstellungsfähige Tat nicht mehr eingestellt werden kann. Ebenso müsste dann u. U. die Verfolgung einer Tat wiederaufgenommen werden, weil eine Untersuchungshaft erfolgt ist. Dieses dem Zweck der Norm wiedersprechende Ergebnis tritt bei bestehender Verfahrenseinheit ausschließlich in einem Sonderfall nicht ein, namentlich wenn eine Anrechnung die ohne Einstellung zu verhängende Gesamtstrafe umfasst oder übersteigt. Hier wären sowohl die wegfallenden Rechtsfolgen als auch die Bezugssanktion mit einem Wert von null anzusetzen.[374] Hier würde durch die Anrechnung eine Einstellung möglich. Da dies im Falle der Verfahrenseinheit der einzige

---

372 MüKo-StGB/*Maier*, § 51 StGB Rn. 17 ff.; SK-StGB/*Wolters*, § 51 StGB Rn. 8; Schönke/Schröder/*Kinzig*, § 51 StGB Rn. 10 m. w. N.

373 MüKo-StGB/*Maier*, § 51 StGB Rn. 19.

374 Siehe dazu *Eckhardt*, Verfahrensdauer S. 192.

Ausnahmefall ist, ist nicht davon auszugehen, dass § 154 StPO Anrechnungen berücksichtigt.

Für dieses Ergebnis spricht ebenso, dass auch bei fehlender Verfahrenseinheit das Argument der Prozessökonomie nur bei Anrechnungen auf die wegfallende Strafe Wirkung entfalten kann. Aber auch hier wäre zu bedenken, dass die Anrechnung ausschließlich aus der Ex-post-Perspektive möglich wäre. Eine Untersuchungshaft beispielsweise dürfte in die zu erwartende Strafe erst dann mit einbezogen werden, wenn sie auch tatsächlich vollzogen wurde. Ansonsten würde eine bloß zu erwartende Untersuchungshaft die wegfallende Strafe mindern. Es könnten dann Ermittlungen eingestellt werden, obwohl die Strafe nur unter Berücksichtigung der Untersuchungshaft nicht beträchtlich ins Gewicht fiele, und das, obwohl die Untersuchungshaft nie stattgefunden hat. Befindet man sich im Ex-post-Stadium, d. h. in einer Lage in der die Untersuchungshaft bereits vollstreckt wurde, haben in der Regel aber schon (einige) Ermittlungen stattgefunden, was den prozessökonomischen Zweck zumindest schmälert. Dies liegt vor allem daran, dass die Voraussetzungen des anrechenbaren Übels erst noch ermittelt werden oder eintreten müssen. So setzt § 112 StPO dringenden Tatverdacht voraus. Insofern sind Anrechnungen im Rahmen des § 154 StPO jedenfalls im Tatbestand nicht zu berücksichtigen.

3. Qualitative Grenzen

Aus der für Strafen geltenden vorwiegend quantitativen Orientierung folgt, dass auch qualitative Grenzen existieren müssen. Sie umschreiben den Fall, in dem die wegfallenden Rechtsfolgen derart wichtig sind, dass eine Einstellung ausscheiden muss. Sie fallen dann beträchtlich ins Gewicht, selbst wenn sie zahlenmäßig im Vergleich zur Bezugssanktion sehr gering sind.

Als qualitative Grenze bietet die h. M. die Rechtsfolgenzwecke des § 154 Abs. 1 Nr. 2 StPO an.[375] Dort heißt es, dass die Bezugssanktion zur „Einwirkung auf den Täter und zur Verteidigung der Rechtsordnung" ausreichend erscheinen muss. Jedenfalls für die Einstellung von Strafen gegenüber Strafen ist diesem qualitativen Maßstab zuzustimmen. Die Rechtsfolgenzwecke des § 154 Abs. 1 Nr. 2 StPO bieten sich an, weil sie bei Ziffer 1 ohnehin gelten müssen. § 154 Abs. 1 Nr. 2 StPO erlaubt die Einstellung von beträchtlich ins Gewicht fallenden Rechtsfolgen.[376] Die Einschränkung über die Rechtsfolgenzwecke stellt einen Mindeststandard dar,[377] der dann erst recht für nicht beträchtlich ins Gewicht fallende Rechtsfolgen gelten muss.[378] Da Strafen bei Ziffer 1 über die Quantität begrenzt sind, braucht ein qualitativer Maßstab aber nicht allzu restriktiv verstanden werden. Auch deshalb bieten sich die Rechtsfolgenzwecke des § 154 Abs. 1 Nr. 2 StPO als absolute Grenze an.

a) Die Rechtsfolgenzwecke des § 154 Abs. 1 Nr. 2 StPO

Gem. § 154 Abs. 1 Nr. 2 StPO muss die Bezugssanktion zur Einwirkung auf den Täter und zur Verteidigung der Rechtsordnung ausreichend erscheinen. Diese Begrifflichkeiten sind dem materiellen Strafrecht entnommen.[379] Sie nehmen damit vor allem Bezug auf die §§ 47 Abs. 1, 56 Abs. 1, 59 Abs. 1 Nr. 3 StGB[380] und § 56 Abs. 3

---

375 Siehe Kapitel D., (beginnt bei S. 59), zweiter Absatz des Kapitels.

376 Siehe Kapitel E., (beginnt bei S. 151), erster Absatz des Kapitels.

377 Ähnlich LR/*Mavany*, 27. Aufl. 2020, § 154 StPO Rn. 26; ebenso MüKo-StPO/*Teßmer*, § 154 StPO Rn. 45.

378 Ähnlich auch Heghmanns/Hermann/*Heghmanns*, Kapitel D Rn. 892.

379 BT-Drucks. 8/976 S. 39.

380 KK-StPO/*Diemer*, § 154 StPO Rn. 12; MüKo-StPO/*Teßmer*, § 154 StPO Rn. 45.

StGB[381]. Aus diesem Grund sind die dort entwickelten Grundsätze auch für die Auslegung der Begriffe in Ziffer 2 heranzuziehen.[382]

Für beide Alternativen ist vorab festzuhalten, dass durch die Einstellung grundsätzlich ein gewisser Effektivitätsverlust für die präventiven Strafzwecke hinzunehmen ist.[383] Diese Effektivitätsminderung muss im Ergebnis (d. h. auf beide Präventionszwecke bezogen) auch nicht bloß „geringfügig" sein, was zum Teil behauptet wird.[384] Am ehesten wird man der Aussage *Mavanys* zustimmen können, wonach eine „wesentliche Beeinträchtigung" präventiver Strafzwecke nicht eintreten darf.[385] Denn bei der Einschränkung handelt es sich um einen Mindeststandard (siehe oben). Ferner wäre der Anwendungsbereich des § 154 StPO andernfalls sehr verkürzt, weil die Bezugssanktion nur selten in einer Weise ausreichen wird, dass die wegfallenden Rechtsfolgen kaum einen Beitrag zu den materiellen Strafzwecken leisten können. Außerdem ist § 154 StPO eine Ermessensvorschrift. Wenn die Bezugssanktion für die präventiven Strafzwecke ausreichend erscheint, steht dem Normanwender ein Einstellungsermessen zu. Die Einschränkung über die präventiven Strafzwecke tendenziell weit zu verstehen, ermöglicht demnach eine flexible Handhabe im Einzelfall, welche dem Sinn des § 154 StPO entspricht. Zu denken ist hier vor allem an den verfahrensbeschleunigenden Zweck, der die öffentlichen Interessen an einem zügigen Strafverfahren insgesamt

---

381 SK-StPO/*Weßlau/Deiters*, 5. Auflage 2016, § 154 StPO Rn. 22; LR/*Mavany*, 27. Aufl. 2020, § 154 StPO Rn. 31.

382 So auch schon BT-Drucks. 8/976 S. 39.

383 So auch AK/*Schöch*, § 154 StPO Rn. 22; ähnlich LR/*Mavany*, 27. Aufl. 2020, § 154 StPO Rn. 22; a. A. offenbar *Kapahnke*, Opportunität S. 127 ff.; ebenso a. A. wohl auch SK-StPO/*Weßlau/Deiters*, 5. Auflage 2016, § 154 StPO Rn. 3.

384 So aber wohl AK/*Schöch*, § 154 StPO Rn. 22, der dann hingegen in Rn. 23 im Rahmen der „Einwirkung auf den Täter" davon spricht, die wegfallenden Rechtsfolgen dürften die Wahrscheinlichkeit einer Resozialisierung „nicht wesentlich" erhöhen.

385 LR/*Mavany*, 27. Aufl. 2020, § 154 StPO Rn. 22.

stärken will. Insbesondere ist denkbar, dass die Einstellung bei einem Täter eine gewisse Effektivitätseinbuße bedeutet, hierdurch aber Verfahren gegen andere Täter erst zu einem zügigen Abschluss gelangen. Hier kann eine Einstellung im Ergebnis sinnvoll sein, obwohl bei dem durch die Einstellung begünstigten Täter ein gewisser Effektivitätsverlust eintritt. Damit die Staatsanwaltschaft auch in solchen Konstellationen zur Einstellung gelangen kann, dürfen die Rechtsfolgenzwecke des § 154 Abs. 1 Nr. 2 StPO daher nicht zu restriktiv verstanden werden.

aa) Zur Einwirkung auf den Täter ausreichend

Die Formulierung „Einwirkung auf den Täter" stammt aus den §§ 56 Abs. 1 und 47 StGB. Mit ihr ist unbestritten jedenfalls die positive Spezialprävention gemeint. Die Bezugssanktion muss ausreichen, um den Täter in die Lage zu versetzen, „künftig in sozialer Verantwortung ein Leben ohne Straftaten zu führen" (§ 2 Satz 1 StVollzG).[386] Teilweise wird hier auch die negative Spezialprävention als umfasst angesehen.[387] Die Bezugssanktion müsse ausreichen, um den Täter davon abzuhalten, weitere Straftaten zu begehen.[388] Ob die Spezialprävention insgesamt gemeint ist oder nur die positive Spezialprävention, scheint zwischen den Autoren nicht wirklich ein Streitpunkt zu sein. Klarstellend sei jedoch erwähnt, dass von der „Einwirkung auf den Täter" auch die negative Spezialprävention umfasst ist. Dies ergibt sich daraus, dass dies sowohl bei

---

386 HK-StPO/*Gercke*, § 154 StPO Rn. 7; SK-StPO/*Weßlau/Deiters*, 5. Auflage 2016, § 154 StPO Rn. 22, KMR/*Kulhanek*, § 154 StPO Rn. 12 (Lfg. 90 März/2019); *Kapahnke*, Opportunität S. 129; *Pott*, §§ 154, 154a StPO S. 60; dass damit die positive Spezialprävention gemeint sei KMR/*Kulhanek*, § 154 StPO Rn. 12 (Lfg. 90 März/2019).

387 LR/*Mavany*, 27. Aufl. 2020, § 154 StPO Rn. 31; so wohl auch MüKo-StPO/*Teßmer*, § 154 StPO Rn. 45; *Kapahnke*, Opportunität S. 129.

388 *Kapahnke*, Opportunität S. 129.

§ 47 Abs. 1 StGB[389] als auch bei § 56 Abs. 1 StGB[390] der Fall ist. Zudem ist kein Grund ersichtlich, weshalb dies bei § 154 Abs. 1 Nr. 2 StPO nicht gelten sollte. Der Begriff „Einwirkung auf den Täter" meint damit die Spezialprävention in umfassendem Sinne. Die Bezugssanktion muss ausreichend erscheinen, um den Täter zu resozialisieren, abzuschrecken und/oder die Gesellschaft vor ihm zu schützen. Entscheidend ist, dass sie ausreicht, um den Täter von weiteren Straftaten abzuhalten.

Ähnlich wie bei den §§ 47; 56 Abs. 1 StGB[391] ist hierzu eine Art Täterprognose[392] zum Zeitpunkt der Einstellungsentscheidung[393] anzustellen. Der Staatsanwalt muss bewerten, wie die Bezugssanktion auf den Beschuldigten wirken würde, wenn er sich als Täter herausstellte.[394] Entsprechend § 56 Abs. 1 Satz 2 StGB ist für die Prognose ein Blick auf diejenigen Umstände zu werfen, die schon in § 56 Abs. 1 Satz 2 StGB angelegt sind. Hiernach sind zu betrachten: die (vermutete) Persönlichkeit des Beschuldigten, sein Vorleben, die Umstände der (mutmaßlichen) Tat, sein Verhalten nach der Tat, seine Lebensverhältnisse und die Wirkungen des Verfolgungsverzichts

---

389 Vgl. Schönke/Schröder/*Kinzig*, § 47 StGB Rn. 11; siehe auch NK-StGB/*Streng*, § 47 StGB Rn. 4.

390 Vgl. Schönke/Schröder/*Kinzig*, § 56 StGB Rn. 15.

391 Zu § 47 StGB Schönke/Schröder/*Kinzig*, § 47 StGB Rn. 11; zu § 56 Abs. 1 StGB Schönke/Schröder/*Kinzig*, § 56 StGB Rn. 15.

392 So im Ergebnis auch *Henneberg*, BB 1979, 585, (590 f.); *Kapahnke*, Opportunität S. 130; *Pott*, §§ 154, 154a StPO S. 60 f.

393 Vgl. zu § 56 Abs. 1 StGB BGH NJW 2003, 2841.

394 Vgl. näher zu Prognoseentscheidungen im Rahmen des § 154 StPO Kapitel F., (beginnt bei S. 165).

und der Bezugssanktion.[395] Es ist letztlich eine umfassende Gesamtwürdigung anzustellen, die auch noch weitere Kriterien enthalten kann.[396]

Dabei müssen die zu erwartenden Straftaten nicht denen der einzustellenden oder der Bezugstat entsprechen.[397] Zudem reichen auch zu erwartende Bagatelldelikte aus. Hier weicht die Prognose nach § 154 StPO von der des § 56 StGB ab. Bei § 56 Abs. 1 StGB reicht die Erwartung von Bagatelldelikten nicht aus, um die Legalprognose zu verneinen.[398] Der Nichtaussetzung stünde der Verhältnismäßigkeitsgrundsatz entgegen, sofern nur Bagatelldelikte zu erwarten sind.[399] Dieses Argument kann im Falle des § 154 StPO nicht gelten. Die Frage der Verhältnismäßigkeit stellt sich im Zusammenhang damit, ob die wegfallenden Rechtsfolgen verhängt werden können. Sofern dies der Fall ist, kann der Verhältnismäßigkeitsgrundsatz als solcher auch der Verfolgung nicht entgegenstehen. Insbesondere im Rahmen des § 153 StPO kommt es im Übrigen ebenso zur Verfolgung von Bagatellen, sofern weitere solche Straftaten durch den Betroffenen zu erwarten sind.[400]

Unbeantwortet ist die Frage, welcher Wahrscheinlichkeitsmaßstab für die Prognose gilt, also bei welcher Wahrscheinlichkeit die Bezugssanktion zur Einwirkung auf den Täter „ausreichend erscheint". Teilweise wird ausgeführt, die wegfallenden Rechtsfolgen dürften die Wahrscheinlichkeit einer Resozialisierung nicht erhöhen.[401] Da

---

395 Vgl. näher zu den Kriterien im Rahmen des § 56 Abs. 1 StGB Schönke/Schröder/*Kinzig*, § 56 StGB Rn. 24. Auf manche dieser Kriterien wurde auch schon mit Bezug zu § 154 StPO hingewiesen, vgl. *Henneberg*, BB 1979, 585 (590); siehe auch *Kapahnke*, Opportunität S. 130.

396 Vgl. zu § 56 Abs. 1 StGB Schönke/Schröder/*Kinzig*, § 56 StGB Rn. 33.

397 Vgl. zu § 56 Abs. 1 StGB BGH NStZ-RR 2001, 15 (16); siehe auch Schönke/Schröder/*Kinzig*, § 56 StGB Rn. 16 m. w. N.

398 Schönke/Schröder/*Kinzig*, § 56 StGB Rn. 16.

399 Schönke/Schröder/*Kinzig*, § 56 StGB Rn. 16.

400 Vgl. LR/*Mavany*, 27. Aufl. 2020, § 153 StPO Rn. 32; KK/*Diemer*, § 153 StPO Rn. 14.

401 *Kapahnke*, Opportunität S. 129.

die Einwirkung auf den Täter die Spezialprävention im umfassenden Sinne meint und nicht nur die Resozialisierung des Täters (siehe oben), kann dieser Maßstab schon nicht gelten. Er ließe sich aber dahingehend übersetzen/verstehen, dass die wegfallenden Rechtsfolgen die Wahrscheinlichkeit nicht erhöhen dürfen, dass der Täter in Zukunft straffrei bleibt. Aber auch einem so verstandenen Maßstab kann im Ergebnis nicht zugestimmt werden. Er ist nur im Ansatz richtig. Selbstverständlich sind die wegfallenden Rechtsfolgen für die Spezialprävention nicht erforderlich, wenn sie hierzu keinen Beitrag leisten. Dies gilt in zwei Fällen: Erstens, wenn die Bezugssanktion sicher weitere Straftaten verhindert. Zweitens, wenn die wegfallenden Rechtsfolgen schlicht spezialpräventiv sinnlos sind. Ob aber darüberhinausgehend Einstellungen auch dann in Betracht kommen, wenn die wegfallenden Rechtsfolgen einen spezialpräventiven Beitrag leisten können, wäre erst zu klären. Die Bezugssanktion muss „ausreichend" erscheinen. Dass dies absolute Sicherheit meint, erscheint jedoch zweifelhaft.

Anhaltspunkte für einen hier geltenden Prognosemaßstab könnten die entsprechenden Maßstäbe der §§ 56 Abs. 1 und 47 StGB liefern. Nach § 56 Abs. 1 StGB genügt für die Aussetzung, wenn die Täterprognose ergibt, dass die Wahrscheinlichkeit künftig straffreien Verhaltens größer ist als diejenige neuer Straftaten („hinreichende Wahrscheinlichkeit"[402]).[403] Bloße Hoffnungen reichen nicht.[404] Erforderlich ist aber auch keine Gewissheit oder sichere Gewähr.[405] Derselbe Maßstab gilt für § 56 Abs. 2 StGB, wobei hier für die Aussetzung besondere Umstände hinzutreten müssen.[406] § 47 Abs. 1 StGB fordert durch die Formulierung „Unerlässlich" einen anderen

402 BGH NStZ 1988, 451.

403 Vgl. zu § 56 Abs. 1 StGB BGH, NStZ-RR 2005, 38; siehe auch Schönke/Schröder/*Kinzig*, § 56 StGB Rn. 17 m. w. N.

404 Vgl. zu § 56 Abs. 1 StGB BGH, Beschl. v. 29.09.2015 – 5 StR 394/15.

405 Vgl. zu § 56 Abs. 1 StGB BGH, NStZ-RR 2005, 38.

406 Schönke/Schröder/*Kinzig*, § 56 StGB Rn. 35 ff.

Maßstab. Gemeint ist Unverzichtbarkeit.[407] Die kurze Freiheitsstrafe darf nicht verhängt werden, wenn sie mit „vertretbarer Wahrscheinlichkeit" nicht erforderlich ist.[408] Die alternative Sanktion (in der Regel Geldstrafe[409]) muss also mit vertretbarer Wahrscheinlichkeit eine günstige Täterprognose ergeben.

§ 154 Abs. 1 Nr. 2 StPO stellt nicht auf die Unerlässlichkeit der wegfallenden Rechtsfolgen ab. Dort steht nicht, dass eingestellt werden kann, wenn es den wegfallenden Rechtsfolgen an Unerlässlichkeit mangelt, sie also mit vertretbarer Wahrscheinlichkeit entfallen können. Vielmehr muss die Bezugssanktion ausreichend erscheinen. Dies spricht dafür, den Maßstab des § 47 StGB in keiner Konstellation anzuwenden. Stellte man zudem auf die Unerlässlichkeit ab, würde es genügen, wenn eine vertretbare Wahrscheinlichkeit besteht, dass der Täter durch die Bezugssanktion keine weiteren Straftaten mehr begehen wird. Dies erscheint für die Spezialprävention als zu extensiv. Denn das Gesetz legt gerade einen Schwerpunkt auf die Spezialprävention,[410] nimmt dort also Effektivitätsverluste weniger hin als bei den anderen Strafzwecken. Die Formulierung „ausreichend erscheint" deutet eher in Richtung des Maßstabes nach § 56 StGB (hinreichende Wahrscheinlichkeit). Dieser Maßstab erscheint mit Blick auf den Sinn des § 154 StPO auch grundsätzlich geeignet, insbesondere weil es sich bei den Rechtsfolgenzwecken nach § 154 Abs. 1 Nr. 2 StPO um einen Mindeststandard handelt, und nicht um ein Optimum.

Abgesehen davon sind die wegfallenden Rechtsfolgen in jedem Fall zur Einwirkung auf den Täter erforderlich, wenn die einzustellende

---

407 BGH NStZ 1996, 429; LK/*Schneider*, § 47 StGB Rn. 18.
408 OLG Saarbrücken, NStZ 1994, 192; LK/*Schneider*, § 47 StGB Rn. 19.
409 Schönke/Schröder/*Kinzig*, § 47 StGB Rn. 11.
410 BGHSt 24, 40; siehe auch Kapitel C., III, (beginnt bei S. 46), vierter Absatz des Kapitels.

Tat nach (vollständiger) Vollstreckung der Bezugssanktion begangen wurde.[411] In diesem Fall kann die Bezugssanktion schon nicht mehr ausreichend erscheinen.

bb) Zur Verteidigung der Rechtsordnung ausreichend

Mit dem Begriff „Verteidigung der Rechtsordnung" stellt § 154 Abs. 1 Nr. 2 StPO auf die §§ 56 Abs. 3, 59 Abs. 1 Nr. 3 StGB sowie 47 StGB ab. Sowohl bei § 56 Abs. 3 (und § 59 Abs. 1 Nr. 3) als auch bei § 47 StGB ist davon zunächst die Abschreckung anderer, potenzieller Täter umfasst.[412] Die Aussetzung nach § 56 Abs. 1 StGB und die Alternativsanktion nach § 47 StGB können auch deshalb entfallen, weil eine (unbedingte) Freiheitsstrafe zur Abschreckung potenzieller Täter erforderlich ist. Dies ist hier zwar in der Regel nicht der Fall, weil bereits die bloße Verhängung der Alternativstrafe (bedingte Freiheitsstrafe, Geldstrafe, Fahrverbot) abschreckende Wirkung hat.[413] Der materiellrechtliche Begriff „Verteidigung der Rechtsordnung" umfasst aber dennoch auch die Abschreckung. Aus diesem Grund ist bei § 154 StPO die Abschreckung vom Begriff „Verteidigung der Rechtsordnung" ebenso umfasst und nicht von

---

411 *Kapahnke*, Opportunität S. 129.

412 Siehe BGHSt 24, 40, wonach auch die Vorbeugung von Straftaten künftiger, potenzieller Straftäter umfasst ist; vgl. speziell zu § 56 Abs. 3 StGB Schönke/Schröder/*Kinzig*, § 56 StGB Rn. 50; a. A. Schönke/Schröder/*Kinzig*, Vor. § 38 StGB Rn. 13 m. w. N., wobei er etwas widersprüchlich bei § 56 Abs. 3 StGB die Abschreckung als zu berücksichtigenden Aspekt nennt (siehe vorherigen Nachweis); ebenso a. A. wohl LK/*Schneider*, § 47 StGB Rn. 33 m. w. N., der meint, der Begriff „Verteidigung der Rechtsordnung" umfasse „im Wesentlichen" die positive Generalprävention. Hier bleibt indes offen, was noch umfasst sein soll.

413 Siehe für § 56 StGB BGHSt 24, 40; vgl. aber dazu, dass die Abschreckung auch hier im Einzelfall Bedeutung erlangen kann, Schönke/Schröder/*Kinzig*, § 56 StGB Rn. 50; siehe zur abschreckenden Wirkung der Geldstrafe *Streng*, Sanktionen Rn. 333 und 59; dazu, dass auch das Fahrverbot Generalprävention bezweckt HKV-Band 3/*Kinzig*, § 64 Rn. 155 m. w. N.

vornherein auszuklammern.[414] Darüber hinaus ist sie, anders als bei den §§ 56, 47 StGB, nicht per se unbedeutend. Die Bezugssanktion ist eine Reaktion auf die Bezugstat. Sie schreckt damit vor der Begehung weiterer, der Bezugstat artgleicher Taten ab, aber grundsätzlich nicht vor der Begehung von Taten wie der der einzustellenden Tat. Da die Wirksamkeit der Abschreckung durch eine Sanktion aber als eher gering einzustufen ist,[415] dürfte die Bezugssanktion dennoch in der Regel zur Abschreckung ausreichend erscheinen.

Ebenso vom materiellrechtlichen Begriff „Verteidigung der Rechtsordnung“ umfasst ist die positive Generalprävention,[416] was dementsprechend auch für § 154 StPO gilt.[417] Es geht hier darum, dass die Sanktion das geltende Recht bestätigen und dadurch die normtreuen Bürger zur weiteren Normtreue motivieren und ihr Vertrauen in die Normgeltung nicht enttäuschen soll.[418]

Aus der Dogmatik zu den §§ 56 Abs. 3 und 47 StGB lässt sich folgern, dass die Bezugssanktion nur ausnahmsweise zur Verteidigung der Rechtsordnung nicht ausreichend erscheint. Nach § 56 Abs. 3 StGB kommt eine Aussetzung der Freiheitsstrafe dann nicht mehr in Betracht, wenn sie wegen der schwerwiegenden Besonderheiten des Falles für das allgemeine Rechtsempfinden völlig unverständlich wäre und damit das Vertrauen der Bevölkerung in den Schutz der

---

414 So auch AK/*Schöch*, § 154 StPO Rn. 24; Generalprävention generell benennend, jedoch ohne explizit Abschreckung zu erwähnen LR/*Mavany*, 27. Aufl. 2020, § 154 StPO Rn. 31; MüKo-StPO/*Teßmer*, § 154 StPO Rn. 45; a. A. offenbar KMR/*Kulhanek*, § 154 StPO Rn. 12 (Lfg. 90 März/2019).

415 Vgl. LK/*Schneider*, § 46 StGB Rn. 32 m. w. N.

416 Vgl. Schönke/Schröder/*Kinzig*, Vor. § 38 Rn. 13 m. w. N.

417 KMR/*Kulhanek*, § 154 StPO Rn. 12 (Lfg. 90 März/2019); Generalprävention generell benennend LR/*Mavany*, 27. Aufl. 2020, § 154 StPO Rn. 31; MüKo-StPO/*Teßmer*, § 154 StPO Rn. 45.

418 LK/*Schneider*, § 47 StGB Rn. 33.

Rechtsordnung vor kriminellen Angriffen oder ihre Rechtstreue erschüttern würde.[419] Für § 47 StGB gelten grundsätzlich dieselben Kriterien,[420] bloß dass der Beurteilungsmaßstab etwas strenger ist.[421] Diese Maßstäbe haben demnach Ausnahmecharakter. Hieraus lässt sich der Schluss ziehen, dass die Einschränkung durch das Erfordernis der „Verteidigung der Rechtsordnung" nach § 154 StPO ebenso Ausnahmecharakter haben soll.[422] Die Formulierung „ausreichend erscheint" ist hier daher so zu verstehen, dass zumindest konkrete Anhaltspunkte für eine Beeinträchtigung vorliegen müssen. Hierin unterscheidet sich die Verteidigung der Rechtsordnung von der Einwirkung auf den Täter, wo mittels Prognose positiv festzustellen ist, dass die Bezugssanktion ausreichend erscheint. Dies deckt sich mit der Annahme, dass das Strafrechtsregime insgesamt bei anderen Strafzwecken als der Spezialprävention eher einen Effektivitätsverlust hinnimmt. Außerdem wird so der Forderung zusätzlich Rechnung getragen, dass nicht jeder Effektivitätsverlust mit Blick auf die präventiven Strafzwecke die Einstellung verhindern kann.

Die Bezugssanktion reicht z. B. dann nicht zur Verteidigung der Rechtsordnung aus, wenn konkrete Anhaltspunkte dafür vorliegen, dass durch die Einstellung der Eindruck entsteht, man brauche seine Tat nur geschickt genug anzulegen, um der Verfolgung zu entgehen,

---

419 BGH NJW 2015, 967 Rn. 26 m. w. N.; vgl. für den Begriff der Verteidigung der Rechtsordnung generell Schönke/Schröder/*Kinzig*, Vor. § 38 StGB Rn. 13; für § 154 StPO HK-StPO/*Gercke*, § 154 StPO Rn. 7; MüKo-StPO/*Teßmer*, § 154 StPO Rn. 45; SK-StPO/*Weßlau/Deiters*, 5. Auflage 2016, § 154 StPO Rn. 22; KMR/*Kulhanek*, § 154 StPO Rn. 12 (Lfg. 90 März/2019).

420 Vgl. MüKo-StGB/*Maier*, § 47 StGB Rn. 39; siehe auch Schönke/Schröder/*Kinzig*, Vor. § 38 StGB Rn. 14; sowie LK/*Schneider*, § 47 StGB Rn. 33.

421 OLG Dresden StV 2015, 699 Rn. 37; OLG Schleswig, Beschl. v. 09.08.2000 – 1 Ss 199/00 m. w. N.; MüKo-StGB/*Maier*, § 47 StGB Rn. 30.

422 Im Ergebnis ebenso AK/*Schöch*, § 154 StPO Rn. 25.

oder nach einer bestimmten Anzahl an Straftaten könne man ungestraft weiter rechtsbrüchig werden.[423] Auch eine zu verzeichnende Zunahme von Straftaten wie die der einzustellenden Tat kann eine ausreichende Beeinträchtigung der Verteidigung der Rechtsordnung begründen.[424] Entscheidend sind hier stets die Besonderheiten des Einzelfalles. Hierbei ist aber zu beachten, dass die Bezugssanktion unter Umständen die Rechtsordnung auch mit Blick auf die einzustellende Tat verteidigen kann. Dies gilt insbesondere dann, wenn einzustellende und Bezugstat artgleich sind. Die Bezugssanktion sanktioniert hier dasselbe Delikt und ist damit zur Abschreckung geeignet. Zugleich demonstriert sie die diesbezügliche Geltung des Rechts.

Im Zusammenhang mit der Verteidigung der Rechtsordnung behauptet *Ranft*, diese könne durch die Bezugstat hinsichtlich der eingestellten Tat nie erreicht werden.[425] „Verteidigung der Rechtsordnung" umfasse auch die Wiederherstellung des Rechtsfriedens, was durch die Bezugstat nicht erreicht werden könne.[426] Außerdem könne die Rechtsordnung bezüglich einer Straftat nur mittels *Urteils wegen dieser Tat* verteidigt werden, weil nicht der Täter als Person, sondern die Tat des Täters gegen das Recht verstößt (Tatstrafrecht).[427] In Wahrheit handele es sich bei der Einstellung also stets um einen Verzicht auf die Verteidigung der Rechtsordnung.[428] Diese Argumentation ist insoweit richtig, als die konkrete einzustellende Tat nach einer Einstellung nicht mehr sanktioniert werden und damit insoweit ein Rechtsfrieden bezüglich dieser konkreten Tat nicht ein-

---

423 LR/*Mavany*, 27. Aufl. 2020, § 154 StPO Rn. 32; *Kapahnke*, Opportunität S. 132.
424 Zu § 56 StGB Schönke/Schröder/*Kinzig*, § 56 StGB Rn. 50.
425 *Ranft*, StPO Rn. 1183.
426 *Ranft*, StPO Rn. 1183.
427 *Ranft*, StPO Rn. 1183.
428 *Ranft*, StPO Rn. 1184.

treten kann. Diese und auch andere Formen des Effektivitätsverlustes nimmt § 154 StPO hin. Ganz so gravierend ist es aber nicht. Zum einen ist die Bezugssanktion im Einzelfall durchaus geeignet, die grundsätzliche Geltung des Rechts auch bezüglich der einzustellenden Tat zu demonstrieren. Zum anderen kann gerade die Einstellung *im Ergebnis* zu einer Steigerung des Rechtsfriedens beitragen, insbesondere weil dadurch die Aufklärung der Bezugstat beschleunigt werden kann.[429] Dies lässt sich ganz praktisch belegen. Ein Motiv des Gesetzgebers zur Erweiterung des § 154 StPO war die öffentliche Debatte über den Missstand bezüglich langwieriger Terroristenprozesse.[430] Hieran zeigte sich gerade das Bedürfnis der Allgemeinheit nach zügiger Verfahrenserledigung, welches sich bei Nichtbeachtung auch negativ auf die positive Generalprävention auswirken kann.[431] Ein sehr spätes Urteil könnte ähnlich ineffektiv empfunden werden wie gar kein Urteil. Insofern ist es denkbar, dass ein Rechtsfrieden bezüglich der einzustellenden Tat zwar nicht eintritt, aber dennoch im Ergebnis die Rechtsordnung besser verteidigt wurde als ohne Einstellung.

Die Schwere der Schuld spielt nach dem klaren Wortlaut keine eigenständige Rolle, ist aber indirekt über die Verteidigung der Rechtsordnung zu beachten.[432] Die herrschende Gegenauffassung

---

429 So auch *Kapahnke*, Opportunität S. 133.

430 Siehe dazu Kapitel B., V., (beginnt bei S. 25).

431 Siehe auch *Kulhanek*, NStZ 2020, 65 (66), der darauf hinweist, dass es im Sinne der positiven Generalprävention ist, wenn ein Verfahren zügig durchgeführt wird.

432 So zutreffend SK-StPO/*Weßlau/Deiters*, 5. Auflage 2016, § 154 StPO Rn. 22; in der Tendenz ebenso Radtke/Hohmann/*Radtke*, § 154 StPO Rn. 27.

will die Schuld zwar als eigenständiges Kriterium berücksichtigen,[433] meint aber im Ergebnis nichts anderes.[434] Es wird angeführt, § 154 Abs. 1 Nr. 2 StPO enthalte eine unvollständige Verweisung auf alle materiellen Strafzwecke, also auch den gerechten Schuldausgleich.[435] Dies gehe aus den Überlegungen *Grauhans*[436] hervor, welche Grundlage für den Regierungsentwurf waren, zudem aus einem Debattenbericht des Rechtsausschusses, wonach die dortige Mehrheit in § 154 Abs. 1 Nr. 2 StPO keinen Widerspruch zur materiellen Gerechtigkeit sah.[437] Allerdings sprechen die Überlegungen *Grauhans* und auch die Debatte im Rechtsausschuss eher gegen eine *eigenständige* Beachtung der Schuldschwere. *Grauhan* hielt im Falle des § 154 Abs. 1 Nr. 2 StPO auch einen umfangreichen Verzicht auf den Schuldausgleich für prinzipiell möglich,[438] ging jedoch gleichzeitig davon aus, dass der Schuldausgleich indirekt über die präventiven Zwecke zu beachten sei.[439] Diese Umstände sprechen dafür, dass er dem Schuldausgleich keine über die präventiven Strafzwecke hinausgehende Bedeutung beigemessen hat. Denn erstens spricht schon der Umstand, einen hohen Verzicht auf den Schuldausgleich für möglich zu halten, dafür. Und zweitens hätte es nahegelegen, den Schuldausgleich als selbstständige Begrenzung in den Tatbestand aufzunehmen, wenn man ihm eigenständige Bedeutung zugemessen hätte. *Grauhan* ging folglich davon aus, dass die

---

433 KK-StPO/*Diemer*, § 154 StPO Rn. 12; KMR/*Kulhanek*, § 154 StPO Rn. 12 (Lfg. 90 März/2019); HK-StPO/*Gercke*, § 154 StPO Rn. 7; SSW-StPO/*Schnabl*, § 154 StPO Rn. 6; LR/*Mavany*, 27. Aufl. 2020, § 154 StPO Rn. 31; MüKo-StPO/*Teßmer*, § 154 StPO Rn. 46; *Kapahnke*, Opportunität S. 134 f.

434 So auch *Pott*, §§ 154, 154a StPO S. 75.

435 LR/*Mavany*, 27. Aufl. 2020, § 154 StPO Rn. 31; *Kapahnke*, Opportunität S. 134 f.

436 *Grauhan*, GA 1976, 225.

437 *Kapahnke*, Opportunität S. 134 f.; Siehe zu dieser Debatte auch Kapitel B., V., (beginnt bei S. 25), 21. Absatz des Kapitels (der 21. Absatz beginnt auf S. 31).

438 *Grauhan*, GA 1976, 225 (236).

439 Vgl. *Grauhan*, GA 1976, 225 (236 ff.).

Schuldschwere über die Generalprävention zu berücksichtigen ist. Die Aussage im Rechtsausschuss, § 154 Abs. 1 Nr. 2 StPO stehe nicht im Widerspruch zur materiellen Gerechtigkeit, ist daher entsprechend zu interpretieren. Sie ist also nicht dahingehend zu verstehen, der Schuldausgleich spiele eine eigenständige Rolle. Vielmehr bedeutet sie, dass der Rechtsausschuss meinte, der Schuldausgleich könne über die Generalprävention ausreichend Beachtung finden. Im Übrigen dürfte auch die Gegenansicht, die die Schuld eigenständig berücksichtigen will, im Einzelfall einen hohen Verzicht auf die materielle Gerechtigkeit für möglich halten. Denn es ist unbestritten, dass gem. § 154 StPO auch quantitativ hohe Rechtsfolgen entfallen können. Meint man sodann eine Einstellung sei bloß im Einzelfall nicht möglich, weil man dies mit Blick auf die Schuld für unerträglich hält, ist dies nichts anderes als ein Ausdruck positiver Generalprävention.[440]

b) Zwischenergebnis

Die Rechtsfolgenzwecke des § 154 Abs. 1 Nr. 2 StPO gelten als Einschränkung auch für § 154 Abs. 1 Nr. 1 StPO, sofern es um Strafen geht. „Einwirkung auf den Täter“ meint dabei die Spezialprävention im umfassenden Sinne. Die Bezugssanktion muss ausreichend erscheinen, um den Täter davon abzuhalten, weitere Straftaten zu begehen, was mittels Täterprognose positiv zu ermitteln ist. Dabei sind die Kriterien des § 56 Abs. 1 StGB entsprechend zu berücksichtigen. Auch der Prognosemaßstab des § 154 StPO orientiert sich an dem des § 56 Abs. 1 StGB. Es muss also zum Einstellungszeitpunkt eine hinreichende Wahrscheinlichkeit bestehen, dass der Verdächtige in Zukunft straffrei bleibt. „Verteidigung der Rechtsordnung“ meint die Generalprävention im umfassenden Sinne. Die Bezugssanktion muss ausreichend erscheinen, um andere potenzielle Täter abzuschrecken und gegenüber der Bevölkerung die Geltung des Rechts zu demonstrieren. Entsprechend der §§ 47, 56 Abs. 3 StGB ist eine

[440] Im Ergebnis ähnlich *Pott*, §§ 154, 154a StPO S. 74 ff.

Beeinträchtigung als Ausnahme zu betrachten, sodass zumindest konkrete Anhaltspunkte für eine solche vorliegen müssen.

III. Die qualitative Beträchtlichkeit bei der Einstellung von Maßregeln

Wie bereits dargelegt, erfolgt die Bewertung, ob Maßregeln beträchtlich ins Gewicht fallen, rein qualitativ. Hier will die h. M. ebenso den Maßstab des § 154 Abs. 1 Nr. 2 StPO anwenden.[441] Da Maßregeln ausschließlich die Spezialprävention bezwecken, müsste demnach die Bezugssanktion zur „Einwirkung auf den Täter ausreichend erscheinen". Richtig daran ist, dass es auch beim Entfall von Maßregeln darauf ankommen muss, ob die Bezugssanktion einen solchen rechtfertigt. Allerdings muss der Maßstab für Maßregeln strenger sein als derjenige des § 154 Abs. 1 Nr. 2 StPO. Dies folgt zunächst daraus, dass hier – anders als bei Strafen – keine Einschränkung über die Quantität existiert. Der Sinn der Tatbestandsbegrenzung[442] und auch die für Strafen bereits angeführten verfassungsrechtlichen Argumente[443] sprechen daher für einen den Strafen gegenüber restriktiveren Maßstab. Hinzu kommt, dass andernfalls die Erwähnung der Maßregeln in Ziffer 2 überflüssig wäre. Ziffer 1 enthält für Maßregeln einen ausschließlich qualitativen Maßstab. Wendete man hier denselben oder einen weniger strengen als denjenigen der Ziffer 2 an, wären sämtliche Maßregeln bereits nach Ziffer 1 einstellbar. Daher müssen hier strengere Anforderungen gelten. Bei Maßregeln ist zudem eine gegenüber Strafen strengere Handhabe gerechtfertigt, weil jede Maßregel bereits die Gefährlichkeit des Täters voraussetzt. Hier besteht also ein besonderes Bedürfnis nach Vorsicht. Während demnach die Rechtsfolgenzwecke nach § 154 Abs. 1

---

441 Siehe Kapitel D., (beginnt bei S. 59), zweiter Absatz des Kapitels; siehe auch Fn. 311.

442 Siehe Kapitel D., I., 3., (beginnt bei S. 65), siebter Absatz des Kapitels.

443 Siehe Kapitel D., I., 3., (beginnt bei S. 65), achter Absatz des Kapitels am Ende.

Nr. 2 StPO für Strafen herangezogen werden können, ist für Maßregeln ein eigener, strengerer qualitativer Maßstab zu entwickeln. Eine hinreichende Wahrscheinlichkeit, dass der Täter mit Blick auf die Bezugssanktion keine Straftaten mehr begehen wird, genügt folglich nicht.

Häufig liest man die Aussage, dass eine erforderliche oder notwendige Maßregel nicht entfallen dürfe.[444] Daran ist richtig, dass jedenfalls eine nicht erforderliche Maßregel entfallen kann. Einen gewissen, wenngleich geringen Effektivitätsverlust nimmt § 154 Abs. 1 Nr. 1 StPO aber auch hin, wenn es um den Entfall von Maßregeln geht. Die Bezugssanktion muss den spezialpräventiven Zweck der wegfallenden Maßregel nicht vollständig erfüllen. Hierauf deuten Wortlaut (nicht „beträchtlich" ins Gewicht fallen) und Zweck des § 154 Abs. 1 Nr. 1 StPO hin. Allerdings sind hier nur geringe Effektivitätsminderungen akzeptabel, weil der Maßstab entsprechend strenger sein muss als derjenige für Strafen. Wann nun konkret Maßregeln nicht beträchtlich ins Gewicht fallen, betrifft den Vergleich der Sanktionsarten zueinander und ist Gegenstand des nächsten Kapitels.

IV. Der Vergleich unterschiedlicher Sanktionsarten

§ 154 StPO spricht von „Strafe oder Maßregel der Besserung und Sicherung". Mit § 154 StPO können also unterschiedliche Sanktionen einander gegenüberstehen.

444 Vgl. LR/*Mavany*, 27. Aufl. 2020, § 154 StPO Rn. 32; MüKo-StPO/*Teßmer*, § 154 StPO Rn. 46; Meyer-Goßner/Schmitt/*Schmitt*, § 154 StPO Rn. 7, 13; HK-GS/*Pfordte*, § 154 StPO Rn. 6; *Kapahnke*, Opportunität S. 129.

1. Umfasste Sanktionsarten

Von § 154 StPO umfasst sind jedenfalls sämtliche Strafen, unabhängig davon, ob ihnen Verbrechen oder Vergehen zugrunde liegen,[445] d. h. Geld- und Freiheitsstrafe. Diese können jeweils auch mit einer Nebenstrafe verbunden sein,[446] also mit einem Fahrverbot nach § 44 StGB. Auch die Verwarnung mit Strafvorbehalt (§ 59 StGB)[447] und die Freiheitsstrafe auf Bewährung[448] sind als eigenständige Strafarten umfasst. Erstere ist zwar keine Geldstrafe; sie ist schon keine Strafe – diese bleibt vielmehr vorbehalten.[449] Und auch die Bewährungsstrafe ist rechtlich nicht als eigene Sanktionsart ausgestaltet, sondern eine Freiheitsstrafe, deren Vollstreckung ausgesetzt wird.[450] Im Rahmen des § 154 StPO geht es jedoch um einen kriminalpolitisch vertretbaren Sanktionsverzicht zwecks Verfahrensverkürzung und kriminalpolitisch macht es einen wichtigen Unterschied, ob man auf eine Bewährungsstrafe oder eine Verwarnung mit Strafvorbehalt verzichtet, oder auf eine Freiheits- oder Geldstrafe. Die Bewährungsstrafe unterscheidet sich von der unbedingten Freiheitsstrafe grundlegend.[451] In rein tatsächlicher Hinsicht lässt sie sich als eigene Sanktionsart auffassen.[452] Gerade die spezialpräventive Einwirkung

---

445 Siehe Nachweis in Fn. 3.

446 Radtke/Hohmann/*Radtke*, § 154 StPO Rn. 15.

447 LG Berlin, NStZ 1994, 450; LR/*Mavany*, 27. Aufl. 2020, § 154 StPO Rn. 20; Heghmanns/Scheffler/*Heghmanns*, Kapitel V Rn. 95.

448 KK-StPO/*Diemer*, § 154 StPO Rn. 6.

449 BOK-StGB/*von Heintschel-Heinegg*, § 59 StGB Rn. 4.

450 Dies entspricht dem Verständnis der h. M.; vgl. zur Frage, ob die Bewährungsstrafe eine eigene Sanktionsart ist, oder normale Freiheitsstrafe, deren Vollstreckung modifiziert ist, Schönke/Schröder/*Kinzig*, § 56 StGB Rn. 4.

451 Ähnlich bereits BGHSt 24, 40.

452 Vgl. näher LK/*Hubrach*, § 56 StGB Rn. 1; siehe auch HKV-Band 3/*Kinzig*, § 64 Rn. 46 m. w. N.

ist vollkommen unterschiedlich, weil durch den Verzicht auf die mitunter schädliche Vollstreckung[453], bei gleichzeitiger Einwirkungsmöglichkeit durch Auflagen und Weisungen (§§ 56b, 56c StGB), die Resozialisierung des Täters in Freiheit gefördert werden soll.[454] Auch hinsichtlich des Vergeltungszwecks der Strafe hat sie eine andere Wirkung als die unbedingte Freiheitsstrafe. Die Freiheitsstrafe wird ausgesetzt, gleichzeitig bieten aber (auch) Auflagen (§ 56b StGB) die Möglichkeit, einen gerechten Schuldausgleich zu erreichen.[455] Bei der Verwarnung mit Strafvorbehalt handelt es sich in ihrer Wirkung faktisch um eine Geldstrafe auf Bewährung,[456] weswegen sich die Ausführungen zur Bewährungsstrafe auf sie übertragen lassen. Dass Bewährungsstrafe und Verwarnung mit Strafvorbehalt als eigenständige „Strafen" anzusehen sind, wird im Übrigen auch an den Formulierungen „verhängt worden" jeweils in § 154 Abs. 1 Nr. 1 und auch in Nr. 2 StPO sowie „Urteil wegen dieser Tat" in § 154 Abs. 1 Nr. 2 StPO deutlich. Sowohl die Aussetzung der Freiheitsstrafe zur Bewährung[457] als auch die Verwarnung mit Strafvorbehalt[458] sind bereits im Urteil auszusprechen (§ 260 Abs. 4 Satz 4 StPO), mithin eigene Rechtsfolgen des Strafausspruchs.[459]

Unter die Maßregeln der Besserung und Sicherung fallen sämtliche unter § 61 StGB genannten.[460] Im Einzelfall können sich Maßregeln auch aus etwaigen Sondergesetzen ergeben, wie z. B § 41 BJagdG.[461]

---

453 Siehe näher zu den Nachteilen der unbedingten Freiheitsstrafe Kapitel D., IV., 2., a), bb), (2), (beginnt bei S. 117), zweiter Absatz des Kapitels.

454 HKV-Band 3/*Kinzig*, § 64 Rn. 43 und 45.

455 HKV-Band 3/*Kinzig*, § 64 Rn. 45.

456 Heghmanns/Scheffler/*Heghmanns*, Kapitel V Rn. 95; *Kett-Staub/Kudlich*, Sanktionenrecht § 8 Rn. 62.

457 BGH NJW 1954, 39.

458 BOK-StGB/*von Heintschel-Heinegg*, § 59 StGB Rn. 28.

459 Vgl. MüKo-StPO/*Maier*, § 260 StPO Rn. 298 ff.

460 BOK-StGB/*Ziegler*, § 61 StGB Rn. 2.

461 HKV-Band 3/*Kinzig*, § 65 Rn. 3.

Andere mögliche Folgen einer Straftat sind nicht umfasst. Insbesondere keine Auflagen nach § 153a StPO.[462] Sie sind keine „Strafen" und auch nicht strafähnlich, weswegen eine Berücksichtigung die Wortlautgrenze überschreiten würde.[463] Auch der bloße Schuldspruch ohne Strafe (z.B. nach § 46a StGB) ist nicht umfasst.[464] Ebenso nicht umfasst sind die Einziehung und die Unbrauchbarmachung (§ 11 Abs. 1 Nr. 8 StGB).[465] Dies wird zwar größtenteils bestritten,[466] jedoch ist der Wortlaut des § 154 StPO insoweit eindeutig („Maßregel der Besserung und Sicherung", vgl. auch § 11 Ab. 1 Nr. 8 StGB),[467] und es ist auch nicht anzunehmen, dass es sich hierbei um ein Redaktionsversehen handelt.[468] Dafür spricht auch, dass für die Anwendung des § 154 StPO auf die übrigen Maßnahmen kaum ein praktischer Nutzen besteht[469] und die Vorschrift vor allem für praktische Bedürfnisse konzipiert ist. Da § 154 StPO andere Maßnahmen insofern als nicht umfasst ansieht, ist mangels planwidriger Regelungslücke auch eine analoge Anwendung der Vorschrift abzulehnen.

---

462 LR/*Mavany*, 27. Aufl. 2020, § 154 StPO Rn. 20 m. w. N.; MüKo-StPO/*Teßmer*, § 154 StPO Rn. 38; a. A. *Bandemer*, NStZ 1988, 297.

463 So auch LR/*Mavany*, 27. Aufl., § 154 StPO Rn. 20.

464 Heghmanns/Scheffler/*Heghmanns*, Kapitel V Rn. 95.

465 So auch KK-StPO/*Diemer*, § 154 StPO Rn. 6; in diese Richtung auch Radtke/Hohmann/*Radtke*, § 154 StPO Rn. 15.

466 LR/*Mavany*, 27. Aufl. 2020, § 154 StPO Rn. 20; KMR/*Kulhanek*, § 154 StPO Rn. 6a (Lfg. 90 März/2019); Meyer-Goßner/Schmitt/*Schmitt*, § 154 StPO Rn. 7; SSW-StPO/*Schnabl*, § 154 StPO Rn. 2.

467 Radtke/Hohmann/*Radtke*, § 154 StPO Rn. 15.

468 So auch KK-StPO/*Diemer*, § 154 StPO Rn. 6.

469 Radtke/Hohmann/*Radtke*, § 154 StPO Rn. 15.

Als Sanktionen sind demnach umfasst:

- Geldstrafe
- Verwarnung mit Strafvorbehalt (§ 59 StGB)
- Freiheitsstrafe
- Freiheitsstrafe auf Bewährung
- Ggf. Fahrverbot nach § 44 StGB (i. V. m. einer Hauptstrafe)
- Maßregeln i. S. d. § 61 StGB, sowie ggf. Maßregeln aus Sondergesetzen

2. Leitlinien für sich gegenüberstehende artverschiedene Sanktionen

Der folgende Vergleich sich gegenüberstehender artverschiedener Sanktionen betrifft die eingangs erwähnten sog. allgemeinen Leitlinien.[470] Hierbei hilft es aus Gründen der Übersichtlichkeit zwischen drei verschiedenen Konstellationen zu unterscheiden:

1. Strafen gegenüber Strafen
2. Maßregeln gegenüber Maßregeln
3. Strafen gegenüber Maßregeln und umgekehrt

a) Strafen gegenüber Strafen

„Strafe" i. S. d. § 154 Abs. 1 Nr. 1 StPO sind die Freiheitsstrafe, Bewährungsstrafe, Geldstrafe und Verwarnung mit Strafvorbehalt. Die ersten drei können als Hauptstrafen auch mit einem Fahrverbot kombiniert sein.

---

[470] Vgl. Kapitel D., (beginnt bei S. 59), zweiter Absatz des Kapitels.

aa) Aktueller Diskurs

Häufig wird vertreten, dass eine Freiheitsstrafe (auch auf Bewährung) gegenüber einer Geldstrafe fast immer beträchtlich ins Gewicht falle.[471] Daneben wird zum Teil vertreten, dass (auch die bedingte) Freiheitsstrafe gegenüber Geldstrafe stets beträchtlich ins Gewicht falle.[472]

Weiter soll eine unbedingte Freiheitsstrafe grundsätzlich gegenüber einer Freiheitsstrafe auf Bewährung beträchtlich ins Gewicht fallen.[473] Auch hier wird vertreten, dass dies stets der Fall sei.[474]

Geldstrafe soll gegenüber Freiheitsstrafe grundsätzlich nicht beträchtlich ins Gewicht fallen.[475] Dies könne aber nach den konkreten Umständen auch anders sein, etwa wenn die Geldstrafe nach den Tagessätzen (deutlich) höher ist als die Freiheitsstrafe, oder in den Fällen des § 41 StGB.[476] Auch könne die Geldstrafe bei Uneinbringlichkeit wegen § 43 StGB ein höheres Gewicht aufweisen. Sie habe in diesem Fall das Gewicht einer unbedingten Freiheitsstrafe.[477] Aus

---

471 LR/*Mavany*, 27. Aufl. 2020, § 154 StPO Rn. 23; HK-StPO/*Gercke*, § 154 StPO Rn. 4; HK-GS/*Pfordte*, § 154 StPO Rn. 6; SK-StPO/*Weßlau/Deiters*, 5. Auflage 2016, § 154 StPO Rn. 17; jedenfalls für die unbedingte Freiheitsstrafe SSW-StPO/*Schnabl*, § 154 StPO Rn. 4.

472 Radtke/Hohmann/*Radtke*, § 154 StPO Rn. 20; Heghmanns/Scheffler/*Heghmanns*, Kapitel V Rn. 98 f.; *Henneberg*, BB 1979, 585 (591).

473 LR/*Mavany*, 27. Aufl. 2020, § 154 StPO Rn. 23; HK-StPO/*Gercke*, § 154 StPO Rn. 4; HK-GS/*Pfordte*, § 154 StPO Rn. 6; SSW-StPO/*Schnabl*, § 154 StPO Rn. 4; SK-StPO/*Weßlau/Deiters*, 5. Auflage 2016, § 154 StPO Rn. 17.

474 Radtke/Hohmann/*Radtke*, § 154 StPO Rn. 20; Heghmanns/Scheffler/*Heghmanns*, Kapitel V Rn. 98 f.

475 LR/*Mavany*, 27. Aufl. 2020, § 154 StPO Rn. 23; HK-StPO/*Gercke*, § 154 StPO Rn. 4; Radtke/Hohmann/*Radtke*, § 154 StPO Rn. 20.

476 LR/*Mavany*, 27. Aufl. 2020, § 154 StPO Rn. 23; KK-StPO/*Diemer*, § 154 StPO Rn. 7; HK-StPO/*Gercke*, § 154 StPO Rn. 4; ähnlich Radtke/Hohmann/*Radtke*, § 154 StPO Rn. 20; im Ergebnis ebenso SK-StPO/*Weßlau/Deiters*, 5. Auflage 2016, § 154 StPO Rn. 17.

477 In diesem Sinne KK-StPO/*Diemer*, § 154 StPO Rn. 7.

diesen Gründen wird das Regel-Ausnahme-Verhältnis zwischen Geld- und Freiheitsstrafe mitunter bestritten.[478]

Gegenüber einer lebenslangen Freiheitsstrafe soll zu berücksichtigen sein, ob sich die einzustellende Tat wesentlich auf den Entlassungszeitpunkt gem. § 57a StGB auswirken würde.[479] Sofern eine lebenslange Freiheitsstrafe auf eine weitere lebenslange Freiheitsstrafe trifft, sei dies wegen § 57a Abs. 1 Nr. 2 StGB regelmäßig der Fall.[480] Manche Autoren wollen hingegen die lebenslange Freiheitsstrafe wegen § 57a Abs. 1 Nr. 2 auch stets beträchtlich ins Gewicht fallen lassen.[481] Zum Teil wird diese Argumentation auch dem Grunde nach abgelehnt und im Falle einer mehrfachen lebenslangen Freiheitsstrafe die prinzipielle Einstellungsfähigkeit bejaht.[482]

Ungeachtet der obigen Ausführungen soll die Strafe jedenfalls dann beträchtlich ins Gewicht fallen, wenn durch die Einstellung eine ansonsten verhängte Freiheitsstrafe entfallen würde.[483]

bb) Das Verhältnis artverschiedener Strafen zueinander

Um das Verhältnis der verschiedenen Strafarten zueinander zu bestimmen, hilft es, sich zunächst die möglichen Konstellationen vor

---

478 KK-StPO/*Diemer*, § 154 StPO Rn. 7.

479 LR/*Mavany*, 27. Aufl. 2020, § 154 StPO Rn. 23; HK-StPO/*Gercke*, § 154 StPO Rn. 4; SK-StPO/*Weßlau/Deiters*, 5. Auflage 2016, § 154 StPO Rn. 17; HK-GS/*Pfordte*, § 154 StPO Rn. 6; ähnlich KMR/*Kulhanek*, § 154 StPO Rn. 6b (Lfg. 90 März/2019).

480 HK-StPO/*Gercke*, § 154 StPO Rn. 4; LR/*Mavany*, 27. Aufl. 2020, § 154 StPO Rn. 23; ähnlich KK-StPO/*Diemer*, § 154 StPO Rn. 8.

481 SK-StPO/*Weßlau/Deiters*, § 154 StPO Rn. 17; im Ergebnis ebenso Radtke/Hohmann/*Radtke*, § 154 StPO Rn. 20.

482 Heghmanns/Scheffler/*Heghmanns*, Kapitel V Rn. 104; in diesem Sinne wohl auch MüKo-StPO/*Teßmer*, § 154 StPO Rn. 41.

483 Meyer-Goßner/Schmitt/*Schmitt*, § 154 StPO Rn. 7; SSW-StPO/*Schnabl*, § 154 StPO Rn. 4; KK-StPO/*Diemer*, § 154 StPO Rn. 9; ähnlich *Henneberg*, BB 1979, 585 (591); explizit auf eine unbedingte Freiheitsstrafe abstellend KMR/*Kulhanek*, § 154 StPO Rn. 7 (Lfg. 90 März/2019).

Augen zu führen. Jenes Verhältnis kann in verschiedenen Situationen Bedeutung erlangen. Der einfachste Fall ist der, dass bei einem Beschuldigten zwei Strafen unterschiedlicher Art zu betrachten sind. Gemeint ist der Fall, dass eine Strafe entfallen soll, während eine nicht gesamtstrafenfähige Strafe anderer Art bestehen bleibt. Denkbar ist auch, dass eine Gesamtstrafe zwei verschiedene Strafarten umfasst und eine dieser Strafen durch Einstellung entfallen soll.

Die Situation, dass Strafen unterschiedlicher Art aufeinandertreffen, tritt aber auch in Konstellationen auf, in denen mehr als zwei Strafen mit einzubeziehen sind. In diesem Fall gibt es mehrere wegfallende Strafen und/oder mehrere Bezugsstrafen. Zu einer solchen Konstellation kann es z. B. kommen, wenn gegen einen Verdächtigen bereits zwei artverschiedene Strafen verhängt worden sind (z. B. Geldstrafe i. V. m. Fahrverbot) und nunmehr in einem neuen Verfahren eine dritte, abermals artverschiedene Strafe zu erwarten ist (z. B. Bewährungsstrafe). Ebenso kann dies innerhalb eines Verfahrens vorkommen. Dies gilt vor allem für die Fälle des § 41 StGB oder die des § 44 StGB. Hier kann beispielsweise die Situation auftreten, dass als Gesamtstrafe eine Bewährungsstrafe in Verbindung mit einer Geldstrafe (§ 41 StGB) und einem Fahrverbot (§ 44 StGB) zu erwarten ist. Hier könnten durch Einstellung ein Teil der Bewährungsstrafe und die Geldstrafe entfallen. In dem Fall stünden sich Bewährungsstrafe und Geldstrafe als wegfallende Rechtsfolgen einerseits sowie Bewährungsstrafe und Fahrverbot als Bezugssanktion(en) andererseits gegenüber. Diesen Umstand müssen taugliche „Regel-Ausnahme-Verhältnisse" berücksichtigen. Wenn also etwa vom Verhältnis zwischen „Freiheitsstrafe und Geldstrafe" gesprochen wird, muss sich dies auch auf jene Konstellationen beziehen, in denen mehr als zwei verschiedene Strafarten involviert sind. Wenig sinnvoll wäre es, lediglich zu untersuchen, ob etwa *eine* Freiheitsstrafe gegenüber *einer* Geldstrafe „grundsätzlich" beträchtlich ins Gewicht fällt. Vielmehr muss untersucht werden, in welchem quantitativen und qualitativen Verhältnis die Freiheitsstrafe gegenüber der Geldstrafe steht. Ist dieses Verhältnis bekannt, kann der Staatsanwalt das Gewicht der

Freiheitsstrafe gegenüber der Geldstrafe in sämtlichen Konstellationen bewerten.

(1) Der quantitative Vergleichsmaßstab für artverschiedene Strafen

In einem ersten Schritt, d. h. bevor auf die einzelnen Strafarten einzugehen ist, soll zunächst ein quantitativer Vergleichsmaßstab definiert werden. Hierbei gilt, dass nach der objektiven rechtlichen Wertung die unbedingte Freiheitsstrafe die schwerste Strafart ist, gefolgt von der Bewährungsstrafe, der Geldstrafe und zuletzt der Verwarnung mit Strafvorbehalt.[484] Dort, wo das Gesetz auf die abstrakte Schwere abstellt, ist von dieser Abstufung auszugehen.[485] Sie gilt beispielsweise im Rahmen der nach den §§ 331 Abs. 1 und 358 Abs. 2 StPO verbotenen reformatio in peius.[486] Hier wird auf die abstrakte gesetzliche Wertung abgestellt; insbesondere die konkrete Belastungswirkung auf den Betroffenen ist irrelevant.[487] In der Praxis kann die Belastungswirkung indes mit der abstrakten gesetzlichen Wertung im Widerspruch stehen.[488] Besonders deutlich wird dies bei einem Vergleich zwischen Geld- und Bewährungsstrafe. Die Geldstrafe kann das härtere Strafübel darstellen, weil die Bewährungsstrafe bei folgender Straffreiheit und ausbleibenden Auflagen- oder Weisungsverstößen letztlich nie vollstreckt, die Geldstrafe den Täter

---

484 Vgl. zu diesem Stufenverhältnis insgesamt *Bruns/Güntge*, Kapitel 5 Rn. 4 f.; siehe auch LK/*Grube*, Vor. §§ 38 StGB Rn. 52 ff.

485 LK/*Grube*, Vor. §§ 40 StGB Rn. 33.

486 Vgl. zum Verhältnis Freiheitsstrafe/Geldstrafe BGHSt 37, 106; HK-StGB/*Seebode*, § 38 StGB Rn. 1; LK/*Grube*, Vor. §§ 40 StGB Rn. 33; zum Verhältnis unbedingte Freiheitsstrafe/Bewährungsstrafe BayObLGSt 1962, 1; MüKo-StPO/*Quentin*, § 331 StPO Rn. 28.

487 Für § 331 Abs. 1 StPO MüKo-StPO/*Quentin*, § 331 StPO Rn. 26; für § 358 Abs. 2 StPO BGHSt 37, 106.

488 Zutreffend LK/*Grube*, Vor. §§ 40 StGB Rn. 35.

jedoch je nach Vermögensverhältnissen empfindlich belasten kann.[489]

Für die Zwecke des § 154 StPO ist zu differenzieren. Ebenso wie bei den §§ 331 Abs. 1, 358 Abs. 2 StPO ist nach dem klaren Wortlaut grundsätzlich das abstrakte Gewicht der Rechtsfolgen maßgeblich und nicht dasjenige der Wirkungen dieser Rechtsfolgen in der konkreten Situation. Nur dort, wo die Strafzwecke das Gewicht der Sanktion (mit-)bestimmen, ist mittelbar auch die konkrete Wirkung auf den Täter von Bedeutung. Für den quantitativen Vergleich ist daher alleine von der abstrakten Wertigkeit der Sanktionsarten auszugehen. Diese Sicht liegt in der Natur einer quantitativen Begrenzung, was besonders dann deutlich wird, wenn man sich den Vergleich zweier artgleicher Rechtsfolgen vor Augen führt. Hier spielt die Belastungswirkung auf den Betroffenen ebenso wenig eine Rolle, sondern nur die jeweiligen Strafhöhen. Es ist also festzuhalten, dass die ihrer Art nach schwerere Strafe ein quantitativ höheres Gewicht aufweist als die ihrer Art nach mildere Strafe.

Im Falle des § 154 Abs. 1 Nr. 1 StPO wird aber nicht nur die Art der Sanktion verglichen, sondern auch deren Höhe, und beides darf zusammen „nicht beträchtlich ins Gewicht" fallen. Anders als bei den §§ 331 Abs. 1, 358 Abs. 2 StPO unterscheidet § 154 StPO nicht für sich genommen zwischen Art und Höhe der Rechtsfolgen. Diese Unterscheidung erfolgt erst, um das Gewicht der Sanktionen zu bestimmen. Es ist demnach nicht prinzipiell ausgeschlossen, dass eine an sich schwerere Sanktion (z. B. unbedingte Freiheitsstrafe) gegenüber einer an sich milderen Sanktion (z. B. Geldstrafe) nicht beträchtlich ins Gewicht fällt, wenn das quantitative Verhältnis genau umgekehrt, also die Freiheitsstrafe sehr niedrig, die Geldstrafe aber sehr hoch ist, beispielsweise bei einem Monat Freiheitsstrafe (§ 39

489 Vgl. hierzu LK/*Grube*, Vor. §§ 40 StGB Rn. 35; siehe auch *Grebing*, ZStW 88 (1976), 1050 (1110).

StGB)[490] und 720 Tagessätzen Geldstrafe (§ 54 Abs. 2 Satz 2 StGB)[491]. Damit ist nicht ausgeschlossen, dass beispielsweise eine Geldstrafe gegenüber einer Freiheitsstrafe beträchtlich ins Gewicht fallen kann. Zu beantworten ist jedoch die Frage, welcher quantitative Vergleichsmaßstab heranzuziehen ist.

Für den Vergleich zwischen Bewährungsstrafe und Freiheitsstrafe einerseits und Geldstrafe und Verwarnung mit Strafvorbehalt andererseits ist im Ansatz vom Maßstab 1:1 auszugehen. Die Strafarten können ihrer Höhe nach diesem Maßstab entsprechend verglichen werden. Zusätzlich ist aber zu beachten, dass die jeweils schwerere Sanktion mehr ins Gewicht fällt. Hierbei gilt nicht etwa die Bewährungszeit, sondern die Höhe der verwirkten Strafe, die der Aussetzung zugrunde liegt. Für den Vergleich zwischen Geld- und Freiheitsstrafe gilt letztlich das Gleiche. Dies folgt aus den §§ 47 Abs. 2 Satz 2 sowie 51 Abs. 4 S. 1 und 54 Abs. 3 StGB, wonach ein Tagessatz Geldstrafe einem Tag Freiheitsstrafe entspricht. Der Gesetzgeber bietet hier einen Vergleichsmaßstab für beide Sanktionsarten.[492] Dies gilt trotz der Änderung des Umrechnungsmaßstabes des § 43 S. 2 StGB durch das Gesetz zur Überarbeitung des Sanktionenrechts vom 26.07.2023, wonach ein Tagessatz nicht mehr einem Tag Freiheitsstrafe, sondern nunmehr zwei Tagessätze einem Tag Freiheitsstrafe entsprechen.[493] Ausweislich der Gesetzesbegründung sollte die Änderung dieses Maßstabes die Dauer der Ersatzfreiheitsstrafe

---

490 Die niedrigste denkbare Freiheitsstrafe, MüKo-StGB/*Radtke*, § 38 StGB Rn. 10.

491 Die höchste denkbare Geldstrafe, *Streng*, Sanktionen Rn. 125.

492 Vgl. BOK-StGB/*von Heintschel-Heinegg*, § 40 StGB Rn. 2.

493 Die Änderung ist eingeführt worden durch das Gesetz zur Überarbeitung des Sanktionenrechts vom 26.07.2023 (BGBl. 2023 I, Nr. 203). Die Änderung sollte gem. Art. 5 des Gesetzes am 01.10.2023 in Kraft treten. Dies ist durch Art. 3 des Gesetzes zur Änderung des Verkehrsstatistikgesetzes und des Berufskraftfahrerqualifikationsgesetzes sowie des Gesetzes zur Überarbeitung des Sanktionenrechts (BGBl. 2023 I, Nr. 218) auf den 01.02.2024 verschoben worden.

reduzieren und mehr Gerechtigkeit bei der Vollstreckung erbringen, jedoch ausdrücklich nicht den grundsätzlichen Maßstab 1:1 berühren.[494] Ob man diese Eins-zu-eins-Umrechnung generell für unbefriedigend hält, weil die Sanktionsarten unterschiedliche Wirkungen haben, weswegen die Geldstrafe stets als autonome Sanktion zu begreifen sei,[495] ist für § 154 StPO irrelevant. Denn selbst wenn man davon ausgeht, dass die Geldstrafe eine eigenständige Sanktion und kein „Minus“ zur Freiheitsstrafe ist,[496] wird man dennoch den Umrechnungsmaßstab der §§ 47 Abs. 2 sowie 51 Abs. 4 S. 1 und 54 Abs. 3 StGB nicht ignorieren können. Das bedeutet, dass der Gesetzgeber jedenfalls für die Umsetzung eines notwendigen, *abstrakten Vergleichs* zwischen Geld- und Freiheitsstrafe von dieser Umrechnung ausgeht. Allerdings ist auch hier zu beachten, dass die Freiheitsstrafe die härtere Sanktion darstellt, weswegen der Maßstab 1:1 nur im Ansatz gilt, letztlich also ein Tag Freiheitsstrafe mehr ins Gewicht fällt als ein Tagessatz.

Für das Verhältnis der Strafen zueinander gilt demnach im Ansatz der Umrechnungsmaßstab 1:1, wobei die ihrer Art nach härtere Sanktion das höhere Gewicht aufweist. Die Grenzen von 25% bzw.

---

494 Vgl. BT-Drucks. 20/5913 S. 34 ff., insbesondere S. 38 f. zum Umrechnungsmaßstab.

495 Im Rahmen der Zumessung der Tagessatzhöhe nach § 46 StGB ist streitig, ob sich anhand einer fiktiven Freiheitsstrafe zu orientieren ist, die dann mit dem Maßstab des § 43 Satz 2 StGB umzurechnen ist, oder ob die Zumessung der Geldstrafe autonom erfolgt. Für eine solche Orientierung an einer fiktiven Freiheitsstrafe BGH NJW 1977, 442; SK-StGB/*Wolters*, § 40 StGB Rn. 6; Schönke/Schröder/*Kinzig*, § 40 StGB Rn. 4; BOK-StGB/*von Heintschel-Heinegg*, § 40 StGB Rn. 2, *Streng*, Sanktionen Rn. 127 f.; *Meier*, Sanktionen S. 69; dagegen LK/*Grube*, § 40 StGB Rn. 8 m. w. N. Die letztgenannte Ansicht stützt sich vor allem auf das Argument, die Geldstrafe sei eine autonome Sanktionsart, gerade kein Minus zur Freiheitsstrafe und müsse daher auch unabhängig von der Freiheitsstrafe zugemessen werden. Insbesondere der Umrechnungsmaßstab des § 43 Satz 2 StGB wird als unbefriedigend empfunden.

496 Siehe zur zitierten Formulierung LK/*Grube*, Vor. § 40 StGB Rn. 2.

einem Drittel sind also auf den Vergleich sämtlicher Strafarten untereinander mit den entsprechenden Modifikationen anwendbar. Damit fällt etwa eine Bewährungsstrafe in Höhe eines Jahres gegenüber einer Freiheitsstrafe von drei Jahren zahlenmäßig nicht beträchtlich ins Gewicht. Die Bewährungsstrafe unterschreitet hier nämlich die 25%-Grenze, welche als zahlenmäßig unproblematisch anzusehen ist. Da die Bewährungsstrafe zugleich die mildere Sanktion ist, wäre auch eine solche leicht oberhalb von 25% liegende zahlenmäßig noch unproblematisch. Liegt sie hingegen mehr als leicht über 25%, beispielsweise bei 30%, müsste sie eine niedrige Strafzweckrelevanz aufweisen, um gegenüber der Freiheitsstrafe nicht beträchtlich ins Gewicht zu fallen. Dabei ist die Bewährungsstrafe gegenüber einer Freiheitsstrafe im äußersten Fall bis zu leicht oberhalb eines Drittels einstellbar. Liegt sie mehr als leicht oberhalb eines Drittels, fällt sie beträchtlich ins Gewicht.

Im Übrigen ist das Fahrverbot als Nebenstrafe von seinem abstrakten Gewicht her zwischen Geld- und Bewährungsstrafe einzuordnen.[497] § 44 StGB eröffnet unter anderem gerade die Möglichkeit, ein Fahrverbot neben einer Hauptstrafe (insbesondere Geldstrafe) zu verhängen, um auf eine Freiheitsstrafe oder Bewährungsstrafe verzichten zu können (§ 44 Abs. 1 Satz 2 StGB). Ebenso ist das Fahrverbot mit den Hauptstrafen prinzipiell seiner Dauer nach 1:1 umrechenbar,[498] wobei auch hier zu beachten ist, dass es sich seiner Art und damit seinem Gewicht nach zwischen Geld- und Bewährungsstrafe einordnet. Wenn also zum Beispiel eine Geldstrafe in Verbindung mit einem Fahrverbot einzustellen ist, wäre die Geldstrafe nach Tagessätzen und das Fahrverbot seiner Dauer nach zu betrachten, beides zu

---

497 In diesem Sinne ähnlich für § 331 Abs. 1 StPO MüKo-StPO/*Quentin*, § 331 StPO Rn. 32; dazu, dass das Fahrverbot jedenfalls der Art nach milder ist als Freiheits- und Bewährungsstrafe, ausdrücklich BayObLG, MDR 1977, 422 (423).

498 So letztlich für das Verschlechterungsverbot der §§ 331 Abs. 1 und 358 Abs. 2 StGB auch BayObLGSt 1977, 153; ebenso MüKo-StGB/*von Heintschel-Heinegg/Huber*, § 44 StGB Rn. 32.

einer „Gesamttageszahl“ zu addieren und diese quantitativ mit der Bezugssanktion (z. B. Freiheitsstrafe) zu vergleichen.

Da nun der quantitative Maßstab geklärt ist, ist es möglich, auf das konkrete Verhältnis der Strafarten zueinander einzugehen. Wie bereits dargelegt, fällt eine Strafe dann nicht beträchtlich ist Gewicht, wenn sie sowohl die quantitativen Grenzen einhält, als auch zur Einwirkung auf den Täter und zur Verteidigung der Rechtsordnung ausreichend erscheint.

(2) Freiheitsstrafe gegenüber Bewährungsstrafe

Gemäß den Ausführungen des vorigen Abschnitts ist es denkbar, dass die Freiheitsstrafe gegenüber der Bewährungsstrafe rein zahlenmäßig gesehen nicht beträchtlich ins Gewicht fällt. Zu beachten ist aber, dass sie die zahlenmäßige Grenze von einem Drittel unterschreiten muss. Sofern die Bezugssanktion nur eine einzige Bewährungsstrafe umfasst, fällt demnach jede Freiheitsstrafe von einem Jahr oder darüber beträchtlich ins Gewicht. Denn eine Bewährungsstrafe kann zwei Jahre nicht übersteigen (§ 56 Abs. 2[499], § 58 StGB[500]). Da die meisten unbedingten Freiheitsstrafen wegen § 56 Abs. 1 StGB mehr als ein Jahr betragen dürften, fallen Freiheitsstrafen quantitativ in der Regel beträchtlich ins Gewicht. Dies ist jedoch nicht immer der Fall.

Damit jenseits der zahlenmäßigen Grenzen die Freiheitsstrafe gegenüber der Bewährungsstrafe auch qualitativ nicht beträchtlich ins Gewicht fällt, muss die Bezugsbewährungsstrafe die Strafzwecke der Freiheitsstrafe mit abdecken können. Sie muss auch mit Blick auf eine wegfallende Freiheitsstrafe zur Einwirkung auf den Täter und zur Verteidigung der Rechtsordnung ausreichend erscheinen können. Dies ist im Bereich der kleinen und mittleren Kriminalität

---

499 *Streng*, Sanktionen Rn. 157.

500 Die Norm gilt für die Fälle der (nachträglichen) Gesamtstrafenbildung, vgl. dazu Schönke/Schröder/*Kinzig*, § 58 StGB Rn. 4.

grundsätzlich der Fall. In spezialpräventiver Hinsicht vermeidet die Bewährungsstrafe die schädlichen Wirkungen der kurzen Freiheitsstrafe.[501] Zugleich bestehen Einwirkungsmöglichkeiten auf den Täter in Freiheit (insbesondere § 56c StGB).[502] Auch in generalpräventiver Hinsicht ist die Bewährungsstrafe wirksam und kann aus Gerechtigkeitsgründen im Bereich der kleinen und mittleren Kriminalität vorzugswürdig sein.[503] Aus diesem Grund hat der Gesetzgeber die Bewährungsstrafe erst geschaffen und ordnet sie bei Freiheitsstrafen von oder unter einem Jahr sogar als Regelfall an (§ 56 Abs. 1 StGB).[504] Hieran zeigt sich, dass die Bewährungsstrafe für die Aufgaben der Freiheitsstrafe prinzipiell durchaus geeignet ist. Dieser Befund bedeutet jedoch nicht, dass Freiheitsstrafen von einem Jahr oder darunter gegenüber einer Bewährungsstrafe grundsätzlich gem. § 154 Abs. 1 Nr. 1 StPO entfallen können, solange sie die quantitativen Grenzen einhalten. Vielmehr ist zu beachten, dass die Verurteilung zu einer Freiheitsstrafe bis zu einem Jahr nur deshalb erfolgt, weil entweder die Legalprognose negativ ausfällt oder bei Freiheitsstrafen von sechs Monaten bis zu einem Jahr die Vollstreckung zur Verteidigung der Rechtsordnung geboten ist (§ 56 Abs. 1 und 3 StGB).[505] Eine Freiheitsstrafe von einem Jahr oder darunter enthält also bereits die Bewertung, dass eine Bewährungsstrafe für die Strafzwecke nicht ausgereicht hätte. Dabei war im Rahmen der Entschei-

---

501 Die kurze Freiheitsstrafe ist in ihrer spezialpräventiven Wirkung ambivalent. Die Zeit für Einwirkungsmöglichkeiten zu Resozialisierungszwecken ist gering, während der Täter aus seinem sozialen Umfeld herausgenommen und in ein neues, kriminelles Umfeld befördert wird, vgl. insgesamt zur Thematik *Kett-Staub/Kudlich*, Sanktionenrecht § 7 Rn. 6 ff.; siehe auch *Streng*, Sanktionen Rn. 158.

502 Schönke/Schröder/*Kinzig*, § 56 StGB Rn. 1 und § 56c StGB Rn. 1.

503 Schönke/Schröder/*Kinzig*, § 56 StGB Rn. 3.

504 Schönke/Schröder/*Kinzig*, § 56 StGB Rn. 1.

505 Schönke/Schröder/*Kinzig*, § 56 StGB Rn. 46.

dung über die Aussetzung auch zu berücksichtigen, dass die Möglichkeit der Erteilung von Auflagen und Weisungen bestand.[506] Zudem hängt die Bewährungsdauer nicht von der Höhe der Bewährungsstrafe, sondern, im Rahmen des nach dem Gesetz Zulässigen, von der spezialpräventiven Erforderlichkeit ab (§ 56a StGB).[507] Insofern enthält eine Freiheitsstrafe von oder unter einem Jahr stets die Bewertung, dass die Strafzwecke mit einer Bewährungsstrafe, trotz langer Bewährungsdauer, inklusive Auflagen und Weisungen, nicht verwirklicht werden können. Zugleich sind die Maßstäbe des § 56 StGB zum Teil identisch und zum Teil strenger als die des § 154 StPO.[508] Damit enthält jede wegfallende Freiheitsstrafe von oder unter einem Jahr stets die Aussage, dass deren Aussetzung, entweder zur Einwirkung auf den Täter oder zur Verteidigung der Rechtsordnung, jeweils i. S. d. § 154 StPO gerade nicht ausreichend erscheint. Dementsprechend fällt die Freiheitsstrafe gegenüber der Bewährungsstrafe auch qualitativ grundsätzlich beträchtlich ins Gewicht.

Nichtsdestotrotz sind im Bereich der kleinen und mittleren Kriminalität Konstellationen denkbar, in denen die Freiheitsstrafe gegenüber der Bewährungsstrafe auch qualitativ nicht beträchtlich ins Gewicht fällt. Denn die Bezugsbewährungsstrafe kann im Einzelfall sowohl mit Blick auf die Generalprävention als auch die Spezialprävention zu einer Neubewertung der Beurteilungen nach den §§ 56 Abs. 1 und 3 StGB führen. Dies soll zunächst das folgende Beispiel verdeutlichen: Der Beschuldigte hat mutmaßlich zwei Körperverletzungen begangen, wobei keine Gesamtstrafe zu erwarten ist. Wegen der ei-

---

506 Für den Einbezug im Rahmen der Legalprognose HKV-Band 3/*Kinzig*, § 64 Rn. 54 m. w. N. Für die Verteidigung der Rechtsordnung muss dies ebenso gelten, da Auflagen dem gerechten Schuldausgleich dienen und daher auch die Bewertung der Generalprävention verändern können, ähnlich HKV-Band 3/*Kinzig*, § 64 Rn. 67.

507 HKV-Band 3/*Kinzig*, § 64 Rn. 65.

508 Vgl. Kapitel D., II., 3., a), aa), (beginnt bei S. 91), vierter Absatz des Kapitels ff.

nen Körperverletzung ist aus generalpräventiven Gründen eine unbedingte Freiheitsstrafe i. H. v. sechs Monaten zu erwarten (§ 56 Abs. 3 StGB). Nun könnte es sein, dass zwar eine Bewährungsstrafe in Höhe eines Jahres inklusive umfangreicher Auflagen gem. § 56b StGB zur Verteidigung der Rechtsordnung ebenso ausreichen würde. Diese könnte aber nicht verhängt werden, weil nur sechs Monate Freiheitsstrafe verwirkt sind und zudem Auflagen schuldangemessen sein müssen[509]. Es müsste also eine sechsmonatige Freiheitsstrafe verhängt werden, weil eine generalpräventiv wirksame (höhere und umfangreichere) Bewährungsstrafe unzulässig wäre. Nun ist wegen der anderen Körperverletzung (mutmaßlich) ein größerer Personenschaden entstanden und zudem die Strafe ein Jahr Freiheitsstrafe. In dem Fall könnte eine einjährige Bewährungsstrafe inklusive einer umfangreichen Schadenswiedergutmachung (§ 56b Abs. 1 Nr. 1 StGB) verhängt werden. Dadurch könnte die Bewährungsstrafe möglicherweise das generalpräventive Bedürfnis der sechsmonatigen Freiheitsstrafe mit abdecken. Sofern dies auch in spezialpräventiver Hinsicht der Fall ist, würde die sechsmonatige Freiheitsstrafe nicht beträchtlich ins Gewicht fallen. In spezialpräventiver Hinsicht ist die oben beschriebene Situation mit Blick auf Weisungen nach § 56c StGB in seltenen Fällen ebenfalls denkbar. Es kann z. B. sein, dass eine bestimmte Weisung bei der wegfallenden Strafe unverhältnismäßig wäre, nicht jedoch bei der Bezugsstrafe.[510] Dies ist denkbar, wenn das verwirklichte Unrecht und damit auch die Strafhöhe bei der Bezugsstrafe größer ist. Hier wären mit Blick auf den Verhältnismäßigkeitsgrundsatz härtere Weisungen zulässig. Wenn nun genau eine solche härtere Weisung erst den spezialpräventiven Erfolg herbeiführt, könnte die Bezugsbewährungsstrafe zur

---

509 Vgl. dazu, dass Auflagen schuldangemessen sein müssen HKV-Band 3/*Kinzig*, § 64 Rn. 73.

510 Vgl. insgesamt zu den Grenzen der Weisungen im Rahmen des § 56c StGB Schönke/Schröder/*Kinzig*, § 56c StGB Rn. 6 ff.; speziell zum Verhältnismäßigkeitsgrundsatz Rn. 10.

Einwirkung auf den Täter ausreichend erscheinen. Unabhängig davon ist es auch möglich, dass der Täter aufgrund einer hohen Bewährungsstrafe durch Abschreckung von weiteren Straftaten abgehalten würde, jedoch nicht von einer niedrigen Bewährungsstrafe. In dem Fall wäre eine unbedingte Freiheitsstrafe spezialpräventiv erforderlich. Trotzdem würde eine höhere Bezugsbewährungsstrafe zur Einwirkung auf den Täter ausreichend erscheinen. Es zeigt sich also, dass auch im Anwendungsbereich des § 56 Abs. 1 StGB Freiheitsstrafen im Einzelfall gem. § 154 StPO entfallen können. Wegen der Wertung des § 56 Abs. 1 StGB ist die Bezugsbewährungsstrafe in diesen Konstellationen sogar vorzugwürdig. Insofern sind hier sogar auch Einstellungen denkbar, bei denen die wegfallende Freiheitsstrafe quantitativ zwischen 25% und unterhalb eines Drittels liegt. Da es sich hierbei aber um Ausnahmen handelt, ist die unbedingte Freiheitsstrafe gegenüber der Bewährungsstrafe regelmäßig als beträchtlich anzusehen.

(3) Freiheitsstrafe und Bewährungsstrafe gegenüber Geldstrafe

Auch beim Verhältnis der (bedingten) Freiheitsstrafe zur Geldstrafe gilt, dass es möglich ist, dass erstere zahlenmäßig gesehen nicht beträchtlich ins Gewicht fällt. Auch hier muss die (bedingte) Freiheitsstrafe aber die Grenze von einem Drittel einhalten. Da die Geldstrafe im äußersten Fall 720 Tagessätze umfasst,[511] fallen Freiheitsstrafen i. H. v. einem Jahr oder mehr gegenüber einer einzigen Geldstrafe rein quantitativ stets beträchtlich ins Gewicht. Hier gilt also ein Regel-Ausnahme-Verhältnis zugunsten der (bedingten) Freiheitsstrafe.

Auch in qualitativer Hinsicht gilt, dass die (bedingte) Freiheitsstrafe gegenüber der Geldstrafe unbeträchtlich sein kann bzw. die Geldstrafe dazu geeignet ist, die Zwecke der (bedingten) Freiheitsstrafe zu übernehmen. Die Geldstrafe nimmt dabei eine ähnliche Rolle ein, wie schon die Bewährungsstrafe im Vergleich zur Freiheitsstrafe. Im

---

511 Siehe Nachweis in Fn. 491.

Bereich der kleinen und mittleren Kriminalität kommt sie als Surrogat in Betracht und ist zum Teil sogar aus Strafzweckgründen vorzugswürdig. Die Geldstrafe hat ebenso vergeltende Wirkung, weswegen durch sie ebenfalls ein Schuldausgleich stattfindet.[512] Sie wird ebenso nach den Grundsätzen des § 46 StGB, also entsprechend der Spielraumtheorie, auf Grundlage der Schuld zugemessen.[513] Daher ist sie auch generalpräventiv nicht generell weniger wirksam.[514] Speziell in spezialpräventiver Hinsicht vermeidet sie, ebenso wie die Bewährungsstrafe, die schädlichen Wirkungen der kurzen unbedingten Freiheitsstrafe.[515] Sie kommt dort zum Einsatz, wo ein Denkzettel als Abschreckung genügt,[516] weil der Täter grundsätzlich sozialisiert ist.[517] Im Allgemeinen ist die Geldstrafe der (bedingten) Freiheitsstrafe im Bereich kleiner Kriminalität sogar überlegen, weswegen der Gesetzgeber gerade Freiheitsstrafen von bis zu sechs Monaten nur im äußersten Ausnahmefall zulässt (§ 47 StGB).[518]

Ähnlich wie beim Verhältnis der Freiheitsstrafe zur Bewährungsstrafe muss der Staatsanwalt aber auch hier beachten, dass jedenfalls der Verhängung der kurzen (bedingten) Freiheitsstrafe bereits eine strafzweckorientierte Wertung vorausgeht (vgl. § 47 StGB). Die Freiheitsstrafe von unter sechs Monaten kommt nur dann in Betracht, wenn sie zur Einwirkung auf den Täter oder zur Verteidigung der Rechtsordnung „unerläßlich" ist. Der hier gewählte Maßstab ist sogar deutlich strenger als der des § 154 StPO.[519] Die Erwartung einer kurzen Freiheitsstrafe bedeutet daher, dass eine entsprechende Geldstrafe auch im Sinne des § 154 StPO nicht zur Einwirkung auf

---

512 HKV-Band 3/*Kinzig*, § 64 Rn. 138 und 141 sowie 143; in diesem Sinne auch *Streng*, Sanktionen Rn. 333.

513 BGH NStZ, 1989, 178; MüKo-StGB/*Radtke*, § 40 StGB Rn. 31 m. w. N.

514 *Streng*, Sanktionen Rn. 333.

515 Vgl. MüKo-StGB/*Maier*, § 47 StGB Rn. 2.

516 MüKo-StGB/*Radtke*, § 40 StGB Rn. 14.

517 MüKo-StGB/*Radtke*, § 40 StGB Rn. 12.

518 *Streng*, Sanktionen Rn. 158.

519 Siehe Kapitel D., II., 3., a), aa), (beginnt bei S. 91), vierter Absatz des Kapitels ff.

den Täter und zur Verteidigung der Rechtsordnung ausreichend erscheint. Damit die kurze (bedingte) Freiheitsstrafe nicht beträchtlich ins Gewicht fallen kann, muss die Bezugsgeldstrafe daher zwingend höher sein und deshalb zu einer Neubewertung führen. Solche Fälle sind aber durchaus denkbar. So kann es sein, dass der Täter durch eine Geldstrafe von 90 Tagessätzen völlig unbeeindruckt bliebe, aber eine sehr hohe Geldstrafe (z. B. 300 Tagessätze) Wirkung entfalten würde. Hier wäre es in jedem Fall unzulässig, die Tagessatzzahl i. H. v. 90 Tagessätzen aus spezialpräventiven Gründen über das Schuldangemessene hinaus zu verändern.[520] Gleichzeitig können präventive Zwecke auch bei der Tagessatzhöhe – wenn überhaupt – einen bloß geringen Einfluss haben,[521] denn andernfalls würde das Gebot schuldangemessener Strafe vollständig ausgehebelt. Sofern also die Geldstrafe i. H. v. 90 Tagessätzen den Täter nicht beeindruckt, wäre eine kurze Freiheitsstrafe zu verhängen und gegebenenfalls sogar zu vollstrecken. Bei einer entsprechend hohen Bezugsgeldstrafe kann diese jedoch zur Einwirkung auf den Täter und zur Verteidigung der Rechtsordnung i. S. d. § 154 StPO ausreichend erscheinen, mithin die kurze Freiheitsstrafe entbehrlich werden. Denkbar ist auch, dass eine Geldstrafe deswegen wirkungslos bleibt, weil ein Dritter sie zahlt. Hier ist jedenfalls dann, wenn durch die Zahlung des Dritten die Geldstrafe völlig unwirksam wird, eine kurze Freiheitsstrafe zur Einwirkung auf den Täter unerlässlich.[522] Sofern die

520 Vgl. HKV-Band 3/*Kinzig*, § 64 Rn. 141 und 143; *Streng*, Sanktionen Rn. 127. Dies folgt aus dem Verbot schuldüberschreitender Strafe, vgl. dazu Fn. 254.

521 So auch HKV-Band 3/*Kinzig*, § 64 Rn. 144; a. A SK-StGB/*Wolters*, § 40 StGB Rn. 5, 15 und § 47 Rn. 27.

522 Im Ergebnis ebenso MuKo-StGB/*Radtke*, § 40 StGB Rn. 38 und 14; Schönke/Schröder/*Kinzig*, § 47 StGB Rn. 18; LK/*Schneider*, § 47 StGB Rn. 31; a. A. offenbar BayObLG, NJW 1994, 1167, wobei in dem Fall die Geldstrafe zwar von den Eltern bezahlt wurde, aber trotzdem auf den Angeklagten spezialpräventive Wirkung entfalten konnte. Insofern ist nicht sicher, ob dieses Urteil wirklich der Situation entgegensteht, dass eine Geldstrafe *keinerlei* Wirkungen hat, weil ein Dritter sie zahlt, ähnlich auch LK/*Schneider*, § 47 StGB Rn. 31.

Bezugsgeldstrafe jedoch die Mittel des zahlenden Dritten hinreichend übersteigt, würde sie den Täter wieder treffen, sodass sie hierdurch womöglich i. S. d. § 154 StPO für die Strafzwecke ausreichend erscheinen kann.

Letztlich entscheidend sind also die Umstände des Einzelfalles, wobei die (bedingte) Freiheitsstrafe in den meisten Konstellationen beträchtlich ins Gewicht fallen wird. Nicht zugestimmt werden kann aber jedenfalls der Aussage, dass eine Einstellung nie dazu führen dürfe, dass eine ansonsten verhängte Freiheitsstrafe nicht mehr verhängt werden darf. Dies betrifft die Situation des Vergleichs einer Freiheitsstrafe mit Geldstrafe. Wenn die Freiheitsstrafe nach den oben dargestellten Grundsätzen entfallen kann, ist es auch unschädlich, dass ihre Verhängung nicht mehr stattfindet oder nicht mehr möglich ist.

(4) Verwarnung mit Strafvorbehalt als Bezugssanktion

Dass eine Verwarnung mit Strafvorbehalt für die Strafzwecke ausreicht, wenn ihr gegenüber eine ihrer Art nach schwerere Sanktion entfallen soll, ist nur bei sehr geringen Geldstrafen überhaupt denkbar. Kommt es bloß zur Verwarnung mit Strafvorbehalt, wird der Täter im Ergebnis überhaupt nicht bestraft.[523] Da über den Begriff „Verteidigung der Rechtsordnung" auch der gerechte Schuldausgleich zu beachten ist, bestünde jedenfalls dann eine mehr als wesentliche Beeinträchtigung[524], wenn auf Freiheits- oder Bewährungsstrafe verzichtet würde. Bei wegfallenden Geldstrafen von oder unter 180 Tagessätzen ist außerdem zu beachten, dass eine Verwarnung mit Strafvorbehalt entgegen § 59 StGB gerade nicht ausgesprochen wurde. Insofern können auch geringe Geldstrafen nur in

---

[523] Die Verwarnung mit Strafvorbehalt ist keine Strafe, vgl. Nachweis in Fn. 449.

[524] Siehe zu diesem Maßstab Kapitel D., II., 3., a), (beginnt bei S. 89), zweiter Absatz des Kapitels.

seltenen Fällen gegenüber einer Verwarnung mit Strafvorbehalt nicht beträchtlich ins Gewicht fallen.

(5) Die ihrer Art nach mildere Sanktion gegenüber einer schwereren

Grundsätzlich ist die mildere Strafe gegenüber der schwereren einstellbar. Zu beachten sind jedoch auch hier die allgemeinen Grundsätze, d. h. die quantitativen und qualitativen Grenzen.

Bei der Geldstrafe – insoweit ist der h. M. zuzustimmen – besteht zudem eine besondere Situation, wenn sie einen speziellen Zweck verfolgt, beispielsweise in den Fällen des § 41 StGB. In solchen Konstellationen fällt die Geldstrafe stets beträchtlich ins Gewicht. Sie verfolgt hier einen besonderen spezialpräventiven Zweck, weil der Täter durch die Tat versucht haben muss, sich zu bereichern.[525] Sie ist insofern zur Einwirkung auf den Täter erforderlich.

Entgegen der h. M. zeigt sich bezüglich der Ersatzfreiheitsstrafe (§ 43 StGB) hingegen ein differenziertes Bild. Als Bezugssanktion lässt sie sich, noch im Einklang mit der h. M., – wie sonst auch[526] – als originäre Freiheitsstrafe verstehen. Denn, ob sie als Bezugssanktion die Einstellung einer anderen Tat rechtfertigen kann, kann nur mit Blick auf ihre (erwartete) tatsächliche Umsetzung beantwortet werden. Sofern die Ersatzfreiheitsstrafe als Rechtsfolge entfallen soll, kann sie jedoch nicht nur dann entfallen, wenn sie als Freiheitsstrafe nicht beträchtlich ins Gewicht fällt. Vielmehr genügt es bereits, wenn allein die an sich verhängte Geldstrafe nicht beträchtlich ins Gewicht fällt. Dies liegt daran, dass die Ersatzfreiheitsstrafe statt einer Geldstrafe nur deswegen erfolgt, weil die Sanktionswirkung der Geldstrafe bei Uneinbringlichkeit[527] ansonsten praktisch ins

---

525 *Kett-Staub/Kudlich*, Sanktionenrecht § 7 Rn. 15.

526 MüKo-StGB/*Radtke*, § 43 StGB Rn. 3 m. w. N.

527 Vgl. hierzu MüKo-StGB/*Radtke*, § 43 StGB Rn. 7.

Leere laufen würde.[528] Bei der Frage, ob von vornherein auf eine Sanktion verzichtet wird, kann die Mittellosigkeit des Betroffenen aber keine Rolle spielen. Zahlungsunfähigkeit ist kein strafbares Unrecht. Sie ist bloß ein Hindernis, welches der Wirkung der an sich erwünschten Geldstrafe im Wege steht. Daher wäre es widersinnig, an der Einstellung einer Geldstrafe nur deshalb festzuhalten, weil jemand wegen seiner Mittellosigkeit eine Ersatzfreiheitsstrafe zu erwarten hat. Für die Einstellungsfähigkeit der Ersatzfreiheitsstrafe genügt es daher, wenn die zugrunde liegende Geldstrafe entfallen kann. Auf die eben skizzierte Argumentation dürfte es aber ab Februar 2024 im Regelfall nicht (mehr) ankommen. Denn hierfür müsste die Ersatzfreiheitsstrafe beträchtlich, die verhängte Geldstrafe jedoch nicht beträchtlich ins Gewicht fallen. Ab Februar 2024 wird die Ersatzfreiheitsstrafe gem. § 43 S. 2 StGB n. F. mit dem Maßstab 2:1 umgerechnet, d. h. zwei Tagessätze entsprechen einem Tag Freiheitsstrafe.[529] Sofern die verhängte Geldstrafe nicht beträchtlich ins Gewicht fällt, wird daher auch die Ersatzfreiheitsstrafe regelmäßig nicht beträchtlich ins Gewicht fallen.

(6) Die lebenslange Freiheitsstrafe als Bezugssanktion

Wie bereits dargelegt, wird bei der lebenslangen Freiheitsstrafe als Bezugssanktion vertreten, dass zu berücksichtigen sei, ob eine Einstellung sich auf den Entlassungszeitpunkt nach § 57a StGB auswirken würde.[530] Insbesondere solle dies stets bzw. regelmäßig der Fall sein, wenn auch die einzustellende Tat zu einer lebenslangen Freiheitsstrafe führen würde. In dem Zusammenhang weist *Heghmanns* darauf hin, dass dem ein logischer Widerspruch zugrunde liege, weil auch bei zeitigen Freiheitsstrafen nicht die Mindestverbüßungszeiten nach § 57 Abs. 1 Nr. 1, Abs. 2 StGB, sondern die nominellen

---

528 BOK-StGB/*von Heintschel-Heinegg*, § 43 StGB Rn. 1; MüKo-StGB/*Radtke*, § 43 StGB Rn. 2.

529 Vgl. zu den Nachweisen bezüglich der Gesetzesänderung Fn. 493.

530 Vgl. Kapitel D., IV., 2., a), aa) (beginnt auf S. 109), vierter Absatz.

Strafaussprüche miteinander verglichen würden.[531] Diese seien bei der lebenslangen Freiheitsstrafe schlicht nicht steigerbar, weswegen auch die lebenslange Freiheitsstrafe neben einer weiteren lebenslangen Freiheitsstrafe nicht beträchtlich ins Gewicht falle und ein bestehendes Verfolgungsbedürfnis im Ermessen zu berücksichtigen sei.[532]

Dem ist zwar nicht im Ergebnis, jedoch in der Argumentation zuzustimmen. Die Beträchtlichkeit folgt jedenfalls nicht aus § 57a Abs. 1 Nr. 2 StGB. Es ist kein Grund ersichtlich, weshalb die Auswirkung der einzustellenden Tat auf den Entlassungszeitpunkt bei lebenslangen Freiheitsstrafen von Bedeutung sein soll, aber bei zeitigen Freiheitsstrafen nicht. Insbesondere die Schwere der Schuld ist keine Besonderheit des § 57a Abs. 1 Satz 1 Nr. 2 StGB. § 57 StGB nennt sie nur deshalb nicht, weil die Schuldschwere hier bereits über die Mindestverbüßungszeiten berücksichtigt werden kann.[533] Diese orientieren sich an der insgesamt zu verbüßenden Strafe, über die die Schuld zum Ausdruck kommt.[534] Bei lebenslangen Freiheitsstrafen kann die Schuld nicht über eine Mindestverbüßungszeit berücksichtigt werden, weil ab hier ein höheres Unrecht die Strafe quantitativ nicht steigern kann.[535] Sofern man also die Schwere der Schuld im Falle der lebenslangen Freiheitsstrafe wegen § 57a Abs. 1 Nr. 2 StGB berücksichtigen will, müsste man dies konsequenterweise auch bei zeitigen Freiheitsstrafen wegen § 57 StGB tun. Für beides bietet der Wortlaut der Norm aber keinen Anhaltspunkt. In § 154 Abs. 1 Nr. 1 StPO eine Relevanz des Entlassungszeitpunktes hineinzulesen, erscheint daher verfehlt.

Vielmehr spielt die Schwere der Schuld bei lebenslangen Freiheitsstrafen insoweit eine Rolle, als der Sinn der Tatbestandsbegrenzung

---

531 Heghmanns/Scheffler/*Heghmanns*, Kapitel V Rn. 104.
532 Heghmanns/Scheffler/*Heghmanns*, Kapitel V Rn. 104.
533 MüKo-StGB/*Groß/Kett-Straub*, § 57a StGB Rn. 11.
534 MüKo-StGB/*Groß/Kett-Straub*, § 57a StGB Rn. 11.
535 MüKo-StGB/*Groß/Kett-Straub*, § 57a StGB Rn. 11.

hier sein Ziel verfehlt. Deren Zweck besteht in einer Absicherung der materiellen Strafzwecke, insbesondere des gerechten Schuldausgleichs.[536] Durch die Einstellung soll hierauf nicht übermäßig verzichtet werden. Dies wird über eine vorwiegend quantitative Gewichtung erreicht, was im Falle der lebenslangen Freiheitsstrafe als Bezugssanktion ins Leere läuft, weil hier die wegfallenden Rechtsfolgen stets einen Wert von null haben, und zwar unabhängig von der Schuld, die der einzustellenden Tat zugrunde liegt. Zudem ist im Falle einer lebenslangen Freiheitsstrafe die Schwere der Schuld bereits vom Tatgericht im Urteil festzustellen.[537] Hierdurch wird die Schwere der Schuld erkennbar, was bei zeitigen Freiheitsstrafen über die Strafhöhe zum Ausdruck gebracht wird. Damit muss im Falle lebenslanger Freiheitsstrafen die Schwere der Schuld auch für die Beträchtlichkeit von Bedeutung sein. Technisch realisiert werden kann dies darüber, dass die Bezugssanktion zur Verteidigung der Rechtsordnung ausreichend erscheinen muss,[538] was ebenfalls Voraussetzung des Tatbestandes des § 154 Abs. 1 Nr. 1 StPO ist[539]. Hier spielt die Schuldschwere mittelbar über die Verteidigung der Rechtsordnung eine Rolle. In Orientierung an den quantitativen Grenzen wird man hier einen Verzicht von bis zu etwa einem Drittel als prinzipiell zulässig erachten können, also beispielsweise bei einer zehnfachen Mordserie die Einstellung von drei der weniger schweren Taten. Jedenfalls ist es aber ausgeschlossen, bei Serienmorden die Verfolgung auf einen einzigen Mord zu reduzieren.[540]

---

536 Siehe Kapitel D., I., 3., (beginnt bei S. 65), siebter Absatz des Kapitels.

537 Seit BVerfGE 86, 288 die sog. Schwurgerichtslösung, die indes nicht unstreitig ist, vgl. insgesamt hierzu HKV-Band 3/*Kinzig*, § 64 Rn. 130.

538 Im Ergebnis ebenso *Berz*, NJW 1982, 729 (731 f.); *Scholz*, §§ 154, 154a StPO S. 36 f.

539 Siehe hierzu Kapitel D., II., 3., a), bb), (beginnt auf S. 96).

540 Im Ergebnis ebenso *Kapahnke*, Opportunität S. 118 f., der allerdings einen deutlich strengeren Maßstab anlegt.

b) Maßregeln gegenüber Maßregeln

Maßregeln der Besserung und Sicherung sind in § 61 StGB genannt, wobei sich im Einzelfall auch weitere Maßregeln aus Sondergesetzen ergeben können (wie z. B. § 41 BJagdG).[541] Die folgenden Ausführungen beschränken sich jedoch auf die Maßregeln des Hauptstrafrechts (§ 61 StGB). Demnach sind stationäre Maßregeln die Unterbringung in einem psychiatrischen Krankenhaus (§ 63 StGB), die Unterbringung in einer Entziehungsanstalt (§ 64 StGB) und die Sicherungsverwahrung (§ 66-66c StGB). Ambulante Maßregeln sind die Führungsaufsicht (§ 68-68g, 67g, 67h StGB), die Entziehung der Fahrerlaubnis inkl. Fahrerlaubnissperre (§§ 69-69b StGB) und das Berufsverbot (§§ 70-70b StGB).

aa) Aktueller Diskurs

Aussagen über das Verhältnis der Maßregeln zueinander finden sich kaum. Wenig aufschlussreich ist die Aussage, dass die Einstellung nicht dazu führen dürfe, dass eine an sich notwendige Sicherungsverwahrung entfällt.[542] Sie wiederholt das bereits dargelegte Prinzip, wonach erforderliche Maßregeln nicht entfallen dürfen,[543] und nimmt bloß Bezug auf eine bestimmte Maßregel. Ebenso gilt dies für die Behauptung, dass die Sicherungsverwahrung grundsätzlich beträchtlich ins Gewicht falle, weil das Sicherungsbedürfnis der Allgemeinheit Vorrang vor der Verfahrensbeschleunigung habe.[544] Denn ob das Sicherungsbedürfnis im konkreten Fall überhaupt tangiert ist, oder eventuell durch die Bezugssanktion vollständig erfüllt werden kann, lässt sich hierdurch nicht bestimmen.

---

541 Siehe Nachweis in Fn. 461.

542 MüKo-StPO/*Teßmer*, § 154 StPO Rn. 39; BT-Drucks. 8/976 S. 39 f.

543 Siehe Kapitel D., III., (beginnt bei S. 103), zweiter Absatz des Kapitels.

544 KK-StPO/*Diemer*, § 154 StPO Rn. 8.

Gehaltvollere Aussagen zum Verhältnis der Maßregeln zueinander erschöpfen sich darin, dass bei ambulanten Maßregeln, die gegenüber stationären Maßregeln verhängt werden, der Einzelfall entscheidend sei[545] bzw. ambulante Maßregeln nicht generell als unbeträchtlich angesehen werden sollten.[546] Zum Teil wird auch vertreten, dass Maßregeln gegenüber Maßregeln stets beträchtlich ins Gewicht fielen, es sei denn, es handelt sich um dieselbe Maßregel.[547]

bb) Das Verhältnis der Maßregeln zueinander

Die Aussagen zu „Maßregeln gegenüber Maßregeln“ umfassen zunächst den Fall, dass eine Maßregel einer anderen Maßregel jeweils isoliert gegenübersteht. Maßregeln können aber auch in Verbindung mit einer Strafe verhängt werden. Ähnlich wie beim Vergleich der Strafarten zueinander kann also auch hier eine „Häufung“ unterschiedlicher Sanktionen auftreten, bei denen sich gleichwohl Maßregeln gegenüberstehen. Ist keine Gesamtstrafe zu erwarten, kann es etwa sein, dass eine Freiheitsstrafe von einem Jahr i. V. m. einer Führungsaufsicht als wegfallenden Rechtsfolgen und drei Jahre Freiheitsstrafe i. V. m. einem Berufsverbot als Bezugssanktion zu erwarten sind. Hier stünde eine Führungsaufsicht einem Berufsverbot gegenüber. Auch bei zu erwartender Gesamtstrafe können sich Maßregeln gegenüberstehen. Dies ist z. B. dann der Fall, wenn die Gesamtstrafe mehrere Maßregeln umfasst und die Einstellung dazu führen würde, dass einzelne von ihnen entfallen. Ebenso möglich ist, dass mehr als zwei Maßregeln zu betrachten sind. Denkbar wäre, dass ein Entzug der Fahrerlaubnis und ein Berufsverbot durch Einstellung entfallen, während eine Unterbringung gem. § 63 StGB bestehen bleibt. Aus denselben Gründen wie schon beim Verhältnis der Strafarten zueinander ist es daher wenig hilfreich, lediglich Aussagen

545 KK-StPO/*Diemer*, § 154 StPO Rn. 8.
546 Radtke/Hohmann/*Radtke*, § 154 StPO Rn. 20.
547 Heghmanns/Scheffler/*Heghmanns*, Kapitel V Rn. 99.

über den Fall zu treffen, dass nur eine Maßregel mit nur einer anderen Maßregel zu vergleichen ist. „Regel-Ausnahme-Verhältnisse" müssen sich vielmehr auf sämtliche Konstellationen übertragen lassen.

Speziell bei der Einstellung von Taten, deren Verfolgung zu einer Maßregel führen kann, ist außerdem zu beachten, dass dadurch u. U. auch eine Strafe entfällt. Manche Maßregeln sind sogar nur i. V. m. einer Strafe zu erwarten. Dies gilt namentlich für die Führungsaufsicht (§ 68 Abs. 1 StGB) und die Sicherungsverwahrung (§ 66 StGB). Der Staatsanwalt kann sich also ggf. nicht mit der Feststellung begnügen, die wegfallende Maßregel falle im Vergleich zu einer Bezugsmaßregel nicht beträchtlich ins Gewicht. Sofern durch die Einstellung zugleich auch andere Rechtsfolgen entfallen, dürfen vielmehr auch diese nicht beträchtlich ins Gewicht fallen. Stellt der Staatsanwalt z. B. fest, dass nach den Grundsätzen dieses Kapitels eine Sicherungsverwahrung gegenüber einer Unterbringung gem. § 63 StGB unbeträchtlich ist, müsste auch die mit der Sicherungsverwahrung verbundene Freiheitsstrafe unbeträchtlich sein. Dies ist etwa dann möglich, wenn auch die Unterbringung nach § 63 StGB mit einer (entsprechend höheren) Strafe verbunden ist. Denkbar ist zudem, dass die Unterbringung gem. § 63 StGB mit einer weiteren Maßregel verbunden ist und die wegfallende Freiheitsstrafe ihr gegenüber nicht beträchtlich ins Gewicht fällt. Dies wäre nach den Grundsätzen für den Vergleich von Strafen mit Maßregeln zu entscheiden.[548] Das folgende Kapitel behandelt also die Frage, wann Maßregeln gegenüber Maßregeln nicht beträchtlich ins Gewicht fallen und das unabhängig davon, ob sie jeweils noch mit einer Strafe verbunden sind oder nicht.

Beim Vergleich der Maßregeln zueinander bedarf es keines quantitativen Maßstabs, weil die Beträchtlichkeit von Maßregeln rein qualitativ zu bestimmen ist. Eine Maßregel fällt dann nicht beträchtlich

---

[548] Siehe hierzu Kapitel D., IV., 2., c), (beginnt bei S. 141).

ins Gewicht, wenn die Bezugssanktion ihren spezialpräventiven Zweck weitgehend mit abdeckt.[549] Für sämtliche Maßregeln gilt, dass sie in jedem Fall erforderlich sind, sofern die Bezugsmaßregel bereits vollständig vollstreckt oder anderweitig erledigt ist oder ihre (unwiderrufliche) Erledigung droht.[550] Denn in diesem Fall kann sie den Zweck der wegfallenden Maßregel schon von vornherein nicht (mehr) abdecken.

(1) Artgleiche Maßregeln

Bei der Beurteilung des Gewichts von Maßregeln gegenüber Maßregeln muss danach unterschieden werden, ob die wegfallende Maßregel mit der Bezugsmaßregel artgleich ist oder nicht. Maßregeln gleicher Art können zwar grundsätzlich nicht aufeinandertreffen, denn artgleiche Maßregeln werden nach den §§ 53 Abs. 3, 52 Abs. 4 und 55 Abs. 2 StGB nicht nebeneinander verhängt. Vielmehr wird die jeweilige Maßregel hier bloß einmal als eine Art „Gesamtmaßregel" angeordnet.[551] Artgleiche Maßregeln können aber dann aufeinandertreffen, wenn unterschiedliche Urteile zu erwarten sind und auch § 55 StGB keine Anwendung findet.[552] Hier kann der Staatsanwalt die Grundsätze der sog. mehrfachen Anordnung heranziehen.

---

549 Vgl. Kapitel D., III., (beginnt bei S. 103).

550 Vgl. in diesem Sinne für § 63 StGB BayObLG, NStZ-RR 2004, 295 (297). Die Erledigung kann etwa dann drohen, wenn der Täter aus einer Unterbringung wegen § 67d Abs. 3 oder Abs. 6 Satz 2 und 3 StGB zu entlassen wäre, LK/*Cirener*, § 63 StGB Rn. 155.

551 Für die §§ 52 Abs. 4 und 53 Abs. 3 StGB vgl. MüKo-StGB/*von Heintschel-Heinegg*, § 53 StGB Rn. 23 f.; für § 55 Abs. 2 StGB vgl. Schönke/Schröder/*Sternberg-Lieben/Bosch*, § 55 StGB Rn. 56 ff.; siehe auch *Bringewat*, Gesamtstrafe Rn. 134 f. und 142 ff. zur Verhängung in einem Urteil sowie 302 ff. zur nachträglichen Gesamtstrafenbildung. Auch in diesem Fall wäre eine Einstellung möglich, wenn sie sich im Ergebnis nur geringfügig auf die „Gesamtmaßregel" auswirkt.

552 Vgl. dazu die Fallkonstellationen der Nachweise in Fn. 553.

Die erneute Anordnung ist unzulässig, sofern sie gegenüber der bereits verhängten Maßregel nicht „erforderlich“ ist.[553] Sofern eine wiederholte Anordnung einer artgleichen Maßregel nach diesen Grundsätzen nicht erforderlich ist, fällt die zu erwartende neue Maßregel nicht beträchtlich ins Gewicht und kann insoweit gem. § 154 Abs. 1 Nr. 1 StPO entfallen.[554]

So ist eine neue Unterbringung gem. § 63 StGB nicht erforderlich, wenn sie kaum eine Wirkung entfalten kann, die über die bereits angeordnete Unterbringung hinausgeht.[555] Dies lässt sich dann annehmen, wenn der Zustand beider Unterbringungen jeweils identisch ist und darüber hinaus auch die neue(n) Symptomtat(en) keine erhöhte Gefährlichkeit des Täters erkennen lassen.[556] In diesem Fall kann die erneute Anordnung weder etwas zum Besserungsziel beitragen, noch ergeben sich aus ihr andere oder zusätzliche Sicherungsmaßnahmen.[557] Darüber hinaus ist eine erneute Unterbringung nach § 63 StGB auch dann nicht erforderlich, wenn zwar die neue(n) Symptomtat(en) eine erhöhte Gefährlichkeit erkennen lassen, jedoch das Vollstreckungsverfahren genauso gut oder besser als das Erkenntnisverfahren dazu geeignet ist, die neue Symptomtat verbindlich festzustellen.[558] Dies ist ausnahmsweise der Fall,[559] z. B., wenn die neue Tat im Maßregelvollzug begangen worden ist und Hergang und Ursachen der Tat ohne umfangreiche Beweisaufnahme zu belegen sind.[560] In aller Regel ist aber das Erkenntnisverfahren wegen der

---

553 Teilweise wird hier auf die Vorschrift des § 72 StGB zurückgegriffen, BayObLG, NStZ-RR 2004, 295; Schönke/Schröder/*Kinzig*, § 72 StGB Rn. 2 m. w. N. Zum Teil wird auch – im Ergebnis entsprechend – § 62 StGB herangezogen, MüKo-StGB/*van Gemmeren*, § 63 StGB Rn. 70 m. w. N.

554 Ähnlich BGHSt 50, 199.

555 BGH, NStZ-RR 2007, 8.

556 BGH, NStZ-RR 2007, 8.

557 BGH, NStZ-RR 2007, 8.

558 BGH, NStZ-RR 2007, 8.

559 BGHSt 50, 199.

560 BGH, NStZ-RR 2007, 8.

umfassenden Aufklärungspflicht und wegen des Strengbeweises vorzuziehen.[561] Es hat auch aus verfassungsrechtlichen Gründen grundsätzlich Vorrang.[562] Bei nicht identischem Zustand beider Unterbringungen ist eine erneute Anordnung aber in jedem Fall erforderlich, weil ein Auswechseln der „Diagnose" durch die Vollstreckungskammer nicht möglich ist.[563] Bei § 63 StGB gilt zudem die Besonderheit, dass bei gleichzeitiger Verhängung einer Freiheitsstrafe die Unterbringung gem. § 67 Abs. 4 StGB auf die Freiheitsstrafe angerechnet wird. Eine wiederholte Unterbringung ist daher erforderlich, sofern sie zusammen mit einer Freiheitsstrafe verhängt wird.[564] Die Anrechnung der bereits angeordneten Unterbringung auf die hinzukommende Freiheitsstrafe ist regelmäßig nur auf diese Weise möglich.[565] Dies liegt an der Vorschrift des § 67 Abs. 4 StGB, welche eine Anrechnung der Unterbringung auf die Freiheitsstrafe nur bei Verfahrenseinheit zulässt.[566] Da die Anrechnung die Resozialisierung des Täters fördert, muss die Unterbringung demnach erneut angeordnet werden, wenn mit ihr zugleich eine Freiheitsstrafe verhängt wird.[567] Dieser Aspekt dürfte bei § 154 Abs. 1 Nr. 1 StPO keine Rolle spielen, weil die mit der wiederholten Unterbringung verhängte Freiheitsstrafe durch Einstellung ebenso entfällt. Dementsprechend fällt eine erneute Unterbringung gem. § 63 StGB dann nicht beträchtlich ins Gewicht, wenn zwei Voraussetzungen erfüllt sind:

---

561 BGHSt 50, 199.

562 Vgl. dazu BVerfGE 86, 288; BGHSt 50, 199.

563 LG Kleve, Urt. v. vom 14.03.2011 - 120 KLs 45/10; MüKo-StGB/*van Gemmeren*, § 63 StGB Rn. 70.

564 BGHSt 50, 199.

565 BGHSt 50, 199.

566 BGHSt 50, 199; vgl. aber § 57 Abs. 6 StGB, der jedoch unter strengen Voraussetzungen gilt.

567 MüKo-StGB/*van Gemmeren*, § 63 StGB Rn. 70.

1. Der neuen und der bereits angeordneten Unterbringung liegt jeweils derselbe Zustand zugrunde.
2. Die neue Symptomtat lässt keine erhöhte Gefährlichkeit erkennen oder ist im Vollstreckungsverfahren ebenso gut feststellbar.

Ob die h. M. die für § 63 StGB geltenden Grundsätze auch auf § 66 StGB überträgt, scheint bisher ungeklärt.[568] Gemeint ist die Konstellation, dass der Täter später wegen einer anderen Tat verurteilt wird und diesbezüglich eine erneute Sicherungsverwahrung anstünde. Klar dürfte jedoch sein, dass auch hier jedenfalls der Verhältnismäßigkeitsgrundsatz gilt.[569] Sofern die erneute Anordnung unverhältnismäßig ist, darf der Richter sie nicht anordnen. Dabei kann dies unter anderem deshalb der Fall sein, weil bereits eine Sicherungsverwahrung vollstreckt wird.[570] Sofern auch die mit der neuen Sicherungsverwahrung verbundene Freiheitsstrafe nicht beträchtlich ins Gewicht fällt, kann der Staatsanwalt hier also nach § 154 Abs. 1 Nr. 1 StPO verfahren.

Eine erneute Anordnung nach § 64 StGB ist stets erforderlich.[571] Dies gilt, weil wegen § 67f StGB die Gesamtdauer der Unterbringung andernfalls verkürzt würde. § 67f StGB lässt bei der erneuten

---

568 Siehe etwa MüKo-StGB/*Drenkhahn/Morgenstern*, § 66 StGB Rn. 123, der bei der erneuten Anordnung nach § 66 StGB von einer „Parallelproblematik" der mehrfachen Anordnung gem. § 63 StGB spricht. Siehe aber LK/*Peglau*, § 66 StGB Rn. 210, der meint, die Sicherungsverwahrung müsse nach „allgemeiner Meinung" auch unabhängig von § 72 StGB stets erneut angeordnet werden, wobei er in Rn. 211 die Auffassung von MüKo-StGB/*Drenkhahn/Morgenstern*, § 66 StGB Rn. 123 erwähnt.

569 BGH, Beschl. v. 17.09.1998 – 5 StR 404/9; MüKo-StGB/*Drenkhahn/Morgenstern*, § 66 StGB Rn. 123.

570 Vgl. BGH, Beschl. v. 17.09.1998 – 5 StR 404/9.

571 BGH NStZ 1992, 432.

Anordnung die Frist der Unterbringung (§ 67d Abs. 1 StGB) erneut beginnen.[572]

Auch die Anordnung einer erneuten Fahrerlaubnissperre ist grundsätzlich möglich.[573] Die Fristen der beiden Sperren laufen dann aber parallel, soweit sie sich überschneiden.[574] Daraus folgt, dass eine inhaltsgleiche Fahrerlaubnissperre nicht erforderlich ist, sofern die Frist der neuen Fahrerlaubnissperre früher oder gleichzeitig mit der bereits verhängten Fahrerlaubnissperre ablaufen würde. Zudem müssen auch hier die neuen Taten den bereits festgestellten ähnlich oder mit ihnen identisch sein, weil sich die erneute Anordnung andernfalls auf eine Entscheidung nach § 69a Abs. 7 StGB auswirken könnte.

Für das Berufsverbot nach § 70 StGB gelten die Ausführungen zu den §§ 69, 69a StGB entsprechend. Allerdings ist hier zu beachten, dass sich das Berufsverbot inhaltlich auf unterschiedliche Berufe beziehen kann. In dem Fall wäre auch die wiederholte Anordnung eines Berufsverbots erforderlich.

(2) Artverschiedene Maßregeln

Bei artverschiedenen Maßregeln lassen sich Rückschlüsse aus der Vorschrift des § 72 StGB ziehen. Sie gilt generell, wenn artverschiedene Maßregeln in einem oder in unterschiedlichen Urteilen zu verhängen sind.[575] Sofern eine Maßregel den Zweck einer anderen Maßregel mit abdeckt, ist sie nicht erforderlich und demnach auch nicht

---

572 MüKo-StGB/*Groß/Veh*, § 67f StGB Rn. 5.

573 MüKo-StGB/*von Heintschel-Heinegg/Huber*, § 69a StGB Rn. 39 m. w. N.

574 MüKo-StGB/*von Heintschel-Heinegg/Huber*, § 69a StGB Rn. 39 m. w. N.

575 § 72 StGB findet Anwendung, wenn Straftaten gemeinsam abgeurteilt werden, BOK-StGB/*Stoll*, § 72 StGB Rn. 1. Dasselbe gilt bei nachträglicher Gesamtstrafenbildung. Hier hat, bei artverschiedenen Maßregeln, § 72 StGB Vorrang vor § 55 Abs. 2 StGB, vgl. BGH NJW 1997, 875; BOK-StGB/*Stoll*, § 72 StGB Rn. 1. Ist die Maßregel nicht nach § 55 StGB einbeziehungsfähig,

zu verhängen (§ 72 Abs. 1 Satz 1 StGB). Darüber hinaus regelt § 72 Abs. 1 Satz 2 StGB, dass bei gleich geeigneten Maßregeln diejenige verhängt wird, welche den Täter am wenigsten beschwert. Diese Erwägung spielt im Rahmen des § 154 StPO keine Rolle. § 154 Abs. 1 Nr. 1 StPO liegt nicht im Interesse des Verdächtigen.[576] Für die Frage der Beträchtlichkeit einer Maßregel kommt es also alleine auf den Rechtsgedanken des § 72 Abs. 1 Satz 1 StGB an. Sofern zu erwarten ist, dass eine bestimmte Maßregel wegen § 72 Abs. 1 Satz 1 StGB entbehrlich wäre, fällt die Maßregel nicht beträchtlich ins Gewicht.[577] Die der Maßregel zugrunde liegenden Taten können also entfallen, sofern sie nicht zugleich auch zu einer Strafe führen würden, die ihrerseits beträchtlich ins Gewicht fällt. Zu beachten ist aber, dass die Einstellung nach § 154 StPO auch den Nachweis der einzustellenden Tat verhindert. Das bedeutet, dass der Staatsanwalt solche Taten, die auf eine höhere Gefährlichkeit des Täters hinweisen, nicht einstellen kann, sofern ihr Nachweis im Vollstreckungsverfahren nicht ebenso gut gelingt. Eine Einstellung ist also möglich, wenn kumulativ drei Voraussetzungen erfüllt sind:

1. Die artverschiedene Maßregel ist nach den Grundsätzen des § 72 Abs. 1 Satz 1 StGB entbehrlich.
2. Die Einstellung führt nicht zum Entfall einer Strafe, die beträchtlich ins Gewicht fällt.

---

ist ebenso § 72 StGB anzuwenden, vgl. LK/*Valerius*, § 72 StGB Rn. 9 m. w. N.

576 Siehe Kapitel C., II., 2., b), (beginnt bei S. 44).

577 Genau genommen ist die Maßregel i. d. R. wegen § 72 Abs. 1 Satz 1 StGB schon nicht zu erwarten. Eine Ausnahme kann gelten, wenn sie den Betroffenen weniger beschwert als die gleich effektive Bezugsmaßregel. Hier wäre wegen § 72 Abs. 1 Satz 2 StGB die wegfallende Maßregel zu verhängen, weswegen sie zu erwarten wäre.

3. Die einzustellende Tat lässt keine erhöhte Gefährlichkeit erkennen, die im Erkenntnisverfahren besser feststellbar ist als im Vollstreckungsverfahren.

Aus § 72 Abs. 1 Satz 1 StGB folgt, dass sich eine generelle Rangfolge zwischen den einzelnen Maßregeln nicht aufstellen lässt.[578] Dennoch existieren hier verschiedene Leitlinien, die das Verhältnis der Maßregeln zueinander betreffen.

Für das Verhältnis zwischen § 63 StGB und § 66 StGB gilt, dass nur die Unterbringung nach § 63 StGB erforderlich ist, sofern die Ursachen für den Hang nach § 66 StGB mit den Ursachen für den Zustand nach § 63 StGB identisch sind.[579] Dies liegt daran, dass der Sicherungszweck des § 66 StGB in diesem Fall auch durch die Unterbringung nach § 63 StGB erfüllt werden kann, da diese ebenso unbefristet ist.[580]

Für das Verhältnis zwischen § 64 StGB und § 66 StGB gilt, dass bei abhängigkeitsbedingtem Hang nur die Unterbringung nach § 64 StGB erforderlich ist, sofern bei erfolgreicher Behandlung der Abhängigkeit die für § 66 StGB erforderliche Gefährlichkeit des Täters entfällt.[581] Für den Erfolg der Behandlung im Vollzug der Unterbringung gem. § 64 StGB muss zudem eine hinreichend konkrete Aussicht bestehen. Andernfalls könnte sie nicht angeordnet werden (§ 64 S. 2 StGB) bzw. wäre zu beenden (§ 67d Abs. 5 StGB). In dem Fall wäre die Bezugsunterbringung gem. § 64 StGB entweder schon nicht zu erwarten, oder es droht zumindest Erledigung, weswegen sie als Bezugssanktion i. S. d. § 154 StPO nicht (mehr) in Betracht kommt.[582] Im Rahmen des § 72 Abs. 1 Satz 1 StGB soll zudem eine

---

578 LK/*Valerius*, § 72 StGB Rn. 6.

579 LK/*Valerius*, § 72 StGB Rn. 24 m. w. N.

580 LK/*Valerius*, § 72 StGB Rn. 24 m. w. N.

581 Schönke/Schröder/*Kinzig*, § 72 StGB Rn. 4b m. w. N.

582 Siehe dazu bereits Kapitel D., IV., 2., b), bb), (beginnt bei S. 130), dritter Absatz des Kapitels.

noch strengere Prognose darüber anzustellen sein, ob der Täter innerhalb der Frist des § 67d Abs. 1 StGB geheilt werden kann.[583] Grund dafür ist, dass die unterbliebene Anordnung der Sicherungsverwahrung nicht auf dem Wege der nachträglichen Sicherungsverwahrung gem. § 66b StGB nachgeholt werden kann.[584] Umgekehrt kann aber nach § 72 Abs. 3 Satz 2 i. V. m. § 67c Abs. 2 Satz 4 und 5 StGB nach erfolgreicher Unterbringung gem. § 64 StGB die Sicherungsverwahrung entfallen.[585] Im Falle des § 154 Abs. 1 Nr. 1 StPO gilt dieser strengere Prognosemaßstab, jedenfalls im Ermittlungsverfahren, nicht, weil nach der Einstellung regelmäßig eine Wiederaufnahme möglich ist, sofern sich herausstellt, dass die Unterbringung gem. § 64 StGB erfolglos war.

Sofern die Abhängigkeit des Täters i. S. d. § 64 StGB auf einer psychischen Erkrankung i. S. d. § 63 StGB beruht, ist nur eine Anordnung nach § 64 StGB erforderlich, wenn dadurch die gem. § 63 StGB vorausgesetzte Gefährlichkeit des Täters abgewendet werden kann.[586] Ebenso wie beim Vergleich zur Sicherungsverwahrung muss für den Erfolg der Behandlung im Vollzug der Unterbringung gem. § 64 StGB eine hinreichend konkrete Aussicht bestehen.

Beim Zusammentreffen ambulanter Maßregeln gilt, dass diese grundsätzlich nebeneinander erforderlich sind, weil sie unterschiedliche Gefahren abwehren.[587] Allerdings sind auch hier Ausnahmen denkbar. Ein Berufsverbot kann etwa neben einer Führungsaufsicht nicht erforderlich sein, wenn letztere wegen der Weisungen gem. § 68b StGB bereits ausreicht, um die dem Berufsverbot zugrunde liegende Gefahr abzuwenden.[588] Dies ist möglich, wenn man eine Weisung nach § 68b Abs. 1 Nr. 4 StGB für zulässig erachtet, die

---

583 LK/*Valerius*, § 72 StGB Rn. 21 m. w. N.

584 LK/*Valerius*, § 72 StGB Rn. 21 m. w. N.

585 LK/*Valerius*, § 72 StGB Rn. 21 m. w. N.

586 LK/*Valerius*, § 72 StGB Rn. 18.

587 LK/*Valerius*, § 72 StGB Rn. 27 m. w. N.

588 LK/*Valerius*, § 72 StGB Rn. 27 m. w. N.

einem Berufsverbot in ihrer Wirkung gleichkommt,[589] und zudem die Frist der Führungsaufsicht diejenige des Berufsverbots überschreitet oder ihr gleicht. Denkbar ist auch, dass ein Berufsverbot neben dem Entzug der Fahrerlaubnis entbehrlich ist, sofern die Fahrerlaubnissperre zeitlich über die Dauer des Berufsverbots hinausgeht. Dies ist möglich, wenn der Betroffene einen Beruf ausübt, für den er zwingend eine Fahrerlaubnis benötigt.

Beim Zusammentreffen von stationären und ambulanten Maßregeln lässt sich nicht pauschal sagen, ambulante Maßregeln seien nicht erforderlich.[590] Ambulante Maßregeln sind gegenüber stationären jedenfalls dann erforderlich, wenn einer von zwei Sachverhalten vorliegt: Erstens, wenn die ambulante Maßregel eine andere Gefahr abwenden soll als die stationäre Maßregel, was auf eine Vielzahl an Fällen zutreffen dürfte. So kann etwa ein Berufsverbot nach § 70 StGB in keinem Zusammenhang mit einer Erkrankung des Täters gem. § 63 StGB stehen. Zweitens ist die ambulante Maßregel neben einer stationären auch dann erforderlich, wenn sie nach dem Vollzug der stationären Maßregel eine eigene Wirkung entfalten kann. Dies ist gerade beim Berufsverbot wegen § 70 Abs. 4 Satz 3 StGB regelmäßig der Fall,[591] ebenso beim Entzug der Fahrerlaubnis, wenn er unbefristet ist (vgl. § 69a Abs. 1 Satz 2 StGB).

Umgekehrt können im Einzelfall auch stationäre Maßregeln gegenüber ambulanten Maßregeln entfallen. So etwa, wenn bei einem i. S. d. § 64 StGB alkoholabhängigen Täter (d. h. vorliegendem Hang i. S. d. § 64 StGB) nur im Straßenverkehr Straftaten zu erwarten sind. In dem Fall kann eine Entziehung der Fahrerlaubnis i. V. m. einer Fahrerlaubnissperre genügen.[592]

---

589 Ob dies möglich ist, ist streitig, vgl. dazu LK/*Valerius*, § 72 StGB Rn. 27 m. w. N.

590 LK/*Valerius*, § 72 StGB Rn. 29 m. w. N.

591 LK/*Valerius*, § 72 StGB Rn. 29.

592 Vgl. LK/*Valerius*, § 72 StGB Rn. 28 m. w. N.

Des Weiteren fallen auch solche Maßregeln nicht beträchtlich ins Gewicht, die zwar i. S. d. § 72 Abs. 1 Satz 1 StGB erforderlich sind, deren Zweck aber weitgehend durch die Bezugssanktion abgedeckt wird.

c) Maßregeln gegenüber Strafen und umgekehrt

Bei der Einstellung von Maßregeln gegenüber Strafen wird häufig, ebenso wie gegenüber Maßregeln, als Ausgangspunkt vertreten, dass erforderliche Maßregeln nicht entfallen könnten.[593] Ansonsten sollen stationäre Maßregeln gegenüber zeitigen Freiheitsstrafen regelmäßig beträchtlich ins Gewicht fallen.[594] Dies wird insbesondere für die Sicherungsverwahrung angenommen.[595] Bei ambulanten Maßregeln, die gegenüber langjährigen Freiheitsstrafen verhängt werden, sei der Einzelfall entscheidend.[596] Geldstrafe soll gegenüber freiheitsentziehenden Maßregeln fast nie beträchtlich ins Gewicht fallen.[597] In jedem Fall sollen aber die Ausnahmen dieselben sein wie bei der Freiheitsstrafe als Bezugssanktion.[598] Demgegenüber wird auch vertreten, dass Maßregeln und Strafen miteinander nicht vergleichbar seien (mit Ausnahme einer Anrechnungsmöglichkeit nach § 67 StGB) und daher stets beträchtlich ins Gewicht fielen, wenn sie aufeinandertreffen.[599]

---

593 Siehe dazu Kapitel D., III., (beginnt bei S. 103), zweiter Absatz des Kapitels.

594 Radtke/Hohmann/*Radtke*, § 154 StPO Rn. 20

595 LR/*Mavany*, 27. Aufl. 2020, § 154 StPO Rn. 23; HK-GS/*Pfordte*, § 154 StPO Rn. 6; SSW-StPO/*Schnabl*, § 154 StPO Rn. 4.

596 KK-StPO/*Diemer*, § 154 StPO Rn. 8; Radtke/Hohmann/*Radtke*, § 154 StPO Rn. 20.

597 LR/*Mavany*, 27. Aufl. 2020, § 154 StPO Rn. 23; Radtke/Hohmann/*Radtke*, § 154 StPO Rn. 20.

598 LR/*Mavany*, 27. Aufl. 2020, § 154 StPO Rn. 23; Radtke/Hohmann/*Radtke*, § 154 StPO Rn. 20.

599 Heghmanns/Scheffler/*Heghmanns*, Kapitel V Rn. 98.

Hierzu soll im Folgenden Stellung bezogen werden. Dabei gilt auch hier, dass eine „Häufung“ verschiedener Sanktionen auftreten kann. Dies wurde bereits beim Verhältnis der Strafen sowie dem Verhältnis der Maßregeln untereinander dargelegt.

aa) Maßregeln gegenüber Strafen

Beim Verhältnis zwischen Maßregeln gegenüber Strafen ist im Ansatz der h. M. zuzustimmen, dass erforderliche Maßregeln nicht entfallen dürfen. Entgegen der h. M. können Maßregeln aber, ebenso wie bei der Einstellung gegenüber weiteren Maßregeln, im Einzelfall auch dann entfallen, wenn sie erforderlich sind, ihr spezialpräventiver Beitrag zum Gesamtergebnis aber gering ist.[600]

Ansonsten fallen in der Tat stationäre Maßregeln gegenüber Strafen grundsätzlich beträchtlich ins Gewicht, weil Strafen die Funktionen der stationären Maßregeln regelmäßig nicht erfüllen können. Der bei den stationären Maßregeln vorliegenden spezifischen Gefährlichkeit (Erkrankung bzw. Hang) des Täters kann in der Regel durch eine Strafe mangels Behandlungsmöglichkeiten nicht begegnet werden.

Auch ambulante Maßregeln erfüllen häufig andere Funktionen als Strafen, sodass auch sie in der Regel nicht entfallen können. Dies gilt insbesondere auch für die Führungsaufsicht im Verhältnis zur Bewährungsstrafe, da erstere einen weitaus umfangreicheren und effektiveren Weisungskatalog aufweisen kann (vgl. § 68b StGB im Vergleich zu § 56c StGB). Gerade deswegen ordnet § 68g StGB einen Vorrang der grundsätzlich einschneidenderen Führungsaufsicht an.[601] Im Einzelfall kann es aber durchaus vorkommen, dass ambulante Maßregeln gegenüber Strafen nicht beträchtlich ins Gewicht fallen. Sofern sich etwa die Weisungen bei einer Führungsaufsicht

---

600 Siehe dazu Kapitel D., III., (beginnt bei S. 103), zweiter Absatz des Kapitels.

601 HKV-Band 3/*Kinzig*, § 65 Rn. 182 m. w. N.

mit denen der Bewährungsstrafe inhaltlich entsprechen[602] und die Führungsaufsicht eine kürzere oder gleich lange Dauer wie die Bewährungsstrafe aufweist, kann sie entfallen. Des Weiteren ist denkbar, dass anstelle einer kurzen Freiheitsstrafe wegen § 47 StGB eine Geldstrafe i. V. m. einer ambulanten Maßregel, beispielsweise einem Entzug der Fahrerlaubnis, zu erwarten wäre.[603] In dem Fall würde eine entsprechend höhere Bezugsfreiheitsstrafe die Maßregel (sowie die Geldstrafe) entbehrlich machen.

Im Übrigen sind sämtliche befristeten Maßregeln gegenüber Freiheitsstrafen nicht erforderlich, wenn ihre Frist während des Freiheitsentzugs ablaufen würde und sie sich deshalb im Ergebnis nicht auswirken können. Dies kann bei der Fahrerlaubnissperre so sein, denn ihre Frist läuft auch, wenn der Täter sich in Strafhaft befindet.[604] Hier ist aber zu beachten, dass mit der Fahrerlaubnissperre häufig zugleich der Führerschein entzogen wird (§ 69a Abs. 1 Satz 1 und 2 StGB), welcher auch nach Vollzug der Freiheitsstrafe entzogen bleibt. Nur wenn die Fahrerlaubnissperre als isolierte Sperre zu erwarten ist (§ 69a Abs. 1 Satz 3 StGB), kann sie gegenüber einer Freiheitsstrafe nicht beträchtlich ins Gewicht fallen. Bei den übrigen befristeten Maßregeln dürfte dies aber nicht vorkommen. Das liegt daran, dass ihre Frist erst nach Vollzug einer Freiheitsstrafe zu laufen beginnt (§ 70 Abs. 4 Satz 3 StGB für das Berufsverbot, § 68c Abs. 4 Satz 2 StGB für die Führungsaufsicht und § 67d Abs. 1 Satz 2 für die Unterbringung gem. § 64 StGB).

---

602 Der Weisungskatalog des § 56c StGB und derjenige des § 68b StGB überschneiden sich zum Teil. Darüber hinaus geht die h. M. davon aus, dass die Weisungen im Rahmen des § 56c StGB nicht durch das Maßregelrecht beschränkt sind, vgl. Schönke/Schröder/*Kinzig*, § 56c StGB Rn. 12.

603 Vgl. zu dieser Möglichkeit MüKo-StGB/*Maier*, § 47 StGB Rn. 37.

604 MüKo-StGB/*von Heintschel-Heinegg/Huber*, § 69a StGB Rn. 40 m. w. N.

bb) Strafen gegenüber Maßregeln

Bei der Beurteilung des Gewichts wegfallender Strafen gegenüber Maßregeln ergibt sich die Besonderheit, dass hier ein quantitativer Vergleich nicht möglich ist.[605] Ausgehend vom Zweck der Strafe muss daher geprüft werden, ob die wegfallende Strafe aus Gerechtigkeitsgründen oder spezial- bzw. generalpräventiven Gründen beträchtlich ins Gewicht fällt. Weil hier insofern ebenso wie bei der Beurteilung des Gewichts einer wegfallenden Maßregel ein rein qualitativer Maßstab gilt, ist dieser aus denselben Gründen restriktiv anzuwenden.[606] Demnach lassen sich folgende Grundsätze aufstellen.

(1) Strafen gegenüber stationären Maßregeln

In spezialpräventiver Hinsicht kann eine Strafe gegenüber einer stationären Maßregel entbehrlich sein. Dies ist der Fall, wenn die Strafe ohnehin keinen spezialpräventiven Effekt haben würde oder aber, wenn die stationäre Maßregel die spezialpräventive Wirkung der Strafe ebenso verwirklicht. Letzteres ist denkbar, wenn die Gefahr, die durch die Maßregel abgewendet werden soll, zugleich Ursache für die Taten ist, welche zu der Strafe geführt haben. Wenn der Täter beispielsweise eine seelische Erkrankung aufweist, kann die Unterbringung gem. § 63 StGB sämtliche spezialpräventiven Aufgaben der gegen den Täter verhängten Strafen übernehmen, wenn der Täter die Taten wegen der Erkrankung begangen hat (und trotzdem schuldfähig war). Letztlich muss der Staatsanwalt sich fragen, ob die Bezugsmaßregel dazu geeignet ist, den Täter von der Begehung von Straftaten abzuhalten, oder ob die Strafe zusätzlich erforderlich ist.

Darüber hinaus können Strafen gegenüber den stationären Maßregeln auch mit Blick auf die Gerechtigkeit und die Generalprävention

---

605 So ähnlich auch schon Heghmanns/Scheffler/*Heghmanns*, Kapitel V Rn. 98.

606 Siehe zu diesen Gründen Kapitel D., III., (beginnt bei S. 103).

unbeträchtlich sein. Stationäre Maßregeln lassen den Schuldausgleich in gewissem Maße entbehrlich werden, weil sie dem Täter, ebenso wie die Freiheitsstrafe, die Freiheit entziehen. Dies zeigt sich an den Anrechnungsvorschriften der §§ 67 Abs. 4 und 6 StGB. Zwar bezwecken die Maßregeln keine Generalprävention.[607] Es wird aber niemand behaupten können, dass (stationäre) Maßregeln nicht ebenso ein die Tat vergeltendes Übel darstellen,[608] welches insbesondere den Schuldausgleich in dieser Hinsicht bis zu einem gewissen Grad entbehrlich werden lassen kann. Aus diesem Grund wird die Verwarnung mit Strafvorbehalt gegenüber stationären Maßregeln fast immer nicht beträchtlich ins Gewicht fallen. Sie bezweckt schon keinen Schuldausgleich[609] und aus generalpräventiven Gründen wird sie aus den o. g. Gründen in aller Regel kaum erforderlich sein. Ansonsten kommt es darauf an, ob konkrete Anhaltspunkte dafür vorliegen, dass die wegfallende Strafe generalpräventiv notwendig ist. Ab sechs Monaten Freiheitsstrafe (bzw. entsprechender Geldstrafe/Fahrverbot) dürfte aber aus generalpräventiven Gründen eine absolute Grenze der Einstellungsfähigkeit erreicht sein. Der Gesetzgeber hält einen Verzicht auf den Schuldausgleich im Bereich der kleinen Kriminalität jedenfalls teilweise für prinzipiell möglich, um spezialpräventive Ziele zu verwirklichen, grundsätzlich jedoch nicht darüber (vgl. die §§ 47 und 56 Abs. 3 StGB). Für eine Grenze von sechs Monaten spricht auch, dass bei einer Einstellung gem. § 154 StPO, im Gegensatz zur Situation der §§ 47, 56 Abs. 1 StGB, keinerlei Schuldausgleich mehr erfolgt. Zudem ist es theoretisch möglich, dass der Täter mangels spezialpräventiver Erforderlichkeit sehr früh aus dem Maßregelvollzug entlassen wird (vgl. § 67d Abs. 2 Satz 1 StGB).

---

607 Siehe Nachweis in Fn. 307.

608 Siehe hierzu BVerfG NJW 2012, 1784 Rn. 61.

609 Sie ist keine Strafe, vgl. Nachweis in Fn. 449.

(2) Strafen gegenüber ambulanten Maßregeln

Strafen sind mit ambulanten Maßregeln grundsätzlich nicht vergleichbar, weswegen sie mit Blick auf den Schuldausgleich und die Generalprävention regelmäßig als beträchtlich zu bewerten sind. Ausnahmen können, ebenso wie beim Vergleich mit stationären Maßregeln, aus der faktischen Vergleichbarkeit folgen. In jedem Fall muss aber auch hier die Grenze von sechs Monaten Freiheitsstrafe gelten.

Eine faktische Vergleichbarkeit besteht etwa zwischen Geldstrafe und Berufsverbot. Denn häufig erleidet der Täter durch ein Berufsverbot Vermögenseinbußen, welche durch jenes Verbot an sich nicht bezweckt sind. § 70 StGB dient nicht der Bestrafung durch Vermögensminderung, sondern verfolgt ausschließlich den Zweck der Sicherung.[610] Wenn sich das Berufsverbot auf eine Weise vermögensmindernd auswirkt, die der Geldstrafe in etwa gleichkommt, ist letztere daher, aufgrund faktischer Vergleichbarkeit, nicht mehr notwendig. Dabei muss im Einzelfall geprüft werden, inwiefern sich das Berufsverbot beim Verdächtigen vermögensmindernd auswirken würde und wie hoch die Geldstrafe wäre. Hierbei ist zu beachten, dass der Verdächtige im Falle des Berufsverbots die Möglichkeit hat, anderen Berufen nachzugehen und so möglicherweise wieder ein geregeltes Einkommen sicherzustellen. Bei sehr geringen Geldstrafen (unter 30 Tagessätzen) kann aber regelmäßig davon ausgegangen werden, dass ein Berufsverbot entsprechende Vermögenseinbußen nach sich zieht.

Auch bei der Bewährungsstrafe im Vergleich zur Führungsaufsicht könnte man eine faktische Vergleichbarkeit annehmen. Sowohl die Bewährungsstrafe als auch die Führungsaufsicht bewirken eine spezialpräventive Einwirkung auf den Täter in Freiheit.[611] Dabei geht

---

[610] BOK-StGB/*Stoll*, § 70 Rn. 1

[611] LK/*Baur*, Vor. § 68 StGB Rn. 8.

das Gesetz mit § 68g Abs. 1 StGB sogar davon aus, dass die Führungsaufsicht als einschneidendere Maßnahme die spezialpräventiven Aufgaben der Bewährungsstrafe übernehmen kann.[612] Dies gilt zwar nicht für die schuldbezogenen Wirkungen der Bewährungsstrafe, insbesondere auch nicht für die Auflagen gem. § 56b StGB.[613] Allerdings ließe sich hier wieder mit der faktischen Vergleichbarkeit argumentieren, welche den Schuldausgleich womöglich in gewisser Weise entbehrlich werden lässt. Dies ist jedoch nicht der Fall. Dem steht entgegen, dass die Bewährungsstrafe nach § 56f StGB unter dem Vorbehalt des Widerrufs steht. Damit besteht hier von vornherein die Möglichkeit, dass die Bewährungsstrafe doch vollstreckt wird. Damit ist sie der unbedingten Freiheitsstrafe zu ähnlich, als dass sie gem. § 154 StPO gegenüber der Führungsaufsicht entfallen kann. Zwar existiert bei der Führungsaufsicht ein ähnliches Instrument in Form des § 145a StGB. Zudem kompensiert die Norm letztlich das Fehlen einer Möglichkeit des Widerrufs wie bei § 56f StGB, um die Effektivität der Führungsaufsicht sicherzustellen.[614] Allerdings bezieht sich § 145a StGB nur auf einen Verstoß gegen Weisungen. § 56f StGB ermöglicht hingegen einen Widerruf der Aussetzung auch aus anderen Gründen (vgl. § 56f Abs. 1 Nr. 1 und 3 StGB). Daher fällt auch die Bewährungsstrafe gegenüber der Führungsaufsicht stets beträchtlich ins Gewicht.

d) Zwischenergebnis

Die unterschiedlichen Strafarten können zueinander in ein quantitatives Verhältnis gesetzt werden, sodass die zahlenmäßigen Grenzen von einem Drittel und einem Viertel jeweils übertragbar sind. Dabei gilt zunächst im Grundsatz der Vergleichsmaßstab 1:1. Bei der Geldstrafe gilt, dass ein Tagessatz einem Tag Freiheitsstrafe entspricht. Allerdings muss zusätzlich beachtet werden, dass die Strafarten eine

612 Siehe Nachweis in Fn. 601.

613 MüKo-StGB/*Groß/Ruderich*, § 68g StGB Rn. 8; LK/*Baur*, § 68g StGB Rn. 16.

614 LK/*Krehl*, § 145a StGB Rn. 2.

unterschiedliche Schwere aufweisen. So ist die Freiheitsstrafe die schwerste Strafe, gefolgt von der Bewährungsstrafe, dem Fahrverbot, der Geldstrafe und zuletzt der Verwarnung mit Strafvorbehalt. Dementsprechend wiegt etwa ein Tag Freiheitsstrafe etwas mehr als ein Tag Bewährungsstrafe bzw. ein Jahr Freiheitsstrafe etwas mehr als ein Jahr Bewährungsstrafe usw. Auch in qualitativer Hinsicht sind sämtliche Strafen miteinander vergleichbar. Dies gilt insbesondere auch dann, wenn eine schwerere Strafe gegenüber einer milderen durch Einstellung entfallen soll. Zwar fällt die schwerere Strafe regelmäßig beträchtlich ins Gewicht. Es sind aber auch Fälle denkbar, in denen die mildere Strafe zur Erreichung der Strafzwecke ausreichend erscheint.

Beim Vergleich von Maßregeln gegenüber Maßregeln muss der Staatsanwalt danach unterscheiden, ob wegfallende und Bezugsmaßregel artgleich sind oder nicht. Zu einer Häufung artgleicher Maßregeln kann es kommen, wenn beide Maßregeln in unterschiedlichen Urteilen zu erwarten sind und § 55 StGB keine Anwendung findet. In diesem Fall lassen sich die Grundsätze der mehrfachen Anordnung artgleicher Maßregeln heranziehen. Sofern hiernach die neue, artgleiche Maßregel nicht erforderlich ist, kann der Staatsanwalt insoweit nach § 154 Abs. 1 Nr. 1 StPO verfahren. Speziell bei Maßregeln muss er aber stets im Auge behalten, dass durch die Einstellung zugleich eine Strafe entfallen könnte und dass diese dann ebenso nicht beträchtlich ins Gewicht fallen darf. Beim Vergleich artverschiedener Maßregeln ist generell der Rechtsgedanke des § 72 Abs. 1 Satz 1 StGB heranzuziehen. Sofern die wegfallende Maßregel hiernach nicht erforderlich ist und die einzustellende Tat sich auch auf die Bezugsmaßregel qualitativ kaum auswirkt, fällt sie nicht beträchtlich ins Gewicht. Auch hier muss der Staatsanwalt aber beachten, dass die durch Einstellung womöglich ebenso entfallende Strafe genauso wenig beträchtlich ins Gewicht fallen darf.

Wie beim Vergleich von Maßregeln, gilt beim Vergleich von Strafen und Maßregeln untereinander, ein rein qualitativer Maßstab. Sollen Maßregeln gegenüber Strafen entfallen, muss sich der Staatsanwalt fragen, ob die Bezugsstrafe dazu geeignet ist, den spezialpräventiven Zweck der wegfallenden Maßregel zu erfüllen. Dies ist regelmäßig nicht der Fall, weil Maßregeln zu ganz anderen Einwirkungsmöglichkeiten führen als Strafen. In bestimmten Fällen sind aber Ausnahmen denkbar, etwa im Verhältnis Führungsaufsicht/Bewährungsstrafe. Umgekehrt können auch Strafen grundsätzlich nicht gegenüber Maßregeln entfallen, weil letztere keinen Schuldausgleich und auch keine Generalprävention bezwecken. Im Bereich der kleinen und mittleren Kriminalität sind aber Konstellationen denkbar, in denen Strafen gegenüber Maßregeln als unbeträchtlich zu bewerten sind.

E. Die Einstellung nach § 154 Abs. 1 Nr. 2 StPO

Aus der Formulierung „darüber hinaus“[615] sowie dem Zweck der Vorschrift ergibt sich, dass gem. § 154 Abs. 1 Nr. 2 StPO auch beträchtlich ins Gewicht fallende Rechtsfolgen einstellbar sind. Ein quantitativer Vergleich im Sinne des § 154 Abs. 1 Nr. 1 StPO entfällt.[616] Die Norm enthält lediglich die Einschränkung, dass wegen der einzustellenden Tat ein Urteil in angemessener Frist nicht zu erwarten sein darf und zudem die Bezugssanktion zur Einwirkung auf den Täter und zur Verteidigung der Rechtsordnung ausreichend erscheinen muss. Dabei handelt es sich um einen Mindeststandard, woran der Ultima-Ratio Charakter der Vorschrift deutlich wird.[617]

I. Kein Urteil in angemessener Frist

Gem. § 154 Abs. 1 Nr. 2 StPO darf wegen der einzustellenden Tat zunächst ein „Urteil in angemessener Frist“ nicht zu erwarten sein.

1. Anfangs- und Endzeitpunkt der Frist

Gemeint ist ein „Urteil“ in angemessener Frist (§ 154 Abs. 1 Nr. 1 StPO). Endzeitpunkt der Frist ist also die Verhängung des erstinstanzlichen Urteils,[618] auf den Eintritt der Rechtskraft kommt es nicht an.[619]

Anfangszeitpunkt ist der Beginn des Ermittlungsverfahrens.[620] Dies folgt aus dem Sinn des § 154 Abs. 1 Nr. 2 StPO. Auch die Dauer des Ermittlungsverfahrens (und nicht nur die Dauer des Hauptverfah-

---

615 KK-StPO/*Diemer*, § 154 StPO Rn. 11 m. w. N.
616 LR/*Mavany*, 27. Aufl. 2020, § 154 StPO Rn. 26.
617 LR/*Mavany*, 27. Aufl. 2020, § 154 StPO Rn. 27.
618 SSW-StPO/*Schnabl*, § 154 StPO Rn. 6.
619 LR/*Mavany*, 27. Aufl. 2020, § 154 StPO Rn. 29; MüKo-StPO/*Teßmer*, § 154 StPO Rn. 44.
620 So auch *Pott*, §§ 154, 154a StPO S. 80 m. w. N.

rens) ist Teil der häufig bestehenden negativen Auswirkungen überlanger Verfahren auf öffentliche Interessen. Zwar könnte man die Frist auch schon mit dem Tatzeitpunkt beginnen lassen, weil oft bereits ein großer zeitlicher Abstand zwischen Tat und Urteil für die Prävention von Nachteil ist. Allerdings will § 154 Abs. 1 Nr. 2 StPO auch Ressourcen sparen, und Ermittlungsaufwand entsteht erst in dem Moment, in dem das Verfahren eröffnet wird.

2. Ursachen für die Verzögerung

Wortlaut und Gesetzesbegründung gehen im Ansatz davon aus, dass die Ursachen für die Verzögerung irrelevant sind.[621] Dies ist auch mit Blick auf den Zweck der Norm nachvollziehbar, weil eine Verzögerung unabhängig von deren Ursachen Kosten verursachen und Nachteile für öffentliche Interessen haben kann.[622] Wegen des Ultima-Ratio-Charakters der Norm müssen gleichwohl solche Ursachen ausgeblendet werden, die sich durch eine andere Verfahrensgestaltung lösen lassen.[623] Auch die Gesetzesbegründung geht davon indirekt aus, denn hier wird auf die vorrangige Möglichkeit anderer Verfahrensgestaltung, etwa eine Verfahrenstrennung, hingewiesen.[624]

Zudem wird behauptet, dass die Gründe für die Verzögerung in einer Beziehung zum jeweiligen Verfahren stehen müssten.[625] Insbesondere die Gesamtbelastung der Justiz sei daher als Ursache nicht zu

621 Siehe zur Gesetzesbegründung den Nachweis in Fn. 237.

622 Ähnlich auch *Kapahnke*, Opportunität S. 124.

623 LR/*Mavany*, 27. Aufl. 2020, § 154 StPO Rn. 29; MüKo-StPO/*Teßmer*, § 154 StPO Rn. 43; SSW-StPO/*Schnabl*, § 154 StPO Rn. 5; a. A. *Kapahnke*, Opportunität S. 124.

624 Vgl. BT-Drucks. 8/976 S. 39.

625 LR/*Mavany*, 27. Aufl. 2020, § 154 StPO Rn. 29.

beachten.[626] Andernfalls verliere das Tatbestandsmerkmal jede Begrenzung[627] bzw. die Vorschrift ihren Ausnahmecharakter.[628] Auch wenn diese Auffassung nicht unumstritten ist,[629] ist ihr beizupflichten. Die Gründe der Verzögerung müssen sich zumindest aus demselben Verfahren ergeben. Zwar sprechen Wortlaut und Sinn des § 154 Abs. 1 Nr. 2 StPO für eine weite Auslegung.[630] Würde man allerdings eine solche Beziehung nicht fordern, könnte der Staatsanwalt, sofern er nur insgesamt überlastet ist, im Prinzip frei entscheiden, welche Tat er weiterverfolgt und welche nicht. Der Tatbestand wäre für die Einstellung sämtlicher Taten verwirklicht, sobald eine Gesamtbelastung der Justiz vorliegt. Es ist nicht davon auszugehen, dass das in der Weite gewollt ist. Hätte der Gesetzgeber dies gewollt, hätte er das, wegen der weitreichenden Folgen, klarer formuliert.

Abgesehen von den beiden genannten Einschränkungen sind die Gründe der Verzögerung jedoch irrelevant. Sie können vielfältiger Natur sein. Möglich ist etwa ein hoher Ermittlungs- und Verfahrensaufwand (z. B. wegen notwendiger Ermittlungen im Ausland), Unerreichbarkeit wichtiger Zeugen, eine beschränkte Verhandlungsfähigkeit des Beschuldigten[631] oder eine verzögernde Verteidigungstaktik.[632] *Schöch* behauptet, eine Überlastung des Spruchkörpers (bzw. der Staatsanwaltschaft) solle keine zu beachtende Ursache sein.[633] In dem Fall fehle es am Bezug zum konkreten Verfahren. Dieser Aspekt ist aber richtigerweise als Ursache zu beachten,[634] sofern sich diese Überlastung aus dem Verfahren der einzustellenden

626 SK-StPO/*Weßlau/Deiters*, 5. Auflage 2016, § 154 StPO Rn. 21.
627 LR/*Mavany*, 27. Aufl. 2020, § 154 StPO Rn. 29.
628 SK-StPO/*Weßlau/Deiters*, 5. Auflage 2016, § 154 StPO Rn. 21.
629 A. A. etwa *Kapahnke* S. 123 f.
630 So etwa die Argumentation von *Kapahnke*, Opportunität S. 123 f.
631 LR/*Mavany*, 27. Aufl. 2020, § 154 StPO Rn. 29.
632 *Kapahnke*, Opportunität S. 122.
633 AK/*Schöch*, § 154 StPO Rn. 21.
634 So auch LR/*Mavany*, 27. Aufl. 2020, § 154 StPO Rn. 29; *Henneberg*, BB 1979, 585 (590).

Tat selbst ergibt. In diesem Fall ist nämlich der Verfahrensbezug gerade gegeben. Dies kann etwa der Fall sein, wenn das Verfahren derart komplex und umfangreich ist, dass der zuständige Spruchkörper den Überblick zu verlieren droht. Im Übrigen spricht auch die historische Entwicklung dafür, auch in diesem Sinne überlastete Gerichte bzw. Staatsanwälte als Ursachen zu berücksichtigen.[635]

3. Angemessenheit der Frist

Zur Angemessenheit der Frist werden verschiedene Auffassungen vertreten, welche zunächst dargestellt werden. Sodann wird hierzu Stellung bezogen.

a) Aktueller Diskurs

Teilweise wird vertreten, das Merkmal der angemessenen Frist lasse sich anhand konkreter Zeitspannen beziffern. Die meisten Autoren, die diesem Verständnis folgen, orientieren sich hierbei an der Frist des § 121 StPO[636] bzw. an den Verjährungsfristen (§ 78 Abs. 3 StGB)[637]. Aus § 121 StPO lasse sich ableiten, dass der Gesetzgeber eine Dauer von etwa sechs Monaten für ein erstinstanzliches Verfahren als grundsätzlich angemessen ansehe.[638] Bei wichtigeren Verfahren sollten jedoch ein Jahr,[639] zwei[640] oder drei[641] Jahre gelten.

---

635 Vgl. dazu insbesondere die Ausführungen in Kapitel B., V., (beginnt bei S. 25).

636 *Kurth*, NJW 1978, 2481 (2482); *Grauhan*, GA 1976, 225 (227); *Kapahnke*, Opportunität S. 125.

637 *Grauhan*, GA 1976, 225 (227).

638 *Kurth*, NJW 1978, 2481 (2482); *Grauhan*, GA 1976, 225 (227).

639 *Kurth*, NJW 1978, 2481 (2482); *Grauhan*, GA 1976, 225 (227).

640 *Kurth*, NJW 1978, 2481 (2482).

641 *Grauhan*, GA 1976, 225 (227).

Die überwiegende Ansicht verweist jedoch auf die Umstände des Einzelfalles und bestreitet sowohl die Existenz schematischer Grenzen als auch eine grobe Orientierung an solchen Grenzwerten.[642] Gegen eine Orientierung an § 121 StPO wird eingewandt, dass es zahlreiche Verfahren gebe, in denen eine Überschreitung von sechs Monaten regelmäßige Praxis sei, weswegen eine solche Frist nicht praxistauglich sei.[643] Zudem wird eingewandt, dass die Frist des § 121 StPO die Verhältnismäßigkeit einer Untersuchungshaft betreffe, jedoch keine Aussage darüber tätige, welche Dauer für ein Verfahren angemessen sei.[644] Überdies würden schematische Grenzen den Umständen des Einzelfalles nicht genügend Rechnung tragen.[645]

Innerhalb der h. M. werden wiederum verschiedene Maßstäbe angeboten, die für die Einzelfallentscheidung gelten sollen. So vertritt *Schmitt* die Auffassung, es sei auf einen Maßstab abnehmender Effizienz abzustellen.[646] Der Zeitablauf beeinträchtige die Wirkung der Sanktion.[647] Je geringer die Wirkung der wegfallenden Rechtsfolgen wegen Zeitablaufs ausfalle, umso eher sei eine Einstellung vertretbar.[648] Die Frage, ob die Sanktionswirkung für eine Einstellung ge-

---

642 LR/*Mavany*, 27. Aufl. 2020, § 154 StPO Rn. 30; KK-StPO/*Diemer*, § 154 StPO Rn. 13; MüKo-StPO/*Teßmer*, § 154 StPO Rn. 44; im Ergebnis ebenso Meyer-Goßner/Schmitt/*Schmitt*, § 154 StPO Rn. 9 ff.; *Nestler*, JA 2012, 88 (92 f.).

643 *Henneberg*, BB 1979, 585 (590) für Steuerstrafsachen.

644 MüKo-StPO/*Teßmer*, § 154 StPO Rn. 44.

645 MüKo-StPO/*Teßmer*, § 154 StPO Rn. 44; KK-StPO/*Diemer*, § 154 StPO Rn. 13.

646 Meyer-Goßner/Schmitt/*Schmitt*, § 154 StPO Rn. 9 ff.; ebenso auf den Maßstab abnehmender Effizienz abstellend *Kapahnke*, Opportunität S. 127, der sich jedoch gleichzeitig an § 121 StPO und den Verjährungsfristen orientieren will, vgl. Fn. 636.

647 Meyer-Goßner/Schmitt/*Schmitt*, § 154 StPO Rn. 9.

648 Meyer-Goßner/Schmitt/*Schmitt*, § 154 StPO Rn. 9.

ring genug sei, solle dabei mit Blick auf die Bezugsrechtsfolgen beantwortet werden.[649] Sofern das Verfahren wegen der Bezugssanktion bereits rechtskräftig abgeschlossen ist, sei die Ermittlungsdauer unangemessen lang, wenn die wegfallenden Rechtsfolgen nach Vollstreckung der Bezugsrechtsfolgen bloß eine geringe Wirkung entfalten.[650] Sofern die Verfahren wegen beider Taten noch durchzuführen sind und beide Taten in verschiedenen Verfahren verfolgt werden, komme es darauf an, wie weit beide Urteile auseinander liegen.[651] Je geringer die zusätzliche Wirkung durch das spätere Urteil ausfällt, umso weniger sei eine diesbezügliche Verfahrensfrist noch angemessen.[652] In eine ähnliche Richtung gehen auch die Überlegungen von *Heghmanns*, der auf den durch Zeitablauf verminderten Präventionserfolg abstellt, der durch die Verfolgung der einzustellenden Tat noch eintreten kann.[653] Sofern dieser Präventionserfolg im Vergleich zum Präventionserfolg einer anderen Bestrafung nicht beträchtlich ins Gewicht fällt, sei ein Urteil in angemessener Frist nicht zu erwarten.

Die überwiegende Meinung stellt hingegen auf die verfahrenstypische Normaldauer ab, jedoch mit unterschiedlichen Nuancen. So meint *Mavany*, die Frist sei dann nicht mehr angemessen, wenn sie die unvermeidbare Dauer von Verfahren vergleichbarer Art wesentlich übersteige.[654] Zu beachtende Kriterien seien die Bedeutung der Sache, der Ermittlungsaufwand und die zu erwartenden Rechtsfolgen.[655] *Gercke* folgt dieser Ansicht, ergänzt sie jedoch um die o. g. Forderung *Schmitts*, es sei zu berücksichtigen, ob das Verfahren der

649 Meyer-Goßner/Schmitt/*Schmitt*, § 154 StPO Rn. 9.
650 Meyer-Goßner/Schmitt/*Schmitt*, § 154 StPO Rn. 10.
651 Meyer-Goßner/Schmitt/*Schmitt*, § 154 StPO Rn. 11.
652 Meyer-Goßner/Schmitt/*Schmitt*, § 154 StPO Rn. 11.
653 Heghmanns/Hermann/*Heghmanns*, Kapitel D. Rn. 896.
654 LR/*Mavany*, 27. Aufl. 2020, § 154 StPO Rn. 30.
655 LR/*Mavany*, 27. Aufl. 2020, § 154 StPO Rn. 30.

Bezugstat bereits abgeschlossen ist oder beide Urteile in unterschiedlichen Verfahren noch zu erwarten sind.[656] *Diemer* geht ebenso im Ansatz von der verfahrenstypischen Normaldauer aus, will aber in Ausnahmefällen auf den Grundsatz abnehmender Effizienz abstellen.[657] Demgegenüber fordert *Kulhanek* lediglich einen Vergleich mit der Dauer vergleichbarer Verfahren, will sodann aber berücksichtigen, ob das Bezugsverfahren bereits rechtskräftig abgeschlossen ist.[658] Sofern bei abgeschlossenem Bezugsverfahren nur eine geringe Sanktionswirkung der einzustellenden Tat zu erwarten ist, sei die Frist eher unangemessen.[659]

Gegen die Orientierung an der verfahrenstypischen Normaldauer wendet sich hingegen *Teßmer*. Er meint, es gäbe keine verfahrenstypische Normaldauer, und vertritt die Auffassung, es sei sachgerecht, sich an den Fristen des Art. 6 Abs. 1 MRK zu orientieren, wobei nicht der Maßstab der rechtsstaatswidrigen Verfahrensverzögerung, sondern das absolute Maß rechtsstaatswidriger Verfahrenslänge gelten solle.[660] Sofern dies nicht tatsachenfundiert zu prognostizieren sei, könne auf den Maßstab abnehmender Effizienz abgestellt werden.[661]

Häufig wird zudem ausgeführt, die Frist des § 154 Abs. 1 Nr. 2 StPO müsse jedenfalls kürzer sein als die des Art. 6 Abs. 1 MRK.[662] Bei Überschreiten der letztgenannten Frist solle daher auch die angemessene Frist gem. § 154 Abs. 1 Nr. 2 StPO überschritten sein.[663] Zudem

---

656 HK-StPO/*Gercke*, § 154 StPO Rn. 6.
657 KK-StPO/*Diemer*, § 154 StPO Rn. 14.
658 KMR/*Kulhanek*, § 154 StPO Rn. 11 (Lfg. 90 März/2019).
659 KMR/*Kulhanek*, § 154 StPO Rn. 11 (Lfg. 90 März/2019).
660 MüKo-StPO/*Teßmer*, § 154 StPO Rn. 44.
661 MüKo-StPO/*Teßmer*, § 154 StPO Rn. 44.
662 LR/*Mavany*, 27. Aufl. 2020, § 154 StPO Rn. 30 m. w. N.
663 Radtke/Hohmann/*Radtke*, § 154 StPO Rn. 25; in diese Richtung auch BGH, Beschl. v. 24.10.2001 – 5 StR 233/01.

solle ein „Urteil" in angemessener Frist nicht zu erwarten sein, sofern mit einer Einstellung, z. B. wegen Verfolgungsverjährung, zu rechnen ist.[664] Ferner findet sich gelegentlich die Aussage, aus der Vorschrift des § 78 Abs. 3 StGB lasse sich entnehmen, der Gesetzgeber mache das sinkende Sanktionsbedürfnis durch Zeitablauf von der Tatschuld abhängig.[665] Eine aufschlussreiche Konsequenz für die Angemessenheit der Frist wird hieraus indes nicht abgeleitet.

b) Die Kriterien für die angemessene Frist

Zutreffend ist die Bewertung, dass jedenfalls § 121 StPO keinen Anhaltspunkt dafür liefert, ab wann ein Verfahren als unangemessen lange i. S. d. § 154 Abs. 1 Nr. 2 StPO zu bewerten ist. § 121 StPO bestimmt eine Sechsmonatsfrist wegen der Verhältnismäßigkeit einer Untersuchungshaft und trifft demnach keine Aussage über eine generell gewünschte Verfahrensdauer. Zudem bezweckt § 121 StPO auch den Schutz desjenigen, der sich in Untersuchungshaft befindet.[666] § 154 Abs. 1 Nr. 2 StPO hingegen liegt nicht im Interesse des Beschuldigten.[667] Aber auch sonst ist der h. M. zu folgen, wonach sich schematische Grenzen generell nicht eignen. Dies liegt am Sinn des § 154 Abs. 1 Nr. 2 StPO, unverhältnismäßigen Ermittlungsaufwand zu vermeiden. Langwierige Ermittlungen für ein Sanktionsergebnis, welches wegen des Zeitablaufs letztlich ohnehin eine geringere Effektivität aufweist, sollen vermieden werden.[668] Da die abnehmende präventive Wirkung der Sanktion nicht 1:1 mit dem Zeitablauf korreliert,[669] kann keine generelle Grenze aufgestellt werden.

---

664 LR/*Mavany*, 27. Aufl. 2020, § 154 StPO Rn. 29.

665 *Grauhan*, GA 1976, 225 (227); *Kapahnke*, Opportunität S. 125.

666 KK-StPO/*Gericke*, § 121 StPO Rn. 1.

667 Siehe Kapitel C., II., 2., b), (beginnt bei S. 44).

668 Siehe Kapitel C., I., (beginnt bei S. 35), dritter Absatz des Kapitels.

669 Vgl. etwa dazu, dass die präventive Wirkung einer Sanktion nicht zwingend durch Zeitablauf sinken muss, sondern im Einzelfall sogar steigen kann *Heghmanns*, ZJS 2008, 197 (200). Vgl. näher zu der Frage, ob sich ein hoher

Als einzige Grenze lässt sich eine Überschreitung der Frist des Art. 6 Abs. 1 MRK heranziehen. Ein in diesem Sinne überlanges Verfahren muss in jedem Fall als unangemessen bewertet werden. Dies liegt aber nicht daran, dass die angemessene Frist i. S. d. § 154 Abs. 1 Nr. 2 StPO irgendeinen Bezug zu Art. 6 Abs. 1 MRK herstellt. Dass § 154 Abs. 1 Nr. 2 StPO eine andere Schutzrichtung hat, wurde bereits erläutert.[670] Vielmehr ist ein Verstoß gegen Art. 6 Abs. 1 MRK als unangemessen zu bewerten, da es sich hierbei um den Verstoß gegen ein Menschenrecht handelt, welcher stets unzulässig ist. Dementsprechend muss jede Frist in diesem Sinne als unangemessen bewertet werden, selbst wenn sie keinen Bezug zu Art. 6 Abs. 1 MRK aufweist. Gleichwohl liefert auch diese Fristgrenze keinen genauen Wert, weil bei der angemessenen Frist i. S. d. Art. 6 Abs. 1 MRK ebenso der Einzelfall entscheidend ist.[671] Unabhängig davon erscheint es jedoch verfehlt, sich unterhalb dieser Grenze an Art. 6 Abs. 1 MRK zu orientieren.

Der Zweck des § 154 Abs. 1 Nr. 2 StPO zwingt vielmehr dazu, den Gedanken der abnehmenden Effizienz anzuwenden. Die „Angemessenheit“ der Frist ist folglich danach zu bestimmen, ob der (lange) Zeitaufwand noch in einem angemessenen Verhältnis zur Sanktionswirkung steht, der durch die Verfolgung herauskommen würde. Auf den Ermittlungsaufwand kommt es nicht direkt an. Dieser wird bloß mittelbar über den Zeitaufwand berücksichtigt, was der Wortlaut der Norm nahelegt („angemessene Frist“). Auch darauf, ob die Sanktionswirkung im Vergleich zu einer anderen Bestrafung nicht beträchtlich ins Gewicht fällt, kommt es nicht an. Die „Absicherung“ der Strafzwecke durch eine andere Bestrafung erfolgt bei § 154 Abs. 1 Nr. 2 StPO nicht über ein Relationskriterium, sondern durch die Einschränkung über die Rechtsfolgenzwecke. Hierin unterscheidet

zeitlicher Abstand zwischen Tatbegehung und Urteil stets, oder bloß je nach Einzelfall, negativ auf die präventiven Strafzwecke auswirkt und jeweils ob nur auf Spezial- oder Generalprävention, *Eckhardt*, Verfahrensdauer S. 29 f.

670 Vgl. Kapitel C., II., 2., b), (beginnt auf S. 44), zweiter Absatz des Kapitels.

671 Vgl. dazu die Nachweise in Fn. 225

sich die Norm insbesondere von § 154 Abs. 1 Nr. 1 StPO. Um zu ermitteln, welcher Zeitaufwand unangemessen ist, lässt sich das Merkmal der verfahrenstypischen Normaldauer heranziehen. Dabei muss man sich an der Normaldauer des Verfahrens der einzustellenden Tat orientieren. Dies legt der Wortlaut des § 154 Abs. 1 Nr. 2 StPO nahe („Urteil wegen dieser Tat"). Da § 154 Abs. 1 Nr. 2 StPO eine Ausnahmevorschrift ist, ist die Angemessenheit zudem eng auszulegen, d. h. die mutmaßliche Verfolgungsdauer muss von der Normaldauer so abweichen, dass sie von ihr klar abgrenzbar ist. Der Behauptung, dass es keine normale Verfahrensdauer gebe, ist nicht zuzustimmen. Zwar wird eine exakte Bezifferung kaum gelingen. Gleichwohl lässt sich die normale Verfahrensdauer anhand einer auf Erfahrungswerten basierenden Beurteilung in etwa abschätzen. Allerdings reicht diese verfahrenstypische Normaldauer als Orientierung nicht aus. Durch sie allein lässt sich nicht ermitteln, welche Frist noch angemessen ist. Denn die „Unangemessenheit" ist gerade nicht die bloße Überschreitung der Normaldauer, sondern ein unangemessenes Verhältnis zwischen Zeitaufwand und Sanktionsergebnis. Das Sanktionsergebnis muss daher über die verfahrenstypische Normaldauer hinaus ebenso betrachtet werden. Die Frage, die dann aufkommt, ist, welches *Verhältnis* zwischen Zeitaufwand und Sanktionsergebnis noch angemessen wäre. Sofern dieses Verhältnis im konkreten Fall überschritten ist, wäre die Frist i. S. d. § 154 Abs. 1 Nr. 2 StPO nicht mehr angemessen. Diese Frage lässt sich aber praktisch kaum beantworten, weil das Gesetz hierzu keine Aussage trifft. Allerdings ließe sich als Anhaltspunkt jenes Sanktionsergebnis heranziehen, welches bei einer normalen Verfolgungsdauer herauskäme. Hier würde das Gesetz das Verhältnis zwischen Zeitaufwand und Sanktionsergebnis in jedem Fall als noch angemessen bewerten. Dieses Verhältnis eröffnet zumindest einen Bezugspunkt, von dem sich das unangemessene Verhältnis entfernen muss. Zudem muss auch die Wertung des § 78 Abs. 2 und 3 StGB berücksichtigt werden, d. h., dass eine höhere Tatschuld eine höhere Ermittlungsdauer rechtfertigt. Das bedeutet, dass das „Sanktionsergebnis" auch den gerechten Schuldausgleich umfasst. Die Konsequenzen für die praktische Anwendung soll das folgende Beispiel erläutern: Angenommen, die Verfolgung mehrerer einzustellenden Diebstähle führt innerhalb eines Verfahrens mutmaßlich zu dem Rechtsfolgenplus einer Freiheitsstrafe von zwei Jahren. Hier muss der Staatsanwalt folgende Schritte beachten:

1. Er muss zunächst anhand von Erfahrungswerten bestimmen, welche Verfahrensdauer für Diebstähle typisch wäre, die mit denen der einzustellenden Diebstähle vergleichbar sind. So erhält er die Normaldauer für Ermittlungen wegen der einzustellenden Taten.

2. Dann muss er abschätzen, welche Sanktionswirkung die Verfolgung der einzustellenden Diebstähle bei einer normalen Verfahrensdauer hätte. Auf diese Weise erhält er ein noch angemessenes Sanktionsergebnis (zwei Jahre Freiheitsstrafe mit der Sanktionswirkung x)

3. Nun muss er die mutmaßliche Verfolgungsdauer wegen der einzustellenden Taten prognostizieren, wobei er hier nur Ursachen berücksichtigen darf, die einen Bezug zum Verfahren aufweisen. Ebenso muss er die Ursachen ausblenden, die sich durch eine andere Verfahrensgestaltung beseitigen lassen (siehe oben). Nur wenn diese mutmaßliche Verfolgungsdauer von der normalen Dauer nach oben abweicht, kommt eine Einstellung in Betracht. Wegen des Ausnahmecharakters der Norm muss diese Abweichung in jedem Fall so deutlich sein, dass sie klar von der Normaldauer abgrenzbar ist.

4. Sodann muss er bewerten, welches Sanktionsergebnis die Verfolgung der einzustellenden Diebstähle mutmaßlich ergeben wird. Dabei muss er auch die Auswirkungen einer weiteren Verfolgung auf die Bezugsrechtsfolgen abschätzen. Wenn die Bezugsrechtsfolgen deshalb an Wirkung verlieren, weil die einzustellenden Diebstähle weiterverfolgt werden, mindert sich das Sanktionsergebnis entsprechend. Da im hier

untersuchten Beispiel sämtliche Taten gemeinsam abzuurteilen sind, dürfte sich die weitere Verfolgung der einzustellenden Diebstähle in jedem Fall auch auf die Bezugsrechtsfolgen auswirken. Denn durch die Verfolgung der einzustellenden Diebstähle verzögert sich das gesamte Verfahren, weswegen auch die Bezugsrechtsfolgen erst später verhängt werden können. In der Regel wird (auch) die präventive Wirkung der Bezugsrechtsfolgen wegen dieser Verzögerung verringert sein und das Sanktionsergebnis entsprechend mindern. Denkbar ist aber auch, dass der Zeitablauf das (präventive) Sanktionsergebnis steigert, wenngleich dies die Ausnahme darstellen dürfte. Zu berücksichtigen ist ebenso, dass sich auch die Höhe der Sanktion durch Zeitablauf verringern kann.[672]

5. Schließlich muss der Staatsanwalt das mutmaßliche Sanktionsergebnis mit dem normalen Sanktionsergebnis vergleichen. Sofern das mutmaßliche Sanktionsergebnis höher ist als das normale Sanktionsergebnis, muss die mutmaßliche Verfolgungsdauer sehr stark von der Normaldauer nach oben abweichen. Ist das mutmaßliche Sanktionsergebnis niedriger, genügt eine geringere Abweichung. Je stärker das mutmaßliche Sanktionsergebnis vom normalen Sanktionsergebnis nach unten abweicht, umso niedriger muss die mutmaßliche Verfolgungsdauer die Normaldauer überschreiten, um als unangemessen bewertet zu werden.

Aus dem Dargestellten folgt, dass es für die Bewertung der angemessenen Frist durchaus einen Unterschied macht, ob die Bezugsrechtsfolgen bereits verhängt wurden oder nicht. Bei bereits ver-

[672] Wegen der Belastungen des Betroffenen, die entweder bei der Strafzumessung Beachtung finden, oder zu einem Vollstreckungsabschlag führen, wenn ein Verstoß gegen Art. 6 Abs. 1 MRK vorliegt, vgl. dazu *Eckhardt*, Verfahrensdauer S. 31 ff.

hängten Bezugsrechtsfolgen kann sich die Verfolgung der einzustellenden Tat(en) nämlich nicht (mehr) auf das Sanktionsergebnis der Bezugsrechtsfolgen auswirken. Hier muss der Staatsanwalt lediglich prognostizieren, welche Wirkung die wegfallenden Rechtsfolgen nach Vollstreckung der Bezugsrechtsfolgen haben würden. Der zeitliche Abstand zwischen dem Urteil der Bezugsrechtsfolgen und dem Urteil der wegfallenden Rechtsfolgen dürfte hingegen keine pauschale Relevanz haben. Hier ist insofern der Einzelfall entscheidend, d. h. der Staatsanwalt muss prüfen, inwiefern sich dieser Umstand auf das mutmaßliche Sanktionsergebnis auswirkt.

II. Die Rechtsfolgenzwecke des § 154 Abs. 1 Nr. 2 StPO

Die Beachtung der Rechtsfolgenzwecke ist bereits für den Fall erörtert worden, dass durch eine Einstellung Strafen entfallen. Sollen durch Einstellung Maßregeln entfallen, gelten im Grundsatz dieselben Maßstäbe wie bei der Einstellung gem. § 154 Abs. 1 Nr. 1 StPO, nur dass der Maßstab hier etwas weniger streng ist.[673]

---

673 Siehe dazu und zur Begründung Kapitel D., III., (beginnt auf S. 103).

F. Prognoseentscheidungen im Rahmen des § 154 StPO

Ist die Bezugssanktion (noch) nicht rechtskräftig verhängt worden, erfordert § 154 Abs. 1 Nr. 1 StPO eine doppelte Prognoseentscheidung[674] – Sofern sie verhängt wurde, entsprechend bloß eine solche wegen der wegfallenden Rechtsfolgen. Der Rechtsanwender muss prognostizieren, welche Sanktionen in welcher Höhe jeweils zu erwarten sind. Für § 154 Abs. 1 Nr. 2 StPO ist eine Prognose über die mutmaßliche Dauer bis zum Urteil wegen der einzustellenden Tat[675] und die mutmaßliche Wirkung der wegfallenden Rechtsfolgen vorzunehmen. Zudem ist sowohl bei § 154 Abs. 1 Nr. 1 StPO als auch bei § 154 Abs. 1 Nr. 2 StPO eine Beurteilung darüber erforderlich, ob die Bezugssanktion zur Einwirkung auf den Täter und zur Verteidigung der Rechtsordnung ausreichend erscheint. Dies erfordert eine Legalprognose mit Blick auf die Wirkungen der Bezugssanktion. Hinsichtlich der Verteidigung der Rechtsordnung ist hingegen keine Prognose erforderlich, weil hier nur bei konkreten Anhaltspunkten von einer relevanten Beeinträchtigung auszugehen ist – dann aber in jedem Fall.[676] Damit enthält § 154 Nr. 1 StPO bis zu drei Prognoseentscheidungen. Zwei, die die Sanktionserwartung, jeweils der wegfallenden Rechtsfolgen und der Bezugssanktion betreffen und eine, die die spezialpräventive Wirkung der Bezugssanktion betrifft. § 154 Abs. 1 Nr. 2 StPO enthält ebenfalls drei Prognoseentscheidungen. Die eine betrifft die mutmaßliche Dauer der Ermittlungen, die zweite die mutmaßliche Wirkung der wegfallenden Rechtsfolgen und die Dritte die spezialpräventive Wirkung der Bezugssanktion. Hierbei stellt sich jeweils die Frage, welchen Ermittlungsgrad die Prognosegrundlagen aufweisen müssen.

Anders als § 154 StPO a. F. (Absehen von der „Erhebung der öffentlichen Klage“) spricht § 154 Abs. 1 StPO vom Absehen der „Verfolgung einer Tat“. Bereits im historischen Teil dieser Untersuchung

---

674 LR/*Mavany*, 27. Aufl. 2020, § 154 StPO Rn. 18.

675 In diesem Sinne auch LR/*Mavany*, 27. Aufl. 2020, § 154 StPO Rn. 33.

676 Vgl. Kapitel D., II., 3., a), bb), (beginnt auf S. 96), dritter Absatz des Kapitels.

wurde gezeigt, dass der Gesetzgeber diese Formulierung geändert hat, damit die Norm in einem möglichst frühen Stadium der Ermittlungen angewendet werden kann. Ebendies entspricht auch dem Zweck der Norm.[677] Der Sachverhalt muss demnach grundsätzlich nicht „durchermittelt" sein.[678] Damit von einer „Verfolgung" gesprochen werden kann, muss aber jedenfalls ein eingeleitetes Ermittlungsverfahren, also Anfangsverdacht bezüglich einer Tat, vorliegen.[679] Ab diesem Zeitpunkt kommt eine Einstellung prinzipiell in Betracht.

Dabei muss der Staatsanwalt zunächst von den Umständen ausgehen, auf die sich sein Tatverdacht (Anfangsverdacht oder höhere Verdachtsstufen) bezieht.[680] Die Prognoseentscheidungen muss er auf Basis dieses Verdachtes vornehmen.[681] Eine genaue Bezifferung der Sanktionen ist indes nur in Grenzfällen nötig. Sofern etwa offensichtlich ist, dass die Sanktion die Grenzen der Beträchtlichkeit nicht überschreiten wird, muss auch die konkrete Sanktionshöhe nicht festgestellt werden.[682] Entsprechend gilt dies für die Prognose darüber, ob ein Urteil in angemessener Frist zu erwarten ist.

Bei der einzustellenden Tat kann es indes im Einzelfall vorkommen, dass der Staatsanwalt bestimmte Umstände durchermitteln muss. Es

---

677 Ebenso KK-StPO/*Diemer*, § 154 StPO Rn. 17; *Kapahnke*, Opportunität S. 109. Insofern ist es auch richtig, dass Nr. 101 Abs. 1 Satz 1 RiStBV dem Staatsanwalt auferlegt, Einstellungen nach § 154 StPO von Beginn der Ermittlungen an zu prüfen.

678 Allgemeine Ansicht, vgl. LR/*Mavany*, 27. Aufl. 2020, § 154 StPO Rn. 33 m. w. N.

679 Im Ergebnis auch KK-StPO/*Diemer*, § 154 StPO Rn. 17. Der Staatsanwalt muss aber nicht ermitteln, ob die Tat eine eigenständige prozessuale Tat darstellt, oder das Delikt lediglich Teil einer Tat ist. Er kann im Zweifel zunächst nach den §§ 154, 154a StPO einstellen, sofern dieser Punkt nicht geklärt ist, LR/*Mavany*, 27. Aufl. 2020, § 154 StPO Rn. 15; vgl. auch BGH, Urt. v. 11.05.1966 - 2 StR 88/66 noch zu den §§ 154, 154a StPO a. F.

680 LR/*Mavany*, 27. Aufl. 2020, § 154 StPO Rn. 33.

681 LR/*Mavany*, 27. Aufl. 2020, § 154 StPO Rn. 33

682 Ähnlich *Kapahnke*, Opportunität S. 109.

kann etwa sein, dass der Beschuldigte mutmaßlich schuldunfähig und deswegen eine Maßregel zu erwarten ist, welche zugleich nicht beträchtlich ins Gewicht fällt. Sofern die zu erwartende Sanktion bei Schuldfähigkeit beträchtlich ins Gewicht fiele, z. B. weil dann eine beträchtliche Strafe zu erwarten wäre, muss der Staatsanwalt die Schuldunfähigkeit durchermitteln. Andernfalls könnte er einstellen, obwohl der Beschuldigte womöglich schuldfähig ist und die an sich zu verhängende Strafe beträchtlich ins Gewicht gefallen wäre. Sofern aber die Einstellung sowohl mit als auch ohne Schuld möglich ist, kann er auch in diesem Fall einstellen, ohne dass eine Durchermittlung nötig wäre. Bei der Prognose bezüglich der Bezugssanktion kann der Tatverdacht hingegen schlicht für sämtliche Umstände unterstellt werden. Hier ist nie Durchermittlung nötig. Das liegt daran, dass hier auch nach Einstellung weiter ermittelt wird und sich insofern im weiteren Verlauf herausstellen kann, ob die Voraussetzungen für die Einstellung später entfallen würden, weil sich die Prognosen als falsch herausstellen. Ist dies der Fall kann der Staatsanwalt das Verfahren wieder aufnehmen.[683] Sind hingegen die Ermittlungen abgeschlossen und liegen die Voraussetzungen des § 170 Abs. 2 StPO vor, darf nicht mehr nach § 154 StPO eingestellt werden.[684] Denn hier ist eine Sanktion der einzustellenden Tat insgesamt nicht mehr zu erwarten.[685]

---

683 Die Staatsanwaltschaft kann das Verfahren jederzeit wieder aufnehmen. Die Absätze 3 bis 5 gelten bloß für die Wiederaufnahme nach einer Einstellung durch das Gericht gem. § 154 Abs. 2 StPO und nicht für die Staatsanwaltschaft, vgl. MüKo-StPO/*Teßmer*, § 154 StPO Rn. 67 m. w. N.; siehe nähere Begründung zu dieser nicht unbestrittenen Ansicht Heghmanns/Scheffler/*Heghmanns*, Kapitel V Rn. 110. Sofern sich die Prognose wegen der Bezugssanktion als falsch herausstellt, ist aber ohnehin gem. § 154 Abs. 4 StPO eine Wiederaufnahme möglich, sofern nicht Verjährung eingetreten ist.

684 Allgemeine Ansicht, vgl. KK-StPO/*Diemer*, § 154 StPO Rn. 17.

685 Ähnlich zu den §§ 153, 153a StPO MüKo-StPO/*Kölbel/Neßeler*, § 170 StPO Rn. 27.

G. Ermessen

Im Ermessen hat der Staatsanwalt das Einstellungsbedürfnis mit dem Sanktionsbedürfnis abzuwägen.[686] Bei mehreren einstellbaren Taten mit jeweils gleicher Sanktionswirkung sind generell diejenigen einzustellen, die den höchsten Ermittlungsaufwand bedeuten würden.[687] Auch sonst muss sich der Einstellende am Sinn des § 154 StPO orientieren. So steigt etwa das Einstellungsbedürfnis, wenn hierdurch Ressourcen auf die Bezugstat verwandt werden können und die Bezugssanktion deshalb an Effektivität hinzugewinnt. Ansonsten kann eine Rolle spielen, ob sich die einzustellende Tat auf die Strafbarkeit anderer Personen auswirken könnte, deren Taten nicht eingestellt werden. Sofern etwa die einzustellende Tat ohnehin festgestellt werden muss, z. B. bei einem Gehilfen, ist die Ressourcenersparnis und damit das Einstellungsbedürfnis gering. Denkbar ist auch, dass die Umstände der einzustellenden Tat sehr eng mit denen der Bezugstat verbunden sind und daher im Ergebnis kaum Ermittlungsaufwand durch eine Einstellung erspart wird.

Ferner müssen Ermittlungen, soweit eine Wiederaufnahme möglich ist, so lange fortgeführt werden, bis sämtliche Beweise gesichert sind, deren Verlust nach einer Einstellung zu besorgen wäre.[688] Das gilt jedoch nur, sofern eine konkrete Gefahr für den Eintritt eines Beweisverlustes besteht.[689] Ein anderes Verständnis führte zu einem faktischen Durchermittlungszwang, da praktisch jeder Beweis in irgendeiner Form verloren gehen kann. Der Wahrscheinlichkeitsmaßstab einer solchen konkreten Gefahr ist dabei strenger anzusetzen, je

---

686 Radtke/Hohmann/*Radtke*, § 154 StPO Rn. 33; Heghmanns/Scheffler/*Heghmanns*, Kapitel V Rn. 105; a. A. offenbar *Ostendorf* GS Eckert S. 640, der davon ausgeht, dass bei Vorliegen der Tatbestandsvoraussetzungen stets eine Ermessensreduzierung auf Null vorliege.

687 In diesem Sinne LR/*Mavany*, 27. Aufl. 2020, § 154 StPO Rn. 24.

688 LR/*Mavany*, 27. Aufl. 2020, § 154 StPO Rn. 33; *Kapahnke*, Opportunität S. 110; *Kurth*, NJW 1978, 2481; vgl. auch BT-Drucks. 8/976 S. 40.

689 *Kapahnke*, Opportunität S. 110.

unwahrscheinlicher eine Verurteilung wegen der Bezugstat ist (und je wahrscheinlicher damit die Notwendigkeit, die Ermittlungen wieder aufzunehmen) und je höher die wegfallenden Rechtsfolgen ausfallen.[690] Wenn die Bezugssanktion bereits verhängt wurde, ist eine Wiederaufnahme der Verfolgung der einzustellenden Tat indes regelmäßig unwahrscheinlich.[691]

Zum Teil wird behauptet, man dürfe nicht einstellen, sofern andernfalls ein wichtiger Strafzumessungsgrund entfalle.[692] Dies leuchtet nicht ein, da der durch die Einstellung entfallende Strafzumessungsgrund bereits im Tatbestand des § 154 StPO Berücksichtigung gefunden hat. Im Falle des § 154 Abs. 1 Nr. 1 StPO etwa sind die wegfallenden Rechtsfolgen das durch Einstellung eintretende Rechtsfolgenminus, welches den Strafzumessungsgrund bereits berücksichtigt. Weiter muss für beide Ziffern die Bezugssanktion zur Einwirkung auf den Täter und zur Verteidigung der Rechtsordnung ausreichend erscheinen. Sofern diese Voraussetzungen erfüllt sind, kann der Strafzumessungsgrund daher entfallen.

Eine Ermessensreduktion auf Null dürfte vorliegen, wenn die wegfallenden Rechtsfolgen sich auf das Gesamtergebnis nicht auswirken können und zudem keine besonderen spezial- oder generalpräventiven Gründe eine Verfolgung gebieten. Spezialpräventive Gründe können sich aber aus dem Bedürfnis ergeben, die Straftat im Bundeszentralregister zu dokumentieren. Dies gilt vor allem dann, wenn die einzustellende Tat ein Unrecht aufweist, welches mit dem Unrecht der Bezugstat und auch dem der sonstigen, bereits eingetragenen Taten nicht identisch ist.[693] Denkbar ist aber auch, dass die Do-

---

690 Ähnlich *Kapahnke*, Opportunität S. 110.

691 *Kapahnke*, Opportunität S. 110 f.; in eine ähnliche Richtung geht auch Heghmanns/Scheffler/*Heghmanns*, Kapitel V Rn. 106.

692 KK-StPO/*Diemer*, § 154 StPO Rn. 9; LR/*Mavany*, 27. Aufl. 2020, § 154 StPO Rn. 25 m. w. N.

693 Ähnlich Heghmanns/Hermann/*Heghmanns*, Kapitel D. Rn. 892.

kumentation der Straftat im Bundeszentralregister zur Versagung oder Entziehung einer behördlichen Erlaubnis führen kann.[694] Auch hier ist eine Verfolgung aus spezialpräventiven Gründen möglich,[695] selbst wenn die einzustellende Tat sich auf das Sanktionsergebnis nicht auswirkt. Auch die Generalprävention kann hier eine Verfolgung gebieten, z. B. bei der anstehenden Einstellung eines Mordes gegenüber einer weiteren Tat, die zu einer lebenslangen Freiheitsstrafe führt.[696]

Eine Ermessensreduktion auf Null dürfte weiter vorliegen, wenn zwar ein gewisses Rechtsfolgenminus durch die Einstellung eintritt, die Bezugssanktion aber gleichwohl die präventiven Zwecke der wegfallenden Rechtsfolgen *vollständig* erfüllt; und zwar so, dass der Schuldausgleich wegen der einzustellenden Taten keinerlei präventiven Sinn mehr hat.[697] In diesem Fall wäre die Verhängung der wegfallenden Rechtsfolgen als reine Vergeltungsstrafe unverhältnismäßig und dürfte nicht erfolgen, weswegen auch weitere Ermittlungen ihren Sinn verlören.[698] Dies mag im Einzelfall denkbar sein, z. B. bei einer Vielzahl von Serienstraftaten. In der Regel decken die Bezugsrechtsfolgen aber die präventiven Zwecke der wegfallenden Rechtsfolgen *nicht vollständig* mit ab. Dass der Tatbestand insgesamt voraussetzt, dass die Bezugsrechtsfolgen zur Einwirkung auf den Täter und zur Verteidigung der Rechtsordnung ausreichend erscheinen müssen, ändert hieran nichts. Denn auch wenn die Bezugssanktion für die Strafzwecke ausreicht, können die wegfallenden Rechtsfolgen in der Regel noch einen Beitrag zur Prävention leisten. Der Maß-

694 Heghmanns/Hermann/*Heghmanns*, Kapitel D. Rn. 892.
695 Heghmanns/Hermann/*Heghmanns*, Kapitel D. Rn. 892.
696 Vgl. dazu auch schon Kapitel D., IV., 2., a), bb), (6), (beginnt auf S. 126), dritter Absatz des Kapitels.
697 Ähnlich SK-StPO/*Weßlau/Deiters*, 5. Auflage 2016, § 154 StPO Rn. 3.
698 In diese Richtung auch SK-StPO/*Weßlau/Deiters*, 5. Auflage 2016, § 154 StPO Rn. 3.

stab, den die Rechtsfolgenzwecke des § 154 Abs. 1 Nr. 2 StPO aufstellen, ist kein absoluter. Vielmehr reicht die Bezugssanktion zur Erreichung der Strafzwecke in vielen Fällen auch dann schon aus, wenn die wegfallenden Rechtsfolgen einen gewissen präventiven Beitrag leisten könnten.[699] Der Behauptung, dass die wegfallenden Rechtsfolgen „zweckrational […] nicht mehr begründbar und damit […] nicht zu rechtfertigen“ seien, wenn die Bezugsrechtsfolgen zur Einwirkung auf den Täter und zur Verteidigung der Rechtsordnung ausreichend erscheinen,[700] ist daher in der Pauschalität nicht zuzustimmen. Im Übrigen kann ohnehin für praktisch jede Sanktion irgendein präventiver Sinn angenommen werden, sei es auch nur mit Blick auf die Verteidigung der Rechtsordnung.[701] Reine Vergeltungsstrafen sind daher ohnehin nur in seltenen Fällen denkbar, sofern der ausschließliche Vergeltungscharakter nicht offensichtlich zelebriert wird.

Eine Ermessensreduktion auf Null liegt ebenso vor, wenn ein Verstoß gegen Art. 6 Abs. 1 MRK gegeben ist und der nach der Vollstreckungslösung des BGH[702] vorzunehmende Abschlag analog § 51 StGB[703] die Gesamtsanktion ohne Einstellung übersteigen würde.[704] Dies gilt ebenso bei den übrigen Fällen des § 51 StGB. Es müssen jedoch auch hier die Voraussetzungen des § 154 StPO vorliegen. Da insbesondere § 154 Abs. 1 Nr. 1 StPO keine Anrechnungen berücksichtigt, ist dies nicht immer der Fall.

---

699 Siehe zu den jeweiligen Maßstäben Kapitel D., II., 3., a), (beginnt auf S. 89).

700 Siehe zu dieser Behauptung SK-StPO/*Weßlau/Deiters*, 5. Auflage 2016, § 154 StPO Rn. 3.

701 Vgl. hierzu etwa die Ausführungen in Kapitel D., II., 3., a), bb), (beginnt auf S. 96), fünfter Absatz des Kapitels; vgl. auch Fn. 255 am Ende.

702 BGH NJW 2008, 860.

703 Siehe hierzu Fn. 368.

704 Zutreffend *Eckhardt*, Verfahrensdauer S. 192 f.

H. Schlussbetrachtung

Anlass dieser Untersuchung waren die Unklarheiten im Rahmen der Auslegung des Tatbestands des § 154 Abs. 1 StPO. Die aktuelle Dogmatik zu dieser Norm lässt klare Kriterien vermissen, die der Normanwender im konkreten Fall anwenden kann. Die Ergebnisse dieser Untersuchung sollen dazu beitragen, diesem Zustand abzuhelfen, also die praktische Anwendung zu erleichtern und auch die rechtlichen Grenzen der Einstellungsentscheidung aufzuzeigen.

Es wurde dargelegt, dass das hinter § 154 StPO stehende Konzept im Wesentlichen die Förderung der Prozessökonomie und der Verfahrensbeschleunigung umfasst.[705] Die Strafverfolgungsorgane sollen mittels Einstellung in die Lage versetzt werden, der Vielzahl an Verfahren, die in der Praxis zu erledigen sind, Herr zu werden und auf diese Weise zugleich die schädlichen Wirkungen langer Strafverfahren zu minimieren. Mit der Norm ist nicht bezweckt, dass die wegfallenden Rechtsfolgen aus Gründen der Verhältnismäßigkeit oder aus diversionellen Gründen entfallen sollen.[706] Vielmehr verzichtet § 154 StPO in seinem Hauptanwendungsbereich auf eine Sanktion, obwohl sie an sich wünschenswert wäre, damit Strafverfahren insgesamt justiziabel gehalten werden können.

Für die Interpretation des Terminus „nicht beträchtlich ins Gewicht fallen" i. S. d. § 154 Abs. 1 Nr. 1 StPO ist zwischen Strafen und Maßregeln der Besserung und Sicherung zu unterscheiden. Beim Vergleich von Strafen ist eine vorwiegend quantitative, zum Teil aber auch strafzweckorientierte Betrachtung angezeigt.[707] Das Gewicht der wegfallenden Strafe ist demnach in erster Linie anhand eines Sanktionshöhenvergleichs mit der Bezugsstrafe zu bestimmen. Aus dieser Betrachtung ergibt sich, dass hier eine rein zahlenmäßige

---

705 Siehe Kapitel C., I. und II., (beginnt einmal auf S. 35 und einmal auf S. 37).

706 Siehe Kapitel C., III. und IV., (beginnt einmal auf S. 46 und einmal auf S. 52).

707 Siehe Kapitel D., I., (beginnt auf S. 62).

relative Grenze bei einem Drittel liegt.[708] Sofern die wegfallende Strafe die gesamten Rechtsfolgen um mehr als ein Drittel kürzen würde, fällt sie demnach in jedem Fall beträchtlich ins Gewicht. Unterhalb dieses Drittels sind die Strafzwecke maßgeblich. Jedoch verliert die Strafhöhe auch hier nicht gänzlich an Bedeutung. Sofern die wegfallende Strafe mehr als ein Viertel der gesamten Rechtsfolgen umfasst, müssen daher die Strafzwecke für ein niedriges Gewicht, d. h. in besonderer Weise für eine Einstellung sprechen.[709] Dies kann etwa dann der Fall sein, wenn die einzustellende Tat und die Bezugstat identisch sind, weil hier die Bezugsstrafe die präventiven Zwecke der wegfallenden Strafe i. d. R. besonders gut mit erfüllen kann.[710] Im Bereich eines Viertels oder darunter müssen die Strafzwecke hingegen in besonderer Weise für eine weitere Verfolgung sprechen, damit trotz niedriger relativer Strafhöhe von Beträchtlichkeit auszugehen ist.[711] Als Maßstab gelten hier die Rechtsfolgenzwecke des § 154 Abs. 1 Nr. 2 StPO. Sofern die wegfallende Strafe zur Einwirkung auf den Täter (Spezialprävention) oder zur Verteidigung der Rechtsordnung (Generalprävention) in diesem Sinne erforderlich ist, fällt sie aus qualitativen Gründen in jedem Fall beträchtlich ins Gewicht. Dieser Maßstab ist allerdings kein absoluter. Vielmehr lässt er gewisse Effektivitätsverluste auch mit Blick auf die präventiven Strafzwecke zu. Das Gewicht von Maßregeln ist hingegen rein zweckorientiert zu bestimmen.[712] Allerdings gelten hier restriktivere Kriterien als bei Strafen. Es genügt nicht, dass die Maßregel zur Einwirkung auf den Täter i. S. d. § 154 Abs. 1 Nr. 2 StPO nicht erforderlich ist. Die Rechtsfolgenzwecke des § 154 Abs. 1 Nr. 2 StPO sind dementsprechend insoweit nicht übertragbar. Eine Maßregel

---

708 Siehe Kapitel D., II., 1., b), (beginnt auf S. 76).
709 Siehe Siehe Kapitel D., II., 1., b), (beginnt auf S. 76).
710 Siehe Siehe Kapitel D., II., 1., b), cc), (beginnt auf S. 83).
711 Siehe Siehe Kapitel D., II., 3., (beginnt auf S. 88).
712 Siehe Kapitel D., III., (beginnt auf S. 103).

kann vielmehr nur dann durch Einstellung entfallen, wenn die Bezugsrechtsfolgen ihren Zweck weitgehend mit abdecken. Wann dies der Fall ist, bestimmt sich nach dem Verhältnis der Maßregeln zu den übrigen Sanktionsarten.

Im Rahmen des § 154 Abs. 1 Nr. 1 StPO können sämtliche Strafen zueinander in ein quantitatives Verhältnis gesetzt werden.[713] Dabei gilt der Umrechnungsmaßstab 1:1, wobei die Geldstrafe nach der Tagessatzzahl zu betrachten ist. Allerdings weist die ihrer Art nach schwerere Strafe ein höheres Gewicht auf, sodass etwa ein Tag Freiheitsstrafe schwerer wiegt als ein Tagessatz Geldstrafe. Aus dieser Vergleichbarkeit folgt, dass auch die ihrer Art nach schwerere Strafe gegenüber einer milderen unbeträchtlich sein kann, wenn sie zahlenmäßig entsprechend niedriger ausfällt.[714] Entscheidend ist, dass die quantitativen Grenzen von einem Drittel bzw. einem Viertel eingehalten sind und die Bezugsstrafe zur Einwirkung auf den Täter und zur Verteidigung der Rechtsordnung ausreichend erscheint. Diese Untersuchung hat ebenso gezeigt, dass für sämtliche Konstellationen Fälle denkbar sind, in denen diese Voraussetzungen erfüllt sind. Einzig gegenüber der Verwarnung mit Strafvorbehalt fallen die Freiheitsstrafe, die Bewährungsstrafe und auch das Fahrverbot stets beträchtlich ins Gewicht.

Beim Vergleich von Maßregeln ist im Wesentlichen der Rechtsgedanke des § 72 Abs. 1 Satz 1 StGB bzw. der Verhältnismäßigkeitsgrundsatz heranzuziehen.[715] Maßregeln, die hiernach neben der Bezugsmaßregel spezialpräventiv nicht erforderlich sind, fallen nicht beträchtlich ins Gewicht. So ist etwa die wiederholte Anordnung einer Unterbringung gem. § 63 StGB nicht erforderlich, wenn ihr derselbe Zustand zugrunde liegt wie einer bereits angeordneten Unterbringung und die neue Symptomtat auch keine erhöhte Gefährlichkeit des Täters erkennen lässt. Ebenso kann etwa eine Unterbringung

[713] Siehe Kapitel D., IV., 2., a), bb), (1), (beginnt auf S. 112).
[714] Siehe Kapitel D., IV., 2., a), bb), (2)-(4), (beginnt auf S. 117).
[715] Siehe Kapitel D., IV., 2., b), bb), (1)-(2), (beginnt auf S. 132).

gem. § 66 StGB gegenüber einer solchen nach § 63 StGB entfallen, wenn die Ursachen für den Hang mit den Ursachen für den Zustand identisch sind und die einzustellende Symptomtat keine erhöhte Gefährlichkeit erkennen lässt. Darüber hinaus fallen auch solche Maßregeln nicht beträchtlich ins Gewicht, die zwar im genannten Sinne einen spezialpräventiven Beitrag leisten können, der jedoch sehr gering ist. Gegenüber Strafen fallen Maßregeln grundsätzlich beträchtlich ins Gewicht, weil Strafen häufig die spezialpräventive Funktion der Maßregeln nicht (vollständig) abdecken können.[716] Im Einzelfall können Maßregeln aber auch gegenüber Strafen als unbeträchtlich zu bewerten sein, so etwa wenn die Frist einer ambulanten Maßregel während der Vollstreckung einer Bezugsfreiheitsstrafe ohnehin ablaufen würde.

Umgekehrt können Strafen gegenüber Maßregeln entfallen, wenn die Strafe weder aus Gerechtigkeitsgründen noch generalpräventiv erforderlich ist und die Bezugsmaßregel die spezialpräventiven Aufgaben der Strafe erfüllt.[717] Eine absolute Grenze liegt hier aus Gründen des gerechten Schuldausgleichs aber jedenfalls bei einer Freiheitsstrafe (bzw. entsprechender Geldstrafe/Fahrverbot) von über sechs Monaten. Diese ist gegenüber sämtlichen Maßregeln stets als beträchtlich einzustufen. Unterhalb dieser Grenze ist es jedoch durchaus denkbar, dass Strafen gegenüber stationären Maßregeln nicht beträchtlich ins Gewicht fallen. Entscheidend ist, dass die stationäre Maßregel die spezialpräventiven Aufgaben der Strafe auch im konkreten Fall erfüllen kann, was im Einzelfall durchaus denkbar ist. Gegenüber ambulanten Maßregeln fallen Strafen hingegen auch unterhalb der Sechsmonatsgrenze in der Regel beträchtlich ins Gewicht. Bei faktischer Vergleichbarkeit kann dies auch anders sein.

---

716 Siehe Kapitel D., IV., 2., c), aa), (beginnt auf S. 142).
717 Siehe Kapitel D., IV., 2., c), bb), (beginnt auf S. 144).

So ist es z. B. denkbar, dass eine Geldstrafe neben einem Berufsverbot unbeträchtlich ist, wenn vom Berufsverbot vermögensmindernde Wirkungen ausgehen, die mit der Geldstrafe vergleichbar sind.

Für die „angemessene Frist“ i. S. d. § 154 Abs. 1 Nr. 2 StPO existiert kein genauer zeitlicher Wert und auch keine pauschale Grenze.[718] Vielmehr muss der Normanwender den Gedanken der abnehmenden Effizienz anwenden. Das bedeutet, er muss sich fragen, ob der lange Zeitaufwand noch in einem angemessenen Verhältnis zur mutmaßlichen Sanktionswirkung steht. Um zu ermitteln, welcher Zeitaufwand für welches Sanktionsergebnis noch angemessen ist, muss er sich an der verfahrenstypischen Normaldauer sowie dem Sanktionsergebnis orientieren, welches bei einer normalen Ermittlungsdauer herauskäme. Sofern das mutmaßliche Sanktionsergebnis im Vergleich zum normalen Sanktionsergebnis stark vermindert ist, genügt bereits eine klare Überschreitung der verfahrenstypischen Normaldauer, um die Frist als unangemessen zu bewerten. Ist das mutmaßliche Sanktionsergebnis hingegen höher als das normale Sanktionsergebnis, muss die mutmaßliche Verfolgungsdauer stark von der Normaldauer abweichen.

Wenn die Tatbestandsvoraussetzungen des § 154 StPO erfüllt sind, steht dem Normanwender ein Ermessen zu.[719] Er muss das Einstellungsbedürfnis mit dem Sanktionsbedürfnis abwägen und sich hierbei am Zweck des § 154 StPO orientieren (Prozessökonomie, Verfahrensbeschleunigung). In bestimmten Konstellationen kann dabei auch eine Ermessensreduzierung auf Null vorliegen, z. B. wenn die wegfallenden Rechtsfolgen keinerlei präventiven Sinn haben und ein etwaiger Schuldausgleich sich als reine Vergeltung darstellen würde.

---

718 Siehe Kapitel E., I., 3., b), (beginnt auf S. 158).
719 Siehe Kapitel G., (beginnt auf S. 169).

Literaturverzeichnis

ALTERNATIVKOMMENTAR zur Strafprozeßordnung in drei Bänden in der Reihe Alternativkommentare: hrsg. von Wassermann, Rudolf, Band 2/Teilband 1: §§ 94 - 212b StPO, Berlin 1992 (zit.: AK/*Bearbeiter*, § Gesetz Rn.)

ASCHROTT, Paul Felix (Hrsg.): Reform des Strafprozesses, Kritische Besprechungen der von der Kommission für die Reform des Strafprozesses gemachten Vorschläge, Berlin 1906 (zit.: *Aschrott*, Besprechungen S.)

BAUMANNS, Silke: Der Beschleunigungsgrundsatz im Strafverfahren – Die Verfahrensüberlänge und ihre Rechtsfolgen, Dissertation, Baden-Baden 2011 (zit.: *Baumanns*, Beschleunigungsgrundsatz S.)

BANDEMER, Dagmar: Einstellung hinter der Einstellung – Absehen von Strafverfolgung nach § 154 I Nr. 1 StPO bei Einstellung nach § 153a StPO im Bezugsverfahren –, NStZ 1988, 297 ff.

BECK´SCHER ONLINE-KOMMENTAR zum Strafgesetzbuch: 59. Edition, Stand: 1. November 2023 hrsg. von Heintschel-Heinegg, Bernd von (zit.: BOK-StGB/*Bearbeiter*, § Gesetz Rn.).

BERZ, Ulrich: Möglichkeiten und Grenzen einer Beschleunigung des Strafverfahrens, NJW 1982, 729 ff.

BLOY, René: Zur Systematik der Einstellungsgründe im Strafverfahren, GA 1980, 161 ff.

BOHNERT, Joachim: Die Abschlußentscheidung des Staatsanwalts, Berlin 1992 (zit.: *Bohnert*, Abschlußentscheidung S.)

BOMHARD, Ernst von/**KOLLER**, Wilhelm: Die Strafprozeßordnung für das Deutsche Reich vom 1. Februar 1877 nebst dem bayerischen Ausführungsgesetze, Nördlingen 1879 (zit.: *Bomhard/Koller*, § Gesetz Anm. Nr.)

BRINGEWAT, Peter: Die Bildung der Gesamtstrafe, Berlin 1987 (zit.: *Bringewat*, Gesamtstrafe Rn.)

BRUNS, Hans-Jürgen/**GÜNTGE**, Georg-Friedrich: Das Recht der Strafzumessung, 3. Auflage, Köln 2019 (zit.: *Bruns/Güntge*, Kapitel Nr. Rn.)

BUMKE, Erwin: Verordnung über Gerichtsverfassung und Strafrechtspflege vom 4. Januar 1924, erläutert von Erwin Bumke, Berlin 1924 (zit.: *Bumke*, Verordnung S.)

DALLINGER, Wilhelm: Konzentration auf das Wesentliche im Strafprozeß, MDR 1966, 797 ff.

DETTMAR, Juliane Sophia: Legalität und Opportunität im Strafprozess, Reformdiskussion und Gesetzgebung von 1977 bis 1933, Dissertation, Berlin 2008 (zit.: *Dettmar*, Opportunität S.)

DUDENREDAKTION (Hrsg.): Duden, Band 10, Das Bedeutungswörterbuch – Bedeutung und Gebrauch von rund 20.000 Wörtern der deutschen Gegenwartssprache, 5. Auflage, Berlin 2018 (zit.: *Dudenredaktion*, Bedeutungswörterbuch, Suchwort „“)

DREIER, Horst (Hrsg.): Grundgesetz-Kommentar, 3. Auflage, Band 2: Art. 20 - 82 GG, Tübingen 2015 (zit.: Dreier-GG/*Bearbeiter*, Art. Rn.)

DUCKWITZ, Eike: Die Verwertbarkeit von nach §§ 154, 154a StPO ausgeschiedenem Prozessstoff bei der Beweiswürdigung und Strafzumessung im Strafverfahren, Dissertation, Göttingen 2017 (zit.: *Duckwitz*, §§ 154, 154a StPO S.)

EBERMAYER, Ludwig: Entwurf eines ersten Gesetzes zur Vereinfachung des Rechtswesens, JW 1924, 249 ff.

ECKHARDT, Sarah Isabell: Überlange Verfahrensdauer und Verhältnismäßigkeit, Dissertation, Baden-Baden 2020 (zit.: *Eckhardt*, Verfahrensdauer S.)

ERB, Volker: Legalität und Opportunität, Habilitation, Berlin 1999 (zit.: *Erb*, Legalität S.)

FISCHER, Thomas: Strafgesetzbuch – mit Nebengesetzen, Kurzkommentar, 71. Auflage, München 2024 (zit.: *Fischer*, § Gesetz Rn.)

GRAUHAN, Hans-Friedrich: Bewältigung von Großverfahren durch Beschränkung des Prozeßstoffs, GA 1976, 225 ff.

GREBING, Gerhardt: Probleme der Tagessatz-Geldstrafe, ZStW 88 (1976), 1050 ff.

HAHN, Carl: Die gesamten Materialien zu den Reichs-Justizgesetzen, 2. Auflage, Band 3 Abteilung 1, Neudruck der Aufgabe Berlin 1885, Aalen 1983 (zit.: *Hahn*, Materialien S.)

HEGHMANNS, Michael: Besprechung von BGH, Beschl. v. 17.01.2008 - GSSt 1/07, Kompensation überlanger Verfahrensdauer, ZJS 2008, 197 ff.

HEGHMANNS, Michael/**HERRMANN**, Gunnar: Das Arbeitsgebiet des Staatsanwalts, 6. Auflage, Köln 2022 (zit.: Heghmanns/Hermann/*Bearbeiter*, Kapitel Rn.)

HEGHMANNS, Michael/**SCHEFFLER**, Uwe (Hrsg.): Handbuch zum Strafverfahren, München 2008 (zit.: Heghmanns/Scheffler/*Bearbeiter*, Kapitel Rn.)

HEIDELBERGER KOMMENTAR AnwaltKommentar zum Strafgesetzbuch: 3. Auflage hrsg. von Leipold, Klaus/Tsambikakis, Michael/Zöller, Mark Alexander, Heidelberg 2020 (zit.: HK-StGB/*Bearbeiter*, § Gesetz Rn.)

HEIDELBERGER KOMMENTAR zur Strafprozessordnung: 7. Auflage hrsg. von Gercke, Björn/Temming, Dieter/Zöller, Mark Alexander, Heidelberg 2023 (zit.: HK-StPO/*Bearbeiter*, § Gesetz Rn.)

HENNEBERG, Ernst von: Die Auswirkungen des Strafverfahrensänderungsgesetzes 1979 auf die Verfolgung von Steuerstrafsachen, BB 1979, 585 ff.

HERRMANN, Joachim: Das Versagen des überlieferten Strafprozeßrechts in Monsterverfahren, ZStW 85 (1973), 255 ff.

HILGENDORF, Eric/**KUDLICH**, Hans/**VALERIUS**, Brian (Hrsg.): Handbuch des Strafrechts, Band 1, Heidelberg 2019; Band

3, Heidelberg 2021; Band 7, Heidelberg 2020; Band 8, Heidelberg 2022 (zit.: HKV-Band Nr./*Bearbeiter*, § Rn.).

HÖRNLE, Tatjana: Straftheorien, 2. Auflage, Tübingen 2017 (zit.: *Hörnle*, Straftheorien S.)

HÖRNLE, Tatjana/**HIRSCH**, Andrew von: Positive Generalprävention und Tadel, GA 1995, 261 ff.

JARASS, Dieter Hans/**PIEROTH**, Bodo (Begr.): Grundgesetz für die Bundesrepublik Deutschland, Kommentar, 17. Auflage, München 2022 (zit.: Jarass/Pieroth/*Bearbeiter*, Art. GG Rn.)

JEUTTER, Friedrich: Sinn und Grenzen des Legalitätsprinzips im Strafverfahren, Dissertation, München 1976 (zit.: *Jeutter*, Legalitätsprinzip S.)

JOHN, Richard Eduard: Die Strafprozeßordnung für das Deutsche Reich nebst Einführungsgesetz, Zweiter Band, Erlangen 1888 (zit.: *John*, § Gesetz Anm. Nr.)

KAPAHNKE, Ulf: Opportunität und Legalität im Strafverfahren, Dissertation, Forchheim 1982 (zit.: *Kapahnke*, Opportunität S.)

KARLSRUHER KOMMENTAR zur Strafprozessordnung – mit GVG, EGGVG und EMRK: 9. Auflage hrsg. von Barthe, Christoph/Gericke, Jan, München 2023 (zit.: KK-StPO/*Bearbeiter*, § Gesetz Rn.)

KETT-STRAUB, Gabriele/**KUDLICH**, Hans: Sanktionenrecht, 2. Auflage, München 2021 (zit.: *Kett-Staub/Kudlich*, Sanktionenrecht § Rn.)

KLEINKECHT, Th./**MÜLLER**, H./**REITBERGER**, L. (Begr.): KMR - Kommentar zur Strafprozessordnung, Loseblattkommentar, hrsg. von Heintschel-Heinegg, Bernd von/Bockemühl, Jan, Stand: 125. Ergänzungslieferung Dezember 2023 (zit.: KMR/*Bearbeiter*, § Gesetz Rn. (Lfg. Monat/Jahr)

KLOEPFER, Michael: Anmerkung zum VG Berlin, Beschluss vom 25.01.1977 – VG Disz. 14/76 –, DVBl. 1977, 740 ff.

KLOEPFER, Michael: Verfahrensdauer und Verfassungsrecht - Verfassungsrechtliche Grenzen der Dauer von Gerichtsverfahren, JZ 1979, 209 ff.

KLUTH, Christopher: Die „Schwere der Schuld" in § 153a StPO – Zugleich ein Vorschlag zur Parallelisierung mit § 59 StGB de lege ferenda, Dissertation, Münster 2016 (zit.: *Kluth*, § 153a StPO S.)

KREHL, Eidam: Überlange Dauer von Strafverfahren, NStZ 2006, 1 ff.

KULHANEK, Tobias: Befriedende Strafzumessung im Tatstrafrecht – Zur Einpassung des Strafzumessungsvorgangs in ein strafrechtliches Gesamtkonzept, NStZ 2020, 65 ff.

KURTH, Joachim Hans: Beschränkung des Prozeßstoffs und Einführung des Tonbandprotokolls durch das Strafverfahrensänderungsgesetz 1979, NJW 1978, 2481 ff.

LEIPZIGER KOMMENTAR zum Strafgesetzbuch: 13. Auflage hrsg. von Cirener, Gabriele/Radtke, Henning/Rissing van Saan, Ruth/Rönnau, Thomas/Schluckebier, Wilhelm, erster Band: Einleitung, §§ 1 - 18 StGB, Berlin/Boston 2020; vierter Band: §§ 38 - 55

StGB, Berlin/Boston 2020; fünfter Band: §§ 56 - 68g StGB, Berlin/Boston 2022; sechster Band: §§ 69-79b StGB, Berlin/Boston 2020; achter Band: §§ 123 - 145d StGB, Berlin/Boston 2021 (zit.: LK/Bearbeiter, § Gesetz Rn.)

LILIENTHAL, Karl von: Der Entwurf einer Strafprozeßordnung und Novelle zum Gerichtsverfassungsgesetze nebst Begründung. Eine kritische Besprechung, ZStW 29 (1909), 188 ff.

LÖWE, Ewald: Die Strafprozeßordnung für das Deutsche Reich nebst dem Gerichtsverfassungsgesetz und den das Strafverfahren betreffenden Bestimmungen der übrigen Reichsgesetze, Kommentar, 1. Auflage, Berlin 1879 (zit.: Löwe/*Löwe*, 1. Aufl. 1879, § Gesetz Anm. Nr.)

LÖWE, Ewald (Begr.): Die Strafprozeßordnung für das Deutsche Reich nebst dem Gerichtsverfassungsgesetz und den das Strafverfahren betreffenden Bestimmungen der übrigen Reichsgesetze, Kommentar, 12. Auflage bearbeitet von Hellweg, August, Berlin 1907 (zit.: Löwe/*Hellweg*, 12. Aufl. 1907, § Gesetz Anm. Nr.)

LÖWE, Ewald (Begr.): Die Strafprozeßordnung für das Deutsche Reich vom 22. März 1924 nebst dem Gerichtsverfassungsgesetz, Kommentar, 18. Auflage bearbeitet von Rosenberg, Werner, Berlin 1929 (zit: LR/*Rosenberg*, 18 Aufl. 1929, § Gesetz Anm. Nr.)

LÖWE, Ewald/**ROSENBERG**, Werner (Begr.): Die Strafprozeßordnung und das Gerichtsverfassungsgesetz, Großkommentar, Erster Band, 22. Auflage hrsg. von Dünnbier, Hanns/Gollwitzer, Walter/Kohlhaas, Max/Sarstedt, Werner/Schäfer, Karl, Berlin 1971 (zit.: LR/*Bearbeiter*, 22. Aufl. 1971, § Gesetz Anm. Nr.)

LÖWE, Ewald/**ROSENBERG**, Werner (Begr.): Die Strafprozeßordnung und das Gerichtsverfassungsgesetz, Großkommentar, 27. Auflage hrsg. von Becker, Jörg-Peter/Erb, Volker/Esser, Rodert/Graalmann-Scheerer, Kirsten/Hilger, Hans/Ignor, Alexander, Fünfter Band, Teilband 1: §§ 151 bis 157 StPO, Berlin 2020; Sechster Band: §§ 212 - 255a StPO, Berlin 2020 (zit.: LR/*Bearbeiter*, 27. Aufl. 2020, § Gesetz Rn.)

MEIER, Bernd-Dieter: Strafrechtliche Sanktionen, 5. Auflage, Berlin 2019 (zit.: *Meier*, Sanktionen S.)

MEYER-GOẞNER, Lutz/**SCHMITT**, Bertram: Strafprozessordnung mit GVG und Nebengesetzen, Kurzkommentar, 66. Auflage, München 2023 (zit.: Meyer-Goßner/Schmitt/*Bearbeiter*, § Gesetz Rn.)

MÖLLER, Bianca: Der Wechsel vom Strafabschlagsmodell hin zur Vollstreckungslösung – Wirklich eine Lösung?, Dissertation, Hamburg 2012 (zit.: *Möller*, Vollstreckungslösung S.)

MUSHOFF, Tobias: Strafe – Maßregel – Sicherungsverwahrung – Eine kritische Untersuchung über das Verhältnis von Schuld und Prävention, Dissertation, Frankfurt a. M. 2008 (zit. *Mushoff*, Sicherungsverwahrung S.)

MÜNCHENER KOMMENTAR zum Strafgesetzbuch: 4. Auflage hrsg. von Erb, Volker/Schäfer, Jürgen, Zweiter Band: §§ 38 - 79b StGB, München 2020 (zit: MüKo-StGB/*Bearbeiter*, § Gesetz Rn.)

MÜNCHENER KOMMENTAR zur Strafprozessordnung: 2. Auflage hrsg. von Knauer, Christoph/Kudlich, Hans/Scheider, Harmut, Zweiter Band: §§ 151 - 332 StPO, München 2023 (zit.: MüKo-StPO/*Bearbeiter*, § Gesetz Rn.)

NAGLER, Johannes: Die Protokolle der Strafprozeßkommission unter Berücksichtung ihres Einflusses auf den Entwurf zur Strafprozeßordnung und die geplante Novelle zum Gerichtsverfassungsgesetz, GS 73 (1909), 97 ff.

NESTLER, Nina: Strafverfahren zwischen Wirtschaftlichkeit und Legalitätsprinzip, JA 2012, 88 ff.

NOMOS HANDKOMMENTAR Gesamtes Strafrecht – StGB, StPO, Nebengesetze: 5. Auflage hrsg. von Dölling, Dieter/Duttge, Gunnar/König, Stefan/Rössner, Dieter, Baden-Baden 2022 (zit.: HK-GS/*Bearbeiter* § Gesetz Rn.)

NOMOS KOMMENTAR zum Strafgesetzbuch: 6. Auflage hrsg. von Kindhäuser, Urs/Neumann, Ulfrid/Paefgen, Hans-Ullrich/Saliger, Frank, Baden-Baden 2023 (zit.: NK-StGB/*Bearbeiter*, § Gesetz Rn.)

OSTENDORF, Heribert: Die Bedeutung unbedeutender Straftaten, in: Hoyer, Andreas/Hattenhauer, Hans/Meyer-Pritzl, Rudolf/Schubert, Werner (Hrsg.): Gedächtnisschrift für Jörn Eckert, Baden-Baden 2008, S. 639-651 (zit.: *Ostendorf*, GS Eckert S.)

PETERS, Karl: Strafprozeß, 4. Auflage, Heidelberg 1985 (zit.: *Peters*, Strafprozeß S.)

PLANKEMANN, Juliane: Überlange Verfahrensdauer im Strafverfahren – Bestimmung – Kompensation – Rechtschutz, Dissertation, Berlin 2015 (zit.: *Plankemann*, Verfahrensdauer S.)

POTT, Christinie: Die Außerkraftsetzung der Legalität durch das Opportunitätsdenken in den Vorschriften der §§ 154, 154a StPO –

Zugleich ein Beitrag zu einer kritischen Strafverfahrensrechtstheorie, Dissertation, Frankfurt am Main 1996 (zit.: *Pott*, §§ 154, 154a StPO S.)

RADTKE, Henning/**HOHMANN**, Olaf (Hrsg.): Strafprozessordnung, Kommentar, München 2011 (zit.: Radtke/Hohmann/*Bearbeiter*, § Gesetz Rn.)

RANFT, Otfried: Strafprozeßrecht, 3. Auflage, Stuttgart 2005 (zit.: *Ranft*, StPO Rn.)

REBMANN, Kurt: Strafprozessuale Bewältigung von Großverfahren, NStZ 1984, 241 ff.

RIEß, Peter: Das Strafverfahrensänderungsgesetz 1979, NJW 1978, 2265 ff.

ROXIN, Claus: Prävention, Tadel und Verantwortung – Zur neuesten Strafzweckdiskussion, GA 2015, 185 ff.

ROXIN, Claus/**GRECO**, Luís: Strafrecht Allgemeiner Teil, Band I, 5. Auflage, München 2020 (zit.: *Roxin/Greco*, Strafrecht AT § Rn.)

SACK, Hans-Jürgen: Beschleunigung von Strafverfahren durch Aufteilung und Beschränkung des Prozeßstoffs, NJW 1976, 604 ff.

SARWEY, Otto von/**THILO**, Gustav: Die Justizgesetzgebung des Deutschen Reichs, Erste Abtheilung, Zweiter Band: Die Strafprozeßordnung, Berlin 1878 (zit.: Sarwey/Thilo/*Bearbeiter*, § Gesetz Anm. Nr.)

SATZGER, Helmut/**SCHLUCKEBIER**, Wilhelm/**WIDMAIER**, Gunter (Begr.): Strafgesetzbuch, Kommentar, 5. Auflage hrsg. von Satzger, Helmut/Schluckebier, Wilhelm, Köln 2021 (zit.: SSW-StGB/*Bearbeiter*, § Gesetz Rn.)

SATZGER, Helmut/**SCHLUCKEBIER**, Wilhelm/**WIDMAIER**, Gunter (Begr.): Strafprozessordnung – Mit GVG und EMRK, Kommentar, 5. Auflage hrsg. von Satzger, Helmut/Schluckebier, Wilhelm, Köln 2023 (zit.: SSW-StPO/*Bearbeiter*, § Gesetz Rn.)

SCHMIDHÄUSER, Eberhard: Zur Frage nach dem Ziel des Strafprozess, in: Bockelmann, Paul/Gallas, Wilhelm (Hrsg.): Festschrift für Eberhard Schmidt zum 70. Geburtstag, 2. Auflage Aalen 1971, S. 511-524 (zit.: *Schmidhäuser*, FS Schmidt S.)

SCHOLZ, Madeleine Jessica: §§ 154, 154a StPO – Dogmatische Probleme und Rechtspraxis, Dissertation, Hamburg 2010 (zit.: *Scholz*, §§ 154, 154a StPO S.)

SCHÖNKE, Adolf/**SCHRÖDER**, Horst (Begr.): Strafgesetzbuch, Kommentar, 30. Auflage, München 2019 (zit.: Schönke/Schröder/*Bearbeiter*, § Gesetz Rn.)

SCHROEDER, Friedrich-Christian: Legalitäts- und Opportunitätsprinzip heute, in: Baumann, Jürgen/Tiedemann, Klaus (Hrsg.): Einheit und Vielfalt des Strafrechts – Festschrift für Karl Peters zum 70. Geburtstag, Tübingen 1974, S. 411-427 (zit.: *Schroeder*, FS Peters, 411 S.)

SCHROTH, Ulrich: Strafrechtliche und strafprozessuale Konsequenzen aus der Überlänge von Strafverfahren, NJW 1990, 29 ff.

SCHWARZE, Friedrich Oskar von: Kommentar zu der Deutschen Strafprozeßordnung und zu den auf dieselbe bezüglichen Bestimmungen des Gerichtsverfassungsgesetzes, Kommentar, Leipzig 1878 (zit.: *Schwarze*, § Gesetz Anm. Nr.)

SCHUBERT, Werner (Hrsg.): Entwürfe einer Strafprozessordnung und Novelle zum Gerichtsverfassungsgesetz nebst Begründung – Bundesratsvorlage von 1908 (einschließlich der vom Bundesrat beschlossenen Änderungen), Reichstagsvorlage von 1909, Neudruck der Aufgabe Berlin 1908, Frankfurt am Main 1991 (zit.: *Schubert*, Quellen 1908, 1909 S.)

SCHUBERT, Werner/**REGGE**, Jürgen (Hrsg.): Quellen zur Reform des Straf- und Strafprozeßrechts, I. Abteilung Weimarer Republik (1918-1932), Band 4 – Von dem Entwurf eines Gesetzes über den Rechtsgang in Strafsachen (1919/20) bis zu der Verordnung über Gerichtsverfassung und Strafrechtspflege (lex Emminger) vom 4.1.1924, Berlin 1999 (zit.: *Schubert*, Quellen 1918-1932 S.)

STRENG, Franz: Strafrechtliche Sanktionen, 3. Auflage, Stuttgart 2012 (zit.: *Streng*, Sanktionen Rn.)

SYSTEMATISCHER KOMMENTAR zum Strafgesetzbuch: 9. Auflage hrsg. von Wolter, Jürgen, Zweiter Band: §§ 38 - 79b StGB, Köln 2016 (zit.: SK-StGB/*Bearbeiter*, § Gesetz Rn.)

SYSTEMATISCHER KOMMENTAR zur Strafprozessordnung – Mit GVG und EMRK: 4. Auflage hrsg. von Wolter, Jürgen, Dritter Band: §§ 137 - 197 StPO, Köln 2011, (zit.: SK-StPO/*Bearbeiter*, 4. Aufl. 2011, § Gesetz Rn.)

SYSTEMATISCHER KOMMENTAR zur Strafprozessordnung – Mit GVG und EMRK: 5. Auflage hrsg, von Wolter, Jürgen, Dritter

Band: §§ 137 - 197 StPO, Köln 2016, (zit.: SK-StPO/*Bearbeiter*, 5. Aufl. 2016, § Gesetz Rn.)

VOLK, Klaus: Kronzeugen praeter legenm? – Vernehmungspraxis, Vorteilsversprechen, Verdunkelungsgefahr, NJW 1996, 879 ff.

VORMBAUM, Thomas: Die Lex Emminger vom 4. Januar 1924 – Vorgeschichte, Inhalt und Auswirkungen – Ein Beitrag zur deutschen Strafrechtsgeschichte des 20. Jahrhunderts, Berlin 1988 (zit.: *Vormbaum*, Lex Emminger S.)

WAßMER, Martin Paul: Rechtsstaatswidrige Verfahrensverzögerungen im Strafverfahren als Verfahrenshindernis von Verfassungs wegen, ZStW 118 (2006), 159 ff.

WEBER, Klaus: Anmerkung zum BGH, Vorlagebeschl. v. 23.08.2007 – 3 StR 50/07, Vorlagebeschluss des 3. Strafsenats zur Vollstreckungslösung bei der Strafzumessung in Fällen rechtsstaatswidriger Verfahrensverzögerung, JR 2008, 36 ff.

Schriften zum Straf-, Strafprozess- und Strafvollzugsrecht

Katrin Gratzfeld
Medizinische Zwangsbehandlung im Strafvollzug
Eine Untersuchung der Länderstrafvollzugsgesetze im Lichte der Rechtsprechung zum Maßregelvollzug
Die medizinische Zwangsbehandlung von Gefangenen im Straf- und Maßregelvollzug ist in der jüngeren verfassungsgerichtlichen Rechtsprechung von zwei Seiten unter Druck geraten: Einerseits durch die Stärkung des Selbstbestimmungsrechts im Maßregelvollzug und andererseits durch das Grundrecht auf freiverantwortlichen Suizid. Aufgrund dieser Entwicklungen hat die Verfasserin die landesrechtlichen Regelungen zur Zwangsbehandlung im Strafvollzug über die in den genannten Entscheidungen unmittelbar angesprochenen Aspekte hinaus darauf überprüft, ob sie den verfassungsrechtlichen Anforderungen genügen. Zudem hat sie zur Beurteilung der Praxisrelevanz der Norm eine empirische Untersuchung in den Strafvollzugsanstalten Nordrhein-Westfalens durchgeführt.
Bd. 15, 2023, 270 S., 39,90 €, br., ISBN 978-3-643-15440-8

Jing Zhou
Täter-Opfer-Ausgleich im Rahmen eines Strafverfahrens in China und Deutschland in rechtsvergleichender Sicht
In China wurde das Strafprozessgesetz im Jahr 2012 novelliert und dabei ein neues Instrument der Strafjustiz – „Täter-Opfer-Ausgleich (TOA)" – eingeführt, nämlich der sog. „Vergleich zwischen den Parteien bei öffentlicher Anklage". Im Vergleich dazu wurde der TOA in Deutschland ungefähr 18 Jahre früher durch das Verbrechensbekämpfungsgesetz ins StGB eingeführt. Die gesetzlichen Konzeptionen des TOAs in China und Deutschland sind unterschiedlich und nicht perfekt. In dieser Arbeit wird die Untersuchung des TOAs im Rahmen eines Strafverfahrens in China und Deutschland in rechtsvergleichender Sicht durchgeführt, um eine optimale Konzeption des TOAs zu finden.
Bd. 14, 2023, 322 S., 54,90 €, br., ISBN 978-3-643-15355-5

Patrick Kappler-Henne
Die objektiven Strafbarkeitsbedingungen im Insolvenzstrafrecht und deren Zusammenhänge
Die Arbeit betrachtet die Bestimmung des Zusammenhangs zwischen den Tatbeständen der Insolvenzdelikte in §§ 283 ff. StGB und dem Eintritt der objektiven Strafbarkeitsbedingung in § 283 Abs. 6 StGB. Rechtsprechung und Literatur suchten u.a. angesichts unverkennbarer Beweisschwierigkeiten seit jeher Abhilfe in einer Nichtanwendung des Zweifelsgrundsatzes und in überwiegend vereinfachenden Formeln zur grundsätzlichen Beschreibung des Zusammenhangs, wobei dennoch bis heute kein Konsens über die inhaltliche Beschaffenheit des Zusammenhangs erreicht werden konnte.
Bd. 13, 2022, 276 S., 49,90 €, br., ISBN 978-3-643-15075-2

Martina Orrù
Analisi comparata dei delitti con particolare riferimento agli elementi normativi culturali
Bd. 12, 2018, 208 S., 39,90 €, br., ISBN-CH 978-3-643-91030-1

LIT Verlag Berlin – Münster – Wien – Zürich – London
Auslieferung Deutschland / Österreich / Schweiz: siehe Impressumsseite

Karin-Maria Wagner
Legitimationsprobleme des Rechtsinstituts der strafbefreienden Selbstanzeige
Bd. 11, 2017, 212 S., 39,90 €, br., ISBN 978-3-643-13847-7

Anna Katharina Busch
Ist die strafwürdige Beeinflussung und Beeinflussbarkeit von Bundestagsabgeordneten durch § 108e StGB hinreichend geregelt?
Eine die Möglichkeit des akzessorischen Strafrechts berücksichtigende Untersuchung
Bd. 10, 2017, 216 S., 39,90 €, br., ISBN 978-3-643-13677-0

Beiträge zur Strafrechtswissenschaft

hrsg. von Prof. Dr. Dr. Dr. h.c. Thomas Vormbaum (FernUniversität Hagen) unter Mitwirkung von Prof. Dr. Michael Bohlander und Prof. Dr. Martina Haedrich

Eugenia Goncearova
Das Verbrechen der Aggression nach dem Rom-Statut und die Gerichtbarkeit des Internationalen Strafgerichtshofes
Bd. 22, 2021, 368 S., 49,90 €, gb., ISBN 978-3-643-14827-8

Sarah Beatrice Thelen
Die Verfolgung Unschuldiger
Eine kritische Würdigung des §344 StGB
Bd. 21, 2017, 450 S., 54,90 €, gb., ISBN 978-3-643-13494-3

Lutz Böttger
Die Entwicklung des Strafprozessrechts in den 60er und 70er Jahren des 20. Jahrhunderts
Bd. 20, 2016, 324 S., 49,90 €, gb., ISBN 978-3-643-13236-9

Beiträge zur Strafrechtswissenschaft

Paperbacks
hrsg. von Prof. Dr. Dr. Dr. h.c. Thomas Vormbaum
(Fern Universität Hagen)

Marco Rehmet
Der Geltungsbereich der Sportkorruption
Eine strafanwendungsrechtliche Untersuchung des Sportwettbetrugs (§265c StGB) und der Manipulation berufssportlicher Wettbewerbe (§265d StGB)
Bd. 16, 2022, 268 S., 44,90 €, br., ISBN 978-3-643-15181-0

Jana Höhme
Untreuerelevante Pflichtwidrigkeit bei Risikogeschäften
Zugleich ein Beitrag zur strafrechtlichen Aufarbeitung der Finanzkrise am Beispiel der Untreue
Bd. 15, 2019, 262 S., 44,90 €, br., ISBN 978-3-643-14336-5

Alexander Al Hamwi
Die strafbefreiende Selbstanzeige nach §371 AO
Straftheoretische Fundierung im Kontext einer allgemeinen Regelung zur Wiedergutmachung
Bd. 14, 2019, 234 S., 39,90 €, br., ISBN 978-3-643-14196-5

LIT Verlag Berlin – Münster – Wien – Zürich – London
Auslieferung Deutschland / Österreich / Schweiz: siehe Impressumsseite

Alana Gramm
Jugendrichter und Staatsanwälte im mehrsprachigen Gerichtssaal
Probleme der Sanktionsfindung bei Angeklagten ohne Deutschkenntnisse im Jugendstrafrecht
Bd. 13, 2019, 220 S., 34,90 €, br., ISBN 978-3-643-14063-0

Florian Neuber
Beweisverwertungsverbote im Strafprozess: Rechtsstaatlichkeitsanforderungen an die Abwägungslehre
Ein methodischer Vorschlag zur Konturierung der Abwägung
Bd. 12, 2017, 288 S., 39,90 €, br., ISBN 978-3-643-13725-8

Jan Holling
Internationaler Strafgerichtshof und Verbrechensprävention
Eine Analyse der Auswirkungen globaler Strafrechtspflege auf die Bekämpfung von Makrokriminalität
Bd. 11, 2016, 320 S., 34,90 €, br., ISBN 978-3-643-13286-4

Nationale und internationale Studien zum Strafvollzug

Beiträge aus Theorie und Praxis
hrsg. von Prof. Dr. Michael Kubink, Prof. Dr. Rüdiger Wulf

Carolin Springub
Strafvollzug und Öffentlichkeit
Überlegungen zu einem kommunizierenden Strafvollzug
Der Vollzug der Freiheitsstrafe – ein unbequemes und abgründiges Thema, das Distanz schafft. Das Resozialisierungsziel droht durch Reformstau, unvernünftige Kriminalpolitik und fehlgeleitete Deutungshoheit zu scheitern. Vielmehr scheint sich der Strafvollzug zunehmend zu verschließen und gesellschaftliche Ablehnung zu mehren.
Die vorliegende Arbeit präsentiert einen Überblick zu den Fragen, wie Strafvollzug und Öffentlichkeit zusammenwirken, inwiefern Wiedereingliederung eine gesamtgesellschaftliche Aufgabe ist und wie diese kommuniziert werden kann.
Bd. 2, 2022, 476 S., 59,90 €, br., ISBN 978-3-643-15133-9

Michael Kubink; Carolin Springub
Der „Warnschussarrest" – oder wie man einen „Untoten" wiederbelebt
Der Umgang mit jungen Straftätern ist seit jeher öffentlich umstritten; er bietet zugleich Möglichkeiten, neue Sanktionskonzepte zu erproben. Während Politiker und Medienvertreter um die öffentliche Sicherheit besorgt sind, geht es Juristen und Kriminologen um rechtsstaatlich tragfähige und erzieherisch wirksame Maßnahmen, die geeignet sind, kriminelle Karrieren abzubrechen.
Der im Jahre 2013 eingeführte „Warnschussarrest" ermöglicht gegenüber jugendlichen und heranwachsenden Straftätern eine Kombination von kurzzeitiger geschlossener Unterbringung und anschließender Bewährungshilfe; ein Instrument, das viele Kritiker hat und recht selten angewendet wird. Der Kriminologe Michael Kubink und seine wissenschaftliche Schülerin Carolin Springub treten dieser Skepsis entgegen und zeichnen Konturen eines neuen Sanktionsmodells, das Kompromissfähigkeit anstrebt.
Bd. 1, 2019, 92 S., 29,90 €, br., ISBN 978-3-643-14403-4

LIT Verlag Berlin – Münster – Wien – Zürich – London
Auslieferung Deutschland / Österreich / Schweiz: siehe Impressumsseite

Studien zum Medizinstrafrecht

hrsg. von Prof. Dr. Martin Waßmer (Universität zu Köln)

Pia Martini
Die Mitochondrien-Ersatztherapie im Kontext von Recht und Ethik
Die wachsende Nachfrage führt zu stetigen Entwicklungen im Bereich der Kinderwunschbehandlungsmedizin. Mit der Mitochondrien-Ersatztherapie soll die Vererbung genetischer Mitochondriopathien verhindert werden. Dabei führt die in vitro durchgeführte Methode zu einem Individuum, das das Erbgut von drei Personen in sich trägt. Die Autorin kommt zu dem Schluss, dass die Methode durch das Embryonenschutzgesetz untersagt ist, und beleuchtet das strafrechtliche Verbot unter rechtlichen sowie ethischen Gesichtspunkten.
Bd. 3, 2022, 350 S., 44,90 €, gb., ISBN 978-3-643-15127-8

Larissa Guderian
Off-Label- and Compassionate Use
Eine Betrachtung der zulassungs-, zivil- und strafrechtlichen Aspekte
Der Off-Label- und Compassionate Use ist fest in den medizinischen Alltag integriert und vor allem in der Onkologie und Pädiatrie ein notwendiger Bestandteil. Aufgrund der bislang nur sporadisch gesetzlichen Verankerung besteht trotz der medizinischen Notwendigkeit weitestgehend Rechtsunsicherheit. Es gilt daher, durch korrespondierende Lösungsansätze die Einzelfallgerechtigkeit, Rechtssicherheit und eine einheitliche Handhabung zu fördern. Wichtig ist insbesondere die Normierung eines vereinfachten Zulassungsverfahrens, das einen schnelleren und sicheren Wechsel vom Off- zum On-Label-Use ermöglicht.
Bd. 2, 2021, 364 S., 49,90 €, gb., ISBN 978-3-643-14877-3

Ayla Sommer
Die Verletzung der ärztlichen Schweigepflicht im Zusammenhang mit Kindesmisshandlungen
Eine Betrachtung der Rechtslage in Deutschland, Österreich und der Schweiz
Gewalt gegen Kinder ist ein globales und alltägliches Problem. Vor allem Ärztinnen und Ärzten kommt bei der Entdeckung von Misshandlungen eine Schlüsselrolle zu. Doch sind sie als Berufsgeheimnisträger zugleich zur Verschwiegenheit verpflichtet. Dieser Konflikt wurde 2012 durch Verabschiedung des § 4 KKG erstmals geregelt. Dessen Analyse ist Gegenstand dieser Arbeit. Rechtsvergleichend werden die entsprechenden Regelungen aus Österreich und der Schweiz in die Betrachtung mit einbezogen. Auf dieser Grundlage wird am Ende ein Verbesserungsvorschlag für das deutsche Recht unterbreitet.
Bd. 1, 2020, 328 S., 44,90 €, gb., ISBN 978-3-643-14669-1

LIT Verlag Berlin – Münster – Wien – Zürich – London
Auslieferung Deutschland / Österreich / Schweiz: siehe Impressumsseite